博物館が壊される！
―博物館再生への道―

青木　豊
辻　秀人
菅根幸裕

編著

雄山閣

はじめに

　日本の博物館は危機に瀕している。一見、各地の博物館で大きな展覧会が行われ、博物館は活況を呈しているように思える。しかし、それはごく一部のことで、ほとんどの博物館は多くの問題を抱え、四苦八苦している実状がある。

　博物館の抱える問題には、大きく館の制度上の位置づけと学芸員の置かれている状況の2つがある。

　制度上の問題には指定管理者制度の広がりがある。指定管理者制度は3〜5年の期間を限って公立博物館運営を任せてしまうものだ。これまでも多くの問題が指摘されているように、この制度の下では大切な文化財の継続的な保存管理が困難になる。博物館の最も大切な部分が危機に瀕しているのである。

　学芸員の問題では、人数の減少と身分の不安定化がある。多くの館では先任者退職後の補充が行われず、学芸員の仕事量は増え、負担増にあえいでいる。また、指定管理者制度の下では学芸員の任期が指定管理期間に限定され、非常勤職員の身分に置かれる。

　厳しい環境の中、政府は観光立国の方向を打ち出し、その担い手として博物館学芸員を想定しているようだ。また、博物館法改正も論議されている。

　本書では、博物館、学芸員が置かれている厳しい環境を説明し、政府の政策など新たな動向が現実的にどのような問題を引き起こすのか、そしてどのような博物館再生の道筋があり得るのかを考えてみたい。

　読者諸賢には博物館の現状をご理解いただき、博物館の在り方を共にお考えいただければ幸いである。

編者一同

i

◎博物館が壊される!―博物館再生への道―◎　目次

はじめに ……………………………………………………………… i

序章　博物館が危ない

1　山本幸三地方創生担当大臣発言と背景… 辻　秀人 1

2　日本の博物館は成功してきたか ………… 辻　秀人 13

第Ⅰ章　博物館が直面する諸問題

1　社会における学芸員の認識 …………… 青木　豊 23

2　日本学術会議提言「21世紀博物館・美術館の
　　あるべき姿―博物館法の改正に向けて」について
　　―研究者としての学芸員― ………………… 菅根幸裕 33

3　博物館法はどこに向かうのか ………… 辻　秀人 45

4　学芸員養成制度の不備 ………………… 青木　豊 57

5　指定管理者制度により壊された博物館 大貫英明 63

6　苦悩する博物館―逼迫する博物館予算―…… 辻　秀人 73

第Ⅱ章　学芸員の疲弊

1　困窮する学芸員 …………………………… 安高啓明　83

2　博物館あって博物館学無し
　　―研究の不在と理論の不在―…………………中島金太郎　95

第Ⅲ章　崩壊原因となった関係法とその影響・
　　　　　聖域なき構造改革と博物館

1　公立博物館の設置及び運営に関する基準（48 基準）
　　の改正 ………………………………………… 落合広倫　105

2　2003 年、地方自治法 244 条の改正に伴う
　　指定管理者制度 …………………………… 大貫英明　115

3　地方分権推進委員会による第 3 次勧告案
　　…………………………………………………… 青木　豊　127

4　平成の大合併と博物館の統廃合 ………… 鈴木章生　133

5　所管選択制がもたらす博物館の崩壊 …… 大貫英明　149

iii

第Ⅳ章　博物館の使命—収集と収蔵品管理—

1　歴史資料の保存と活用 …………………………… 辻　秀人 161

2　民具の収集理念と保存 …………………………… 大貫英明 171

3　リーディング・ミュージアム構想への批判

………………………………………………… 菅根幸裕 183

結章　博物館の再生を目指して

1　求められる新博物館法の要件 …………… 栗原祐司 197

2　歴史系博物館の存在意義 ………………… 二葉俊弥 209

3　養成学芸員の資質の向上 ………………… 青木　豊 221

4　観光立国プロジェクトと博物館 ………… 菅根幸裕 231

5　外部資金の導入 ……………………………… 安高啓明 245

6　地方創生と博物館の形態 ………………… 落合知子 257

おわりに ………………………………………………… 269

序章　博物館が危ない

1　山本幸三地方創生担当大臣発言と背景

辻　秀人

1　山本幸三地方創生担当大臣 (当時) の暴言

　報道によれば[1]、2017 (平成29) 年4月16日に山本幸三地方創生担当大臣 (当時) が滋賀県主催の地方創生セミナーで「「地方創生」加速の戦略〜全国の優良事例〜」と題して地方創生とは稼ぐことという趣旨の講演を行った。講演で山本氏は、「日本ではいったん国の重要文化財に指定されると、火も水も使えない。花も生けるのも駄目、お茶もできないというばかげたことが当然のように行われており、一番のがんは文化学芸員と言われる人たちだ。」と発言した。

　翌日朝刊ではこの発言は大きく取り上げられた。筆者も一読し、驚愕した。私もかつて公立博物館学芸員として働いた山本氏の言う「がん」の一人だからだ。

　なぜ、懸命に働く学芸員が「がん」などと罵倒されなければならないのか。山本氏の発言には次の2つの事実があるため観光で稼げないという怒りが込められていたようだ。

　①世界遺産二条城に英語表記の案内板が以前はなかった。

　②重要文化財では法律では禁止されていないのに学芸員の勝手な判断で火も水も使えないし花も生けられず、お茶もできない。

　山本氏の考えは、地方創生とは稼ぐことなのにこれでは外国人観光客 (インバウンド) を呼び込んで金を稼ぐことができないではないか。お金を稼ぐためのイベントの実施や情報発信を邪魔しているのは観光マインドがない文化学芸員だ。(観光のために) 大英博物館では建物の内壁を取り払う大改装を行い、抵抗した学芸員を全員クビにして大成功した。日本でも文化学芸員を一掃して文化財を観光に自由に使えるようにすべき

I

だ。多少推測もあるが、山本氏が言いたかったのはおおよそこういうことなのだろう。

山本氏の発言は翌日撤回されたが、大きな反響を呼んだ。「がん」と罵倒された学芸員はもちろん、多くの人々が反発した。日本国民が大切に守ってきた貴重な文化財に火や水を持ちこむことが当然でそれを許さない学芸員をクビにしてしまえという暴論が受け入れられなかったのは当然の結果だった。

さて、二条城の案内板に英文表記は間違いなくあるし、英文を含め多言語のパンフレットが配布されている。また大英博物館で観光のための改装に反対した学芸員をクビにした事実もない。山本発言は事実無根なのだ。この点は発言の後に指摘され、自身が発言を修正している。つまり山本発言は事実に基づかず、氏自身の意見を開陳したものと言えよう。

山本氏の真意は、「地方創生のために文化財を観光に使って金儲けをすべきだ。」と主張することにあったようだ。

ところで、1949（昭和24）年に法隆寺金堂壁画が不審火により焼損した。国の宝が焼損したことが大きな衝撃となり、文化財を守るために文化財保護法が1950年に制定され、焼損の日1月26日が文化財防火デーに定められた。文化財保護法ではこの教訓を活かすために文化財を保存し次代に継承するための方策が設けられた。文化財を毀損する恐れのある火や水取り扱い等については、文化庁の指導のもとに厳重に管理することが定められたのである。

山本氏の発言には、文化財を守る視点が決定的に欠落している。文化財保護法に定められた文化財を守るための施策に基づく国宝、重要文化財を火災から守るための対応を、「文化学芸員」による「ばかげたこと」と断じ、「当然のように行われて」いると怒る山本氏に文化財を論じる資格はない。まさに暴言であろう。

ただ、山本氏の暴言は山本個人の理解不足、不見識だけによるものではなさそうだ。この発言の背景には、大きく言えば第2次安倍晋三内閣の、文化財を観光、ひいては経済的な利益を生み出す道具立てとする政策があるようなのだ。そして実行力のある安倍内閣によって文化財を金

を稼ぐ道具にしようとする施策が、文化財の番人であるべき文化庁までまきこんで着々と実現されつつある。

　2018年12月25日、テレビ朝日系列で放送された「グッドモーニング」「池上彰のニュース大辞典」で池上氏は、「文化庁は文化財保護を中心とすることから文化財で稼ぐことに舵を切った」旨の解説をされた。

　この解説は文化財保護政策の実状を的確に表現している。以下、文化財保護の政策がどのように変えられようとしているのか、具体的に説明したい。

2　文化財を金で測り、文化財で金儲け目指す人々

　山本氏の発言は「地方創生とは稼ぐこと」という趣旨の講演で、文化財で稼ぐという文脈で発せられた。文化財は稼ぐための材料として扱われたのである。

　実は、文化財を経済価値、つまり金が稼げるか否かで測る考え方はすでに橋下徹元大阪府知事の政策に現れていた。

　詳しくは、一瀬和雄氏の論考（一瀬2012）で詳細に論じられているのでご参照いただきたいが、橋下氏は文楽など古典芸能を競争原理や市場原理で測り、現代社会の中で一定の経済価値を生み出さないものを切り捨てる方向を打ち出した。それまでも文化財と経済の関係が論じられることはあったが、これほど明瞭に（あからさまに）経済価値を生みださない文化財を否定する考え方が示されたのは初めてだったのではないか。この論理の延長上に大阪府立博物館群の廃止、再編政策がある。橋下氏から見て文化財を保存し、維持しながら運営される博物館は経済原理に照らして、存続不要のお荷物に見えたのだろう。

　橋下氏とはやや違う観点で文化財を経済活動の中に組み込もうとする方向性が、第2次安倍内閣の「三本の矢」「新三本の矢」と称する経済政策の中に位置づけられている。

　アベノミクス第3の矢、持続的な経済成長戦略にあたる経済戦略の具体策「日本再興戦略」が2015（平成27）年2月に閣議決定された。その内容は多岐にわたるが文化財関連部分は次の3点だ。

・観光資源等のポテンシャルを活かし、世界の多くの人々を呼び込む
　社会を目指す。
・美術館・博物館、自然公園、観光地等における多言語対応（中略）
　整備、改善を促進する。
・文化施設・公共空間等の利用開放を進め、イベントの活性化を図る。

　この戦略には、2020年の東京オリンピック、パラリンピックを見据
え、訪日外国人の増加を目指す「日本遺産の登録制度」や「地域の文化
等を、多彩な観光の魅力として発信」するための取り組み、文化財の観
光資源としての活用推進が加えられ、さらに「保存を優先とする支援」
から「地域の文化財を一体的に活用する取組」への転換、「文化芸術資
源を活用した経済活性化」に行き着く。その内容は次の通り。

・文化財や伝統芸能、芸術文化のみならず、食、教育、文書・音声・
　映像・ゲームソフトなどのコンテンツ、デザインなども含めて幅広
　く文化として捉え、その経済波及効果の拡大を図る。
・文化財解説の多言語化等を通じた、我が国の文化・歴史を体現する
　文化財の価値・魅力の分かりやすく効果的に発信する。
・文化財の適切なサイクルによる修理、建造物等の美装化等により、
　観光客を魅了する環境を充実する。
・日本遺産をはじめ、文化財を中核とする多様な「稼ぎ方」を可能と
　する観光拠点を全国で200箇所程度を2020年までに整備する。
・文化財の収益力向上につながる地方自治体等が行うマーケティング
　やマネジメントの推進する。
・学芸員や文化財保護担当者等に対する文化財を活用した観光振興に
　関する講座の新設等による博物館の機能強化、質の高い Heritage
　Manager 等の養成と配置

　以上が安倍内閣で進められている文化財に関わる経済戦略だ。山本幸
三氏の発言は事実関係に問題があるのは前に述べた通りだが、発言の趣
旨は概ね安倍内閣が進めてきた経済戦略に沿ったものであることは間違
いがない。

　ただし、安倍内閣の戦略には大きく2つの問題がある。

1つは徹底して経済効果を追究するための施策であって、大切な文化財を次世代に引き継ごうとする意思が欠落していることだ。あたかも現代社会で文化財を金に換えることで消費してしまってもかまわないと言わんばかりだ。

　今千年の古都京都にはたくさんの外国人観光客であふれている。これは京都の人々ばかりでなく、日本人が長い年月にわたって保護し、大切に受け継いできたからこそ今の状況がある。その時々の人々がその時代の経済価値に基づいて京都を作り替えてきたら現在の姿はない。平成が終わり次の時代に入った今、文化財を金に換えてしまおうと言うのだろうか。

　もう1つの問題は、誰がこの戦略を担うのかが全く分からない点である。「学芸員や文化財保護担当者等に対する文化財を活用した観光振興に関する講座の新設等による博物館の機能強化」と謳われているところをみると、博物館学芸員が考えられているようだが、現実的でない。筆者が述べてきたように（辻編 2012）博物館学芸員は危機的な状況にあり、新たな仕事に対応できない。文化財の保護、活用は講座での研修などで手軽に対応できるようなものではないのである。もし、専門的な知識と能力をもたない人物が対応することになれば、文化財は壊滅するほかない。それでも良しとするのだろうか。

3　文化財と博物館の危機は進行する

　安倍内閣は、日本再興戦略を次々に実行に移していく。

　早速、2016（平成28）年3月「明日の日本を支える観光ビジョン」（明日の日本を支える観光ビジョン構想会議 2016）が発表された。中で「文化財を保存優先から観光客目線での理解促進、そして活用へ」が謳われた。具体的には以下の4点である。

・文化財を中核とする観光拠点の整備
・投資リターンを見据えた文化財修理・整備の拡充と美装化
・分かりやすい解説と多言語対応
・歴史的建造物の活用促進

このビジョンをとりまとめた会議の開催趣旨が「訪日外国人旅行者数2,000万人の目標達成が視野に入ってきたことを踏まえ、次の時代の新たな目標を定める」ことであるから、上記の4点が外国人観光客を誘致するための施策とみることができる。最初に挙げられる「文化財を中核とする観光拠点の整備」はまさに「文化財で金を稼ぐ」ための方策である。また「投資リターンを見据えた文化財修理・整備」は、訪日外国人観光客でリターンを期待できる文化財だけを修理するのかと言いたくなる。文化財は誰のものなのか、大切な文化財を訪日外国人観光客（インバウンド）で稼げるかどうかで評価する姿勢は許し難いものがある。（ちなみに、筆者はインバウンドという言葉が大嫌いだ。外国から来る人々を経済効果だけで考える響きが感じられるからだ。これでは、日本文化を楽しみ、学ぼうとする外国人に失礼というものだ。）

1ケ月後、2016年4月26日「文化財活用・理解促進戦略プログラム2020」が文化庁から発表された。その概要の中身は次の4点である。

・文化財を中核とする観光拠点の整備

・投資リターンを見据えた文化財修理・整備の拡充と美装化

・分かりやすい解説と多言語対応

・歴史的建造物の活用促進

読者諸賢は気づかれたと思う。内閣府と国土交通省が主導し、観光庁から報道発表された「明日の日本を支える観光ビジョン」と一字一句違わないことを。筆者も我が目を疑い何度も見直したが、活字に変化はない。それどころか図1を見て欲しい。

「明日の日本を支える観光ビジョン」施策集4ページ「文化財の観光資源としての開花」の4行以下と「文化財活用・理解促進戦略プログラム2020」策定についての概要（図2）の4行目以下とがほとんど違わない。紙面の構成も文章も使用されている画像もごく一部を除いて共通している。これが学生のレポートならば筆者はコピペするんじゃないと一喝するところだ。

内閣府と国土交通省（観光庁戦略課）が主導する「明日の日本を支える観光ビジョン」の中で文化財保護の観点が希薄であることは、まだ理解

1 山本幸三地方創生担当大臣発言と背景

文化財の観光資源としての開花

我が国の歴史と文化を今に伝える「文化財」。従来の「保存優先とする支援」から、「地域の文化財を一体的に活用する取組への支援」に転換し、観光資源として開花させます。

図1　文化財の観光資源としての開花
(明日の日本を支える観光ビジョン構想会議 2016 より引用)

文化庁　文化財活用・理解促進戦略プログラム２０２０の策定について（概要）

昨年度末にとりまとめられた「明日の日本を支える観光ビジョン」を踏まえて、
文化財を貴重な地域・観光資源として活用するために２０２０年までに取り組むアクションプログラムを策定しました。

図2　文化財活用・理解促進戦略プログラム 2020 の策定について（概要）
(文化庁 2017 より引用)

可能だ。

　しかし、わが国の文化財を守るべき立場の文化庁が、施策の推進の中で文化財保護の観点を盛り込まず、観光主眼の施策と全く同じプログラムを示すということはどういうことなのか。とても理解できない。

　安部内閣の戦略に基づく観光庁の施策には、大切な文化財を次世代に引き継ごうとする配慮がまったく不足しており、誰が文化財活用と保存を両立させる仕事をするのかがまったく示されていない。文化財の視点からは根本的な欠陥が明らかだ。文化財のスペシャリストを擁する文化庁がこの問題に気づかないはずがない。少なくとも観光庁とは違った視点で保存と活用の両立に関する具体的な提案が盛り込まれてしかるべきである。しかし、もはや文化庁はその役割を放棄してしまったとしか思えない。日本文化財の未来は暗い。

4　文化財で稼ぐための施策が実現されていく

　安倍内閣は、2016（平成28）年に観光庁から示された「明日の日本を支える観光ビジョン」が一定の成果を挙げたとの認識のもと、さらなる成果を求めて「観光ビジョン実現プログラム2017」（観光立国推進閣僚会議2017）を作成した。これは2017年の政府行動計画で、「政府一眼、官民一体となってこのプログラムを着実に実行していく。」と記されている。文化財関係部分は以下の通り。

・文化財を中核とする観光拠点を全国で200拠点程度整備。
・文化財観光を活用する事業を支援するため「文化遺産総合活用推進事業」（文化財活用事業に補助金を甲府する事業）において（中略）事業計画の評価指標に新たに観光客数を用いる
・「歴史文化基本構想」（地域の文化財を一体的に保存・活用を図るための指針）の策定、改訂を支援。日本遺産に対する民間企業、関係省庁の支援体制を築き、地域の活性化・観光振興を促進する。
・文化財の適時、適切な保存修理を実施し、修理による文化財の魅力向上の成果を広く発信する。
・観光資源としての価値を高める美装化の支援を開始する。観光目的

での利活用に資する文化財の整備を支援する。

・学芸員・文化財保護担当者を対象とする、文化財を活用した観光振興に関する講座を実施する。また、文科省委託事業（博物館ネットワークによる未来へのレガシー警報事業）でも学芸員の研修プログラムを実施する。

　以上は、「明日の日本を支える観光ビジョン」を行政指導や補助金を使って地方に具体化させるための方策である。いわば力と金を使って文化財で「金を稼ぐ」方策を実現しようとするものである。中で、地方に歴史文化遺産を一体的な整備事業を策定させる中で観光客を呼び込める施策を盛り込ませようとするのは、新たな方向性に見える。また、「文化財を活用した観光振興に関する講座」の実施は山本幸三元大臣の言う「ガンである文化学芸員」に「観光マインド」をたたき込もうとする施策と理解される。

　次に、文化庁から衝撃的な提案が 2018 年 4 月に出された。「アート市場の活性化に向けて」である。第 4 回来投資会議構造改革徹底推進会合に資料 7 として提示されたものである。

　その趣旨は「優れた美術品がミュージアムに集まる仕組みを構築し、美術品の二次流通の促進、アートコレクター数の増、日本美術の国際的な価値向上を図るとともに、国内に残すべき作品についての方策を検討し、アート市場活性化と文化財防衛を両立させ、インバウンドの益々の増に繋げる。」（文化庁 2018）である（190 頁図 2）。

　この提案には大きな反響があった。文化庁は反響の大きさを見てあくまでも検討資料と発言しているようだが、美術館所蔵作品を市場で売って経済を活性化させようとする意図は明らかだ。詳細は本書第Ⅳ章第 3 節を参照願いたいが、作品を含めた文化財を経済活動に投じるという提案は文化財を守る立場の文化庁の自己矛盾に他ならない。

　長くなってしまったが、最後に文化財保護法の改正にも触れておきたい。文化財保護法は「文化財を保存し、且つ、その活用を図り、もって国民の文化的向上に資するとともに、世界文化の進歩に貢献することを目的とする」法律である。文化財保護の目的を明示したこの法律はすべ

ての文化財保護の拠りどころである。この文化財保護法が 2018 年 7 月
に改正された。改正の要点は以下の 3 つだ。

　　・都道府県は文化財の保存・活用に関する大綱を策定し、市町村は文
　　　化財保存活用地域計画を策定し、国に認定を申請する。
　　・文化財の所有者、管理団体は保存活用計画を作成し国の認定を申請
　　　する。
　　・従来教育委員会の所管とされていた文化財保護の事務を条例により
　　　地方公共団体の長が担当できるようにする。

　一見して、大きな問題がないように見える。しかし、安倍内閣がこれ
まで進めてきた文化財で稼ぐ政策と照らし合わせてみると、この改正の
本当の意図が見えてくる。

　たとえば、第 1 項目・文化財保存活用地域計画策定は「観光ビジョン
実現プログラム 2017」にある「歴史文化基本構想の策定、改訂を支援
する」と重なって見える。歴史文化基本構想はあくまでも観光のビジョ
ンであるから、改正文化財保護法の文化財保存活用地域計画には観光に
関わる諸施策が反映される可能性はきわめて高いのではないか。「国の
認定」の言葉の背後に文化財を観光の中核に位置づけ、経済価値を生み
出そうとする安倍内閣の強い意図が感じられる。

　また、文化財保護の事務を地方公共団体の長が担当できるようにする
という項目には、「明日の日本を支える観光ビジョン」に掲げる「文化
財を中核とする観光拠点の整備」を進めやすいように地方の首長の権限
のもとに文化財を置くという意図があるのだろう。

　今回の文化財保護法改正の内容は文化財保護の観点からは必ずしも必
要とは思えないが、観光立国を目指すには有効と言える。担当官庁であ
る文化庁が観光庁と同じ意見ということであれば、実際の運用でも「稼
ぐ」ことが優先されるのだろうか。

5　文化財、博物館、学芸員は大丈夫なのか

　近年、多くの博物館施設で指定管理者制度が導入されてきた。指定管
理者のもとで入館者を増やすことが至上命題とされ、大阪府立の各館を

はじめ多くの館で学芸員は増大する仕事に忙殺されている。博物館の予算は厳しく削減され、博物館本来の資料収集、資料保存に関わる活動も縮小されつつある。学芸員は手一杯で、地域にある文化財の保存のための仕事まで手が回らない。博物館も学芸員も悪戦苦闘しているのが実状である。

　このような中、第2次安倍内閣は文化財を活用して観光拠点を整備して外国人旅行者を呼び込み、「お金を稼いで」地方の財政を潤し、経済活性化を目指す政策を掲げ、実行に移している。

　文化財の活用は保存環境の確保が前提となる。一連の政策には保存活動を担う人材の確保が謳われている部分もあるが、そのために新たな人材確保しようとする方策はまったく実現していないし、実現しようとする動きもない。従って、その役割は既存の博物館や学芸員に要求されることになるのだろうが果たして可能なのか。

　以下の各章で、博物館が直面する諸問題、学芸員の現状、博物館が置かれている制度的な環境を点検して博物館の危機的な状況を確認するとともに、博物館の使命を問い直し、博物館再生への道を探ってみたい。

　果たして安倍内閣の政策のもと、文化財、博物館、学芸員は大丈夫なのだろうか。

註
1) 朝日新聞デジタル「「学芸員はがん。連中を一掃しないと」山本地方創生相」（2017年4月16日）（https://www.asahi.com/articles/ASK4J5R1QK4JPTJB00H.html）（2019年7月24日確認）、毎日新聞社説「山本地方創生相の放言　無理解とおごりの表れだ」（2017年4月19日）（https://mainichi.jp/articles/20170419/ddm/005/070/043000c）（2019年7月24日確認）など。

〈参考文献〉
明日の日本を支える観光ビジョン構想会議　2016「「明日の日本を支える観光ビジョン」施策集（参考1）」https://www.mlit.go.jp/common/001126604.pdf（2019年7月24日確認）
一瀬和雄　2012「二〇一〇年に起こった日本博物館事情―大阪府立博物館

群の存続をめぐって」『博物館危機の時代』雄山閣

観光立国推進閣僚会議　2017「観光ビジョン実現プログラム 2017─世界が訪れたくなる日本を目指して─（観光ビジョンの実現に向けたアクション・プログラム 2017）」https://www.kantei.go.jp/jp/singi/kankorikkoku/kettei/siryou5.pdf（2019 年 7 月 24 日確認）

辻　秀人編　2012『博物館危機の時代』雄山閣

文化庁　2017「文化財活用・理解促進戦略プログラム 2020（概要）」http://warp.da.ndl.go.jp/info:ndljp/pid/10213249/www.bunka.go.jp/koho_hodo_oshirase/hodohappyo/pdf/2016042601_besshi02.pdf（2019 年 7 月 24 日確認）

文化庁　2018「アート市場の活性化に向けて（資料 7）」https://www.kantei.go.jp/jp/singi/keizaisaisei/miraitoshikaigi/suishinkaigo2018/chusho/dai4/siryou7.pdf（2019 年 7 月 24 日確認）

2　日本の博物館は成功してきたか

辻　秀人

はじめに

　博物館法は 1951（昭和 26）年に制定されてから半世紀を越え、部分的な改正を加えながら現在に至っている。2008（平成 20）年の改正に際しては、抜本的な改正が提案されたが（これからの博物館の在り方に関する検討協力者会議 2007）、意見はほとんど反映されず、部分的な改正にとどまった。

　このような流れの中で、日本博物館協会、日本学術会議などから博物館法の抜本的な改正の必要性が主張されている（公益財団法人日本博物館協会 2017、日本学術会議 2017）。

　これらの主な論点は、博物館登録制度と学芸員の在り方をめぐるものである。博物館登録制度は存続を前提に、登録範囲を広げ、学芸員制度は資格取得を難しくしていくことで即戦力を養成する方向が示されている。つまり、既存の枠組みを継承していくという考え方である。しかし、それではたして良いのだろうか。

　そもそも、日本の博物館は果たして成功してきたのか。言葉を換えれば社会に評価され、受け入れられてきたのか。筆者は、博物館法の抜本的な改正を考えるためには、このような問題を検討しておく必要があると考える。本稿では、残念ながら全般にわたって十分な検討を加えることはできないが、博物館と社会との関係、そしてそれを担う学芸員の在り方を振り返っておきたい。

1　博物館は必要とされてきたか

　日本の博物館が資料の収集保存に大きな役割をはたしてきたことは、

疑いないところだ。この意味で大きく社会に貢献してきたことは誰もが認めるところだろう。また、素晴らしい活動を展開し、人々に高い評価を受けている博物館も少なからずあることは重々承知している。しかし、大多数の博物館がこのような評価を受けているかと問われると、筆者は答えに躊躇せざるを得ない。以下、社会の中で博物館がどのように位置づけられているか、いくつかの事例をもとに検討してみたい。

(1) 大阪府立博物館群廃止、統合案への反対活動

前節で述べたように、橋下徹元大阪府知事による大阪府立博物館群の廃止、統合案は、博物館関係者に大きな衝撃を与えた。

廃止が提示された大阪府立弥生博物館は、国指定史跡池上曽根遺跡に隣接し、弥生文化を専門的に取り扱う特色ある博物館であり、その活動は高く評価されていた。また、他館との統合の対象とされた大阪府立近つ飛鳥博物館は、古市古墳群に近く、日本を代表する古墳文化を中心として活動する博物館であり、その企画展や発行される図録は他館からお手本とされるほど充実したものであった。これほどの博物館が統合、廃止の対象とされるのか、筆者も含め多くの博物館関係者の率直な思いだった。

当然、博物館廃止、統合案に反対の声があがった。日本考古学協会、大阪歴史学会等の団体から反対声明がだされ、国外を含め多くの著名な学者から反対意見が表明された。また、反対意見を集約するために署名活動が展開された。筆者は、反対運動には当然多くの人々に受け入れられ、広がりを見せることになると、期待し、予想していた。

結果は署名総数1万人を超える程度であった。大阪府民総数約600万人にたいしてこの数字があまりに少ないことは一目瞭然。署名の中には大阪府以外の博物館関係者も含まれているからなおさらである。小中学校の廃止統合の際には地元の人々から猛烈な反対運動が起きる。博物館の廃止、統合反対、署名活動は、残念ながら多くの人々の賛同が得られなかったと言わざるを得ないだろう。

大阪府での一連の状況は、良質な大阪府立博物館群でさえも、社会の

十分な支持が得られていないという大変厳しい現実を示している。果たして日本中にある大小の博物館のいずれかが廃止を提案された場合、はたして反対運動はおきるのか。残念ながらはなはだ心許ない状況にあるのではないだろうか。

　日本の博物館は、そのすべてではないにしろ社会にとって必要だと認知されていない可能性を考えておく必要があるのではないか。少なくとも社会にとっての有用性を十分に理解してもらうための努力が必要であることは間違いないだろう。

(2) 博物館の展示メッセージは伝わっているか

　「陳列から展示へ」博物館展示を語るときにしばしば使われる言葉である。筆者はかつて大規模な県立博物館の建設に携わったことがある。その時には、「資料（作品）を陳列するだけではなく、一定の意図のもとに組み合わせ、メッセージを伝えることを展示と言い、これからの博物館は展示を行うべきである。」という考え方に基づいて展示を構成した。また、当時は、資料に語らせることが必要だから、展示解説は必要最小限にすべきと言われていたため、観客の視野の中に展示解説が入らないように工夫も併せて行っていた。

　しかし、結果はさんざんだった。資料そのものの説明が不足していて展示の意味がまったく分からないというお叱りが殺到したのだ。もちろん展示の拙劣さは筆者も認めるところだが、それ以上に私達学芸員の展示の考え方と技術に大きな問題があったと考えている。

　一方、企画展ではどうか。

　近年大型の企画展が多数開催され、たくさんの入館者を集めていることはよく知られている。偏見を交えてあえて言えば、これらは展示資料そのものに魅力を十分に備えたものが多い。言葉を換えれば、資料そのものの魅力が人々をひきつけているといえそうだ。それに対して資料で一定のメッセージを伝えようとする企画展は、人々を惹きつけているのだろうか。

　かつて、東北地方の歴史系大型県立博物館で、律令国家の成立過程を

序章　博物館が危ない

展望する大変優れた企画展が開催されたことがある。筆者の目からみても、展示構成、展示資料、解説のいずれをとっても大変すばらしい企画展だった。

　そこで筆者が勤務する大学学芸員課程で学ぶ学生諸君にこの企画展を見学して、その率直な感想をレポートとして提出してもらったことがある。展示に込められたメッセージが理解できたか否かを知ることが狙いの一つだった。

　結果は予想外だった。学生諸君のレポートに登場したのは個別資料の印象が大半で、展示の全体構成や込められたメッセージにはほとんど触れられていなかった。事後に個別に聞いてみると、展示に込められたメッセージ（筆者の理解では古代国家の成立過程）を理解できた学生はほぼ皆無だった。学生諸君の大半は歴史学科に在籍している。学生の学力の問題もあるのかもしれないが、歴史学科の学生ですら歴史の展示でメッセージを受けとれていない事実は大変衝撃的だった。まして老若男女、一般の人々に展示のメッセージが伝わっている可能性はきわめて低いのだろう。

　博物館学芸員にとって、自ら実施した企画展の評判は大変気になるところだ。筆者もかつて企画立案から実施にいたるまで担当した企画展で、毎日用事もないのに展示室をうろうろして観客の様子をうかがいアンケートに記入された内容に一喜一憂したものだ。

　しかし、冷静に考えれば、企画展アンケートは入場者のごく一部が記入し、大多数は答えてくれないものだ。そして多少なりとも企画展に関心を持った人が記入してくれる。関心が持てなかったあるいは面白いと思えなかった人は、そのまま通りすぎるのが普通である。アンケートの内容は当然好意的なものが多くなる傾向がある。

　このような事情は、多くの博物館に大なり小なり共通しているように思われる。学芸員は他に入館者の感想を知る機会を持たないから、好意的なアンケートの結果にもとづいて企画展は成功したと考えることになる。

　筆者は、日本の多くの博物館展示は十分には成功していないと考えて

16

いる。その理由は上記のような体験の他、かなり広く博物館を見学して
きた中で、成功を実感させる展示は多くはないからである。近年展示室
を暗くして幻想的な空間を作り出し、演出を加えて制作側の想念を表現
する博物館があるが、これは本来の在り方を逸脱するものだろう。やは
り、資料を十分で見て、感じることのできる空間の中でメッセージを伝
えることが必要だと考える。

　そのためには、展示が十分に伝わっているか否かを学芸員が知る必要
がある。日本の博物館の多くは展示が十分に伝わっているかを検証する
方法を持っていない。また、他館の展示に口出しをすることはタブー
になっており、批判も聞こえて来ない。学問的な展示批判も例外的で、
まったく不十分である。

　残念ながら日本の博物館の多くの展示は入館者にとって十分に理解で
き、楽しめるものになっていない。この点を改善しない限り、博物館が
社会にとって有益なものと理解されることは難しいのではないかと考
える。

(3) 高齢者と子供達だけの博物館

　私は毎年学芸員課程に学ぶ学生諸君に「博物館で開催される教育普及
活動に参加し、その概要と良かった点、改良すべき点をまとめる」とい
うレポート提出を求めている。レポート内容については、パワーポイン
トでプレゼンしてもらうことにしている。

　プレゼンでは様々な意見が述べられるが、毎年ほぼ全員が「高齢者し
か参加しておらず、社会の中堅を担う大人や若い人々はほとんど参加し
ていない。このような状況は改善する必要がある」と指摘される。普及
活動参加者は、数人若い人もいたがほぼ全員が高齢者であり、若い人は
みんな課題のレポートを作成するため参加した学生だったという笑えな
い状況も頻繁にあるようだ。

　残念ながら、博物館入館者の年齢別データは存在しない。博物館とし
て入館者それぞれに年齢をたずねることはできないからだ。しかし、私
の短い期間の学芸員としての勤務経験からも、その後の全国の博物館見

学経験からも同様な傾向があることは間違いない。

　私も含めて多くの博物館学芸員はこのことは十分に承知しているが、ある種あきらめてきた。逆に教育普及活動を実施した場合、高齢者で参加者数が十分に確保されることで安心している側面があるように思われる。

　博物館の入館者の多くは小中学校の活動で訪れる生徒さんたちと高齢者で占められる。しかし、博物館が社会に必要とされるためには、不十分なのは明らかだ。これでは、先に述べた博物館廃止の提案に対しての反対運動が起こりようがない。この部分を改善しない限り、博物館は社会にとって必要だと認識して貰えないように思われる。日本の博物館の多くは必ずしも成功してきたとは言えないのではないか。

　生徒さんたちや高齢者はもちろん博物館にとって大切な存在だ。一方で博物館に高校生や大学生を含む若い人々にきてもらうことは大変重要だし、社会の中核を占める成年の人々、30〜50代の人々が展示を含む博物館活動に参加してもらうことはこれからの博物館にとって必要不可欠だ。

　それではどうすれば良いのか。難しい問題で、筆者に妙案があるわけではないが、いくつか思うところがある。

　若い人々が博物館に来ない、あるいは親しみを感じない一つの理由は、博物館学芸員の感覚が若い人々の感覚と大きくずれていることにある。

　博物館では展示の手法や普及活動のノウハウなどは先輩学芸員から伝達され、受け継がれてきた。いわば古い手法が受け継がれてきたのである。

　しかし、現代の情報通信手段の革命的とも言える激変が今の若い人々の感覚を急速に変えている。つまり、昔の方法では少なくとも今の若い人々には伝わらなくなっている。小中学校の生徒さんたちは現在の変化のまっただ中にあり、さらに変化し続けて高校生、大学生になっていく。この人々の感性、感覚を取り入れない限り、若い人々の多くは博物館に足を向けないだろう。私は日々学生諸君と接する中でこのことを痛切に感じている。

それでは、博物館が若い人々の感性、感覚を取り入れるにはどうすれば良いのだろうか。私に一つ提案がある。博物館館園実習で各博物館でに学びに行く学生諸君を教育する一方で、逆に彼らに学ぶことである。

博物館学芸員にとって、館園実習に訪れる学生諸君を教育することは本務ではなく、いわば余計な仕事である。学芸員課程を担当する私ども教員もそのことは重々承知しているので、辞を低くして受け入れをお願いしている。当然のことだ。

しかし、一方で私は頭の片隅で、館園実習の学生諸君は博物館に関心がある若い人々を代表する存在であり、館園実習の場は若い人の感性を学ぶ絶好の場でもあると思っている。博物館にとって若い感覚を知る大きなチャンスなのだ。彼らに楽しんで貰えない展示は多くの若い人にも楽しんでもらえないと考える必要がある。そこに博物館が若い感性と感覚を知る可能性がある。館園実習で学ぶ学生諸君は、逆に博物館が学ぶべき対象でもあるのだ。

一方、社会の中核である成人の皆さんに博物館に足を向けて貰うにはどうすればいいか。これはさらに難題である。

仕事や家庭を持ち、忙しいこの世代の人々にとって余暇の時間は貴重なものだ。博物館でこの貴重な時間を過ごしてもらうためにはより充実した時間を提供するしかない。それにはどうすればいいか。

私にこれという提案があるわけではないが、多くの自然史系博物館や滋賀県立琵琶湖博物館で実施しているような参加型の博物館活動がヒントになるのではないかと思う。

琵琶湖博物館のはしかけ制度、フィールドサポーター制度は、いずれも地域社会の人々が博物館活動に参加する形のものだ。

はしかけ制度は「館の理念の下、共に博物館を創りあげていこうとする人たちが集まり、グループに分かれて博物館内外で様々な活動を展開していく」もので「魚を採集して調査するグループ、化石を発掘するグループ、小さな子どもと親御さんを対象にした環境学習の基礎を学ぶグループ」などがあるという（大塚・三木 2018 より引用）。フィールドサポーター制度では、地域に住む人々がその地域の自然や暮らしなどの情報を

博物館に提供している。

いずれも、博物館学芸員が地域の人々と共に各種の調査研究を行い、その成果を共有するものだ。中にはその成果をもって、独立した企画展を開催するに至ったものもある。博物館活動に地域の人々が学芸員とともに主体的に参加することにより、博物館が地域社会の拠点として機能する形はこれからの博物館の在り方の一つのモデルとして有効なものだろう。その結果として、大人を含む多くの人々が博物館に集う可能性は大きいのではないかと考える。

まとめ

日本の博物館は成功してきたのかをいくつかの視点から検討してきた。主な観点は博物館は社会に必要とされてきたかである。

冒頭にも書いたように、たくさんの素晴らしい博物館が社会の要請に応えて活動していることは間違いない。しかし、残念ながらこれまで述べてきたような問題を抱え、難しい状況にある博物館も多いのは事実だろう。

現在、博物館法改正の議論が進められている。登録博物館制度の維持と拡充、学芸員養成制度の厳格化など、従来の博物館の在り方を肯定することを前提に考えられているようだ。

しかし、博物館法改正や未来の博物館の在り方を考えるには、これまでの博物館の活動を評価し、反省の上にたつことが必要である。社会に十分に必要性を認められていないという反省にたち、現状を改善するにはどのような方策が必要なのか考えなければならない。

私の理解はやや厳しすぎるという意見が当然あることは承知している。しかし、厳しい反省を踏まえて新たな博物館像が模索されるべきだろうと考える。

次章から博物館が直面する厳しい状況、学芸員の問題、制度の変化を確認した上で博物館再生の道を探りたい。

〈参考文献〉

大塚泰介、三木すずか　2018「滋賀県立琵琶湖博物館　フィールドから見えてくる共存への道標」『PASSION』40

公益財団法人日本博物館協会　2017『「博物館登録制度の在り方に関する調査研究」報告書』

これからの博物館の在り方に関する検討協力者会議編　2007『新しい時代の博物館制度の在り方について』

日本学術会議　2017「提言「21世紀の博物館・美術館のあるべき姿―博物館法の改正へ向けて」」

第Ⅰ章　博物館が直面する諸問題

1　社会における学芸員の認識

青木　豊

はじめに

　博物館法が制定されて、69 年を迎えようとしている。我が国での博物館利用者は、2015（平成 27）年 10 月の社会教育調査によると年間博物館利用者数は 2 億 8,000 万人を数えるという。つまり、日本人は年間複数回博物館を利用しているのである。このような社会情勢下において、"博物館""美術館" なる語はもちろんのこと、"学芸員" なる職業名も社会へ浸透し認知されるに至ったことは、喜ばしい限りである。

　しかし、まだまだ国立博物館は博物館法に基づく博物館でないことや専門領域による美術館・動物園・水族館・植物園等々の博物館の呼称名の違い、資料館・郷土館・記念館等は博物館か否か、登録博物館・相当施設・類似施設の差違や、運営面では教育委員会直営・第 3 セクター・指定管理者といった設置運営者に関しては、十分に理解されていないことも事実であろう。

　また、学芸員についても名称は周知されるに至った現在においても、詳細な理解はなされていないと思われる。

　これらの点は、博物館学の研究成果がまだまだ社会に浸透していないことを原因とするものと考えるところから、さらなる博物館学の見地の啓蒙が重要であることは確認するまでもない。以下、博物館専門職としての "学芸員" に関する社会的認識について述べるものである。

1　学芸員の職名使用に関する問題

　"学芸員" なる職名は、博物館法（1951 年制定）第 4 条 3 項である下記の条文により規定された、国家資格に基づく職名であることは周知のと

第 I 章 博物館が直面する諸問題

おりである。諄いようであるが、以下に条文を抄録する。

第 4 条（館長、学芸員その他の職員）

3 博物館に、専門的職員として学芸員を置く。

4 学芸員は、その他これと関連する事業についての専門的事項をつかさどる。

以上の条文からも明確であるように"学芸員"は、博物館法に基づき博物館に配置される専門職員の職名であることは確認するまでもない。また、上記 4 項には、原則的には博物館資料の収集、保管、展示及び調査研究といった仕事の"場"を、博物館で担当し、博物館運営に関する専門的事項をつかさどるのが、学芸員であると明記されているのである。諄いようであるが、国家資格である学芸員資格を有したうえで博物館において博物館業務に携わる業務を担う専門職員が学芸員なのである。

(1) 博物館以外の機関での学芸員

郷土館・資料館・記念館等を含む博物館とは、全く異なる機関・施設であるところの教育委員会をはじめとする、埋蔵文化財センター・文化会館・音楽堂・保存史跡（遺跡・城郭・歴史的建造物等）の各種の展示施設・保存施設等々の文化財等の関係機関に勤務する職員の職名においても、"学芸員"を使用しているのが現状である。

つまり、博物館の学芸員といわゆる文化系機関・文化系施設等の学芸員との混交がここに始まり、当該博物館法の基本的規約の逸脱による不明瞭化が、一般社会での学芸員職に関する錯綜をもたらす原因であると考えられるのである。

(2) 山本幸三元地方創生担当大臣の認識

過日、山本幸三地方創生担当大臣（当時）による「一番のがんは<u>文化学芸員という人たち</u>」（下線は筆者）なる発言[1]は物議を醸したことはまだまだ記憶に新しい。恐らく、山本大臣の学芸員認識も当該不明瞭性に起因するものであろうと推測されるのである。事実、"文化学芸員"なる資格名称も専門職名も存在せず、また具体的には博物館ではなく二条

城の職員を意図していたところからも頷けよう。

すなわち、二条城は、京都市文化市民局文化芸術都市推進室元離宮二条城事務所が管轄する史跡であり、博物館とは基本的に設置目的も機能も明らかに異なる施設なのである。

決して、山本大臣の肩を持つわけではないが、このような基本的問題にあるにも拘わらず一般的には些細な思い違いともいえるような誤認は、山本大臣個人に留まるものでは決してなく、社会に底通する"大きな誤解"とも言えようし、あるいは常態化したとも言える誤った認識であることを確認しておかねばならないのである。原因は、当然のごとく上記の混淆による結果であり、早急に改善策を要する点であると考える次第である。

なお、山本大臣の文化財保護に関する意識は、明らかな誤認であり、決して山本大臣の言う"観光マインド"が文化財保護を優先するものではないことは衆目の認めるところである。文化財保護は、絶対保護を原則とし、形あるものはいずれか滅ぶことも世の常であるが、しかしその無常観に逆らってまでも保存しようとするのが文化財に対する保護思想であらねばならないのである。仮にそうでなければ、文化財の中でも歴史資料は、わずかに残った歴史の断片であるから、保存意識を持たず放置すれば自然と風化し去り消滅する。

2　博物館以外の機関での学芸員使用の始まり

本論に立ち返り、当該学芸員職名使用問題の発端は、当時東京都教育委員会技術主事であり、その後法政大学教授に転出された段木一行の発案により、1972（昭和47）年頃に東京都教育委員会の文化財専門職員の職名を学芸員とする東京都条例により始まった[2]と認識している。

おりしも、1972年には、時の内閣総理大臣田中角栄による"日本列島改造論"なる政策綱領が出され、全国で急増した国土開発を原因とする遺跡破壊に対処する目的で、昭和40年代初期から埋蔵文化財の調査に携わる考古学を専門とする専門職員が全国の教育委員会で多数採用された時代的背景が存在する。

第Ⅰ章　博物館が直面する諸問題

　これら埋蔵文化財担当職員の採用当初の職名は、"技師"なる職名を以って配置されていたが、人文系職での技師は不自然であることもあって、技師から学芸員への職名変更は東京都教育委員会を前例として全国へ拡散していった。さらに結果的には、埋蔵文化財関係機関・施設以外にも広がり、今日に至った経緯を有したものと理解している。当時としては、職務内容に整合したかに思える画期的な専門職名であったのである。事実、現在においても当該職名に変わる妙案はないことも事実であろう。

　なお、我が国ではじめての学芸員名称を採用した「東京都教育委員会文化財課」は、1998（平成10）年頃「スポーツ文化課」となり、文化財係を廃止し、1974年頃22名在籍していた学芸員も現在僅か1名であるという[3]。

（1）網干善教の是正意見

　昭和の終盤から平成の極初期の頃、全国の学芸員養成課程を有する大学の集まりである全国大学博物館学講座協議会（以下、全博協。現在187大学が加盟）委員長をなさっていた関西大学教授（当時）の故網干善教先生は、この誤りに関して全博協の大会時に複数回にわたり、反対意見を述べて居られたことはいまだに鮮明に記憶している。しかし、全博協では、網干委員長の意見に対しては冷ややかであり、是正に至る議論は勿論、反対決議には到底至らなかったこともまた記憶している。

　理由は、現在とは大きく異なり博物館学芸員の就職が極めて少ない社会情勢の中で、学芸員養成側としては"学芸員"として就職できるところから、養成者の出口の確保である就職と言う点では養成者側にとっては誠にありがたい社会的風潮であった為である。かかる理由に拠って、網干教授に同調する全国大学博物館学講座協議会加盟大学の教員は一人もおらず、異論を唱えることが出来なかったと見做せるのである。事実この問題に関しては、筆者も四半世紀以前に気が就いていたことも事実であるが、狭猾にも前述の就職との関係で改善策の必要性を意識したことは無かった。また、当時は埋蔵文化財関係者以外への当該風潮の拡散

26

は予想し得なかったこともあって、恥ずかしながら網干先生が提起されたご意見に同調を成し得なかったことを、今となっては後悔している。

しかし、前述のとおり現代社会においては、混和錯綜による社会的誤謬にまで至り、現実的な被害が認められるまでに至った現在では、やはり改善しなければならない問題であると考える。

3　博物館専門職員の職名としての"研究員"の使用

また、東京・京都・奈良・九州国立博物館等を運営する独立行政法人国立文化財機構をはじめ、独立行政法人国立美術館や独立行政法人国立科学博物館による博物館・美術館での専門職員の職名が"学芸員"では無く"研究員"であることは、東京国立博物館は博物館法ではなく文化財保護法に基づく機関であるから当然であるが、一方で博物館法に則った登録博物館でありながらも、職名に"学芸員"を使用せずに研究員を使用している博物館も複数存在する点も、社会においてはさらに不明瞭性を深める原因となっていることも指摘できよう。

つまり、我が国の社会は熟成化が進み、分化・専門化が進化していることも事実である。ゆえに、博物館においても職名としての"学芸員"は、博物館法に準拠した博物館の専門職員に冠する職名に留めることが必要であり、教育委員会をはじめとする博物館以外の広義の文化財関連の保存・展示施設等の職員は、従来通りの"主事"や"研究員""専門員"なる職名や当該機関の機能と整合性を得た新たな職名を以って呼称する事が適当であると考えられる。

また逆に、県立の登録博物館や私立の登録博物館でありながらも専門職員の職名として"学芸員"を使用せずに"研究員""専門員"等の職名を使用している博物館も存在している。この点も、考えは有るにせよ博物館法に準拠し、基本的に博物館を名乗る機関である限りは徒に社会的混迷を増幅するのではなく、"学芸員"の職名使用を熟考して戴かなければならないと考える次第である。

第Ⅰ章　博物館が直面する諸問題

4　無資格学芸員の配置

　まず、不具合な条文として挙げねばならないのは「博物館法」第4条3項であり、当条文には、「博物館に専門的職員として学芸員を置く」と明示されていることは確認した通りである。しかし、現実に学芸員に相当する専門職員として現実に従事している人物が、学芸員資格を持たない無資格者である専門職を屢目にすることがある。

　例えば、県立博物館、中でも県立自然博物館の年報等の組織表を見る限り、学芸員資格無資格者の学芸員に相当する職員が数多く存在しているのは事実である。この原因は、県立博物館に於いてはその採用が学芸員採用（専門職採用）ではなく、教員や埋蔵文化財職員として採用した職員の配置転換が常套化している結果と看取される。

　そして、博物館学芸員相当職へ配置転換された元教育職員等の多くは有資格者でない職員であるがゆえに、当然ながら"学芸員"の職名は使用できず、研究員・主事等々の職名を冠しているのが常である。しかし、その職務内容は、正に学芸に関する職務であろうところからも、無資格者の任命と実務への従事と言うことになる。この不法とも表現できる行為は、「博物館法」第4条5項に記された「博物館に、館長及び学芸員のほか、<u>学芸員補その他の職員</u>を置くことができる。」（下線は筆者）と明記されている学芸員補その他の職員に相当させることにより、合法としているのであろうが、いかがなものであろうか。

　ならば、職名も学芸員補とすべきであると思われるが、組織内での所謂配慮であるのであろうか、"学芸員補"の職名を使用していないこともまた事実かと思われる。

　また、教育職員・埋蔵文化財センターの"主事""研究員""専門員"からの配転とは別途に、博物館自体が採用する場合に於いても、その採用条件に要学芸員資格（学芸員資格取得見込み）が採用条件として加えられていないケースも決して珍しくはないのである。学芸員無資格者を良とする考え方は、是非博物館側にご賢察戴き是正をねがわねばならない点である。抜本的には、県立博物館を始めとする公立博物館・私立の登録博物館での専門職の採用においては、学芸員資格有資格者に限定する

28

旨の厳格な指導を文化庁に切望する次第である。

5 学芸員有資格者採用の要望に基づく博物館法第6条の改正案

　我が国の成熟した社会では、車の運転はもちろんの事、医師、教師、美容師等々のいずれに於いても無免許、無資格は許されない社会情勢下にあって、生涯教育・文化の拠点である博物館において無法が存在すること自体がゆゆしき問題なのである。拠って、法遵守の精神からも、有資格者の配置を徹底しなければならないのである。

　それがなぜ、かかる不具合な事態が出現し得るかを考えると、具体的には下記の博物館法第6条（学芸員補の資格）が無資格者の博物館専門職としての採用を許す、法的根拠となっていると見られるのである。

　　博物館法　昭和26年　法律第285号

　　　第6条（学芸員補の資格）

　　学校教育法（昭和22年法律第26号）第56号1項の規定により<u>大学に入学することのできる者は、学芸員補となる資格を有する。</u>（下線は筆者）

　条文のとおり「大学に入学することのできる者」、換言すれば即ち高等学校を卒業した者は、学芸員補になることが出来るのである。1951（昭和26）年の博物館法制定時から1965年頃までなら兎も角として、今日の社会では高校卒業者が学芸員補として採用されることは、現実的でないといって良いであろう。博物館法制定初期の学芸員有資格者の少なかった時代とは異なり、年間1万人もの有資格者を養成している現状では不必要な条文であることは自明の通りであり、本条文の存在が前述した無資格者採用の温床であると指摘できるのである。

　拠って、当該条文の内容は今日の社会情勢に鑑みても、早急に撤廃すべき条文であると考えるものである。

6 「学芸員補の職と同等以上の職等の指定」の廃止の提唱

　さらにまた、文部省告示である「学芸員補の職と同等以上の職等の指

定」[4]は、将に学芸員養成科目の単位習得なしでの学芸員補の許容に関する告示である。告示日が1996（平成8）年であるところからも矛盾を内蔵した学芸員補に関する問題を駄目押した告示であるとも解釈できようし、さらには2008年6月に最終改正を実施している点には驚かざるを得ない。

　つまり、1996年はもとより、2008年においても我が国の社会では多くの学芸員有資格者が存在しているにも拘らず、なぜにこれほどまでに学芸員補の職を認定しなければならないのかは極めて疑問である。

　中でも同告示2項で意図する、独立行政法人国立文化財機構において文化財保護法に規定する文化財の収集・保管・展示及び調査研究に関する職務に従事する職員や、3項の「文部科学省（文化庁及び国立教育政策研究所を含む。）及び国立大学法人、大学共同利用機関法人並びに独立行政法人国立科学博物館及び独立行政法人国立美術館において博物館資料に相当する資料の収集、保管、展示及び調査研究に関する職務に従事する職員」である専門職員を学芸員補として指定する必要性は不明である。

　そもそも、上記に明記されている機関は博物館法の埒外であるのに、なぜに学芸員補の資格認定が必要なのであろうか。また、具体的に当該機関の専門職員が"学芸員補"を積極的に名乗るのであろうか、この点もまた甚だ疑問である。

　さらにまた、4項の地方公共団体の教育委員会の職員、5項の学校における教職員、6項の社会教育施設の職員、七項の社会教育主事、8項の図書館司書を、学芸員補と指定することは乱暴であるとしか言いようが無いのである。なかでも、4〜6項は、「博物館資料に相当する資料の収集、保管、展示及び調査研究に関する職務に従事する職員の職」と条件が明示されているが、7項の社会教育主事と図書館司書には、上記の条件すらないのである。

　また、業務経験内容についても疑問が残る。「博物館資料」に相当する資料"についても、4〜6項の機関・施設では不明瞭である。さらにまた、博物館類似館・施設を始め、民間での関連業務者は埒外に置かれて

いる点も大きな疑問である。具体的には、博物館建築者・博物館資料製（制）作者・博物館資料修復者・博物館資料輸送梱包者等々である。

　以上のごとく、文部科学省告示第91号「学芸員補の職と同等以上の職等の指定」は、現実乖離の条文が多数存在すること、内容にも齟齬が認められることと、何よりも"学芸員補"に関して更なる混乱をもたらす告示と考えられるところから、本告示の廃止も提唱するものである。

まとめ

　本稿では、博物館の専門職員である"学芸員"に関する問題を社会に適合させる目的で記して来た。

　先ず、"学芸員"の職名使用に関しては、社会での誤認による混交を解消する意味でも、博物館法に則り博物館に勤務する専門職員のみの職名とすることを提案した。

　また、これとは逆に登録博物館限らず広義の博物館においては、博物館専門職員の職名としての"研究員"等の職名は使用せずに"学芸員"の使用に徹するべきであることを記した。これら2点の目的は、あくまでも社会での混乱の回避を目的とするものである。

　次いで、公立・私立博物館において、中でも都道府県立博物館での無資格学芸員の配置撤廃を提唱した。目的は、博物館の経営には博物館学知識が必要である点に尽きるためである。

　と同時に学芸員の社会的地位の向上にも直結するからである。当該問題点の抜本的な一解決策は、「博物館法第6条の改正案」「学芸員補の職と同等以上の職等の指定」にあると考え、変更と廃止を提唱したものである。

　註
1）朝日新聞デジタル「「学芸員はがん。連中を一掃しないと」山本地方創生相」（2017年4月16日）https://www.asahi.com/articles/ASK4J5R1QK4JPTJB00H.html（2019年5月7日確認）

2）法政大学教授時代の段木一行先生から、直接お聞きした。
3）元東京都教育委員会文化課学芸員であった川崎義雄先生の御教示による。なお、現在「スポーツ文化課」は、「地域教育支援部管理課」に含まれている。
4）「学芸員補の職と同等以上の職等の指定」（平成8年8月28日文部省告示第151号、最終改正：平成20年6月11日文部科学省告示第91号）

2 日本学術会議提言「21世紀博物館・美術館のあるべき姿—博物館法の改正に向けて」について
—研究者としての学芸員—

菅根幸裕

はじめに

　2017（平成29）年7月20日に公表された日本学術会議（史学委員会　博物館・美術館等の組織運営に関する分科会）の提言「21世紀の博物館・美術館のあるべき姿—博物館法の改正へ向けて」は重要な内容であるにもかかわらず、博物館界では議論の対象になることは少なかった。その後、2018年1月20日にはこの提言に関するシンポジウム「これからの博物館の在るべき姿—博物館法をはじめとする関連法等の改正に向けて—」が開催され、さらに2019年3月2日にはシンポジウム「これからの博物館の在るべき姿〜博物館法見直しの方向性をさぐる〜」が開催された。

　この提言の主眼は博物館登録制度に置かれているが、あわせて学芸員の「あるべき姿」にも多く触れられている。つまり次回の博物館法改正では、学芸員制度についても対象となることが示唆されたのである。

　確認するまでもないことであるが、博物館法第4条第3項には「博物館には専門職として学芸員を置く」、同じく第4項には「学芸員は、博物館資料の収集、保管、展示及び調査研究その他これと関連する事業についての専門的事項をつかさどる」と定めている。

　今回の提言はこの第4条の改正を目指したもので、大学において学芸員養成課程を担当する教員にとっては大切な課題であるといえる。また、2つのシンポジウムで学芸員そのものの存在を問う発言があったことも看過できない。

33

第Ⅰ章　博物館が直面する諸問題

　本章では、この提言及びその背景、提言後の動向などを分析して、今後の学芸員制度のあり方を検討してみたい

1　提言「21世紀の博物館・美術館のあるべき姿―博物館法の改正へ向けて」について

　この提言では、まず博物館の現状及び問題点につき以下の様に述べている（以下、下線は筆者）。

　　学芸員は「博物館資料の収集、保管、展示及び調査研究」（同法第4条4項）により、博物館の「健全な発達を図り、もつて国民の教育、学術及び文化の発展に寄与する」（同法第1条　目的）とされる。学芸員は収集、登録、保管、展示、説明・助言・指導等の教育普及、保存・修復等を主につかさどる現状だが、職務の十全な遂行には、研究こそが不可欠である。学芸員が「博物館資料」を研究するには、関連する人類遺産に関わる広範で深遠な研究が必須である。しかし、博物館法で研究業務の内容は限定され、研究機関指定を受けられないほとんどの博物館の学芸員には、科研費代表申請資格すらない。

　　・改正学芸員科目の施行により、学芸員資格要件の科目・単位数が増加により、関連科目開講大学数が減少した。加えて、学芸員資格の求める要件と現職学芸員に求められる学術的専門性・実務能力との間に乖離を生じさせるような経緯があったため、多数の博物館が博物館法第4条4項に掲げる職務を貫徹できないような状況になった。

　すなわち、研究こそ学芸員が第一とすべきものであり、その研究は博物館学そのものではなく、様々な分野を対象とするというものである。

　さらに、博物館学に関する科目を増やしたものの、実際に現場で求められるのは、博物館学以外の専門性や実務能力であり、この乖離により、学芸員本来の職務ができなくなったとしている。すなわち現行の博物館学芸員課程に対し疑問を持ち、博物館学以外の個々の専門性を生かした調査・研究がなされるべきだとしているのである。その結果、科学

研究費代表申請が可能になるというものである。

さらに、「発展過程で顕在化してきた問題や課題」として幾つかの点をあげているが、まとめると以下のようになる。（以下、番号・下線は筆者）

①地方公共団体での学芸員は、通例「地方公務員法」の一般職であるため、博物館・美術館においては業務分担上の職名を帯びるに過ぎない。このため、学芸員は、収集・保管・展示に重点が置かれて、研究業務が疎かになりがちになる。所属博物館が文部科学省の研究機関指定を受けておらず、研究者番号が付与されて科学研究費の代表申請をする資格も与えられていないのが現状である。

②この場合、研究とは博物館法第4条第4項にある調査研究以外に、人類文化の未来に貢献する独創的な研究に従事できることを認める仕組みを考えるべきである。

③地方公共団体などは運用上、学芸業務のうち資料の収集、保管、展示及び公開、利用者への学習機会の提供や各種サービスに重点を置いているのが実情である。これでは学芸員の研究者としての質を維持向上させることは難しく、博物館側は、研究機関指定を受ける努力をし、かつ学芸員の自由研究を奨励する制度を設ける必要がある。また、一定の要件を満たした学芸員が研究者として位置付けられることによって、博物館資料の学術的価値が見出され、それを展示・教育等に反映させることで、国民への質の高い公共サービスを図ることができる。これによってそれぞれの地域の文化力の向上とともに地域の活性化に貢献することが期待される。

④学芸員資格と現職学芸員に求められる資料分野等における学術的専門性・実務能力に大きな開きがあることである。「これからの博物館の在り方に関する検討協力者会議」報告書『新しい時代の博物館制度の在り方について』（2007年6月）などで学芸員養成課程における高度化と実務経験の充実を図るために大学院における専門教育の必要性が指摘されていたにもかかわらず、「博物館法施行規則の一部を改正する省令」（2009年）でも実現に至っていない。

というものである。

　そして提言として

　　博物館の水準の維持向上という文脈の中で、博物館法第4条を改正
　　して学芸員の職務内容を見直し、業務の調査研究以外に、人類文化
　　の未来に貢献する独創的な研究にも従事して博物館を通じて地域の
　　活性化に貢献できることとし、一定水準以上の研究能力が認められ
　　る博物館には、研究機関指定の基準、特に博物館の研究費予算措置
　　などの基準の柔軟化を図るべきである。

としている。

　ここで学術会議の課題の提起および提言に対する問題点をあげてみ
たい。

　まず、第一に学芸員の職務の取り違いである。資料の収集・保管・展
示よりも「本来の職務」として「研究」のみに重点を置くべきとするの
であるが、学芸員が収集・保管・展示を行わなくて、誰が行うのであろ
うか？博物館の生命線は「資料」である。その「資料」を看過すること
には疑問が残る。また、学芸員の職務のひとつに教育・普及活動がある
が、展示のみならず様々な方法で博物館の情報を発信しながら、地域の
観光・文化財による地方創生が求められており、また、博物館行政を所
管する文化庁が文化財の活用による経済的効果を主眼としていることに
対し、逆行するのではないであろうか。

　第二にこの提言でいう研究とは、博物館の資料とも関連性がなく、ま
た博物館学に関するものでもなく、「自由研究」としている点である。
これは例えば生物学とか考古学といった専門分野の研究を指しているの
であろうが、これが博物館の属性と乖離していても良いということにな
る。そして、こうした自由な研究により、学芸員が研究者として認めら
れれば、博物館資料の学術的価値が見いだされるというのは矛盾してい
るし、これが地域の活性化に繋がるとするのは飛躍であろう。そして
「研究者の資格の目安とされるのが科学研究費代表申請資格である」と
いうことになると、地域で地道な研究を重ねている地方の博物館に所属
する学芸員などはもとより研究者ではないというのであろうか。

以上のように、この提言は　科学研究費の取得に特化したものであり、それよりも博物館や学芸員の現実的な諸問題についての対応を考慮すべきであったと考える。

2　シンポジウム「これからの博物館の在るべき姿〜博物館法をはじめとする関連法等の改正に向けて」から

(1) 小佐野重利氏・芳賀満氏の報告

　2018年1月20日、日本学術会議史学委員会博物館・美術館の組織運営に関する分科会と日本博物館協会が主催となり、標記のシンポジウムが行われた。

　この中で、前章で述べた提言「21世紀の博物館・美術館のあるべき姿—博物館法の改正へ向けて」についての報告が2本あった。

　まず、小佐野重利（日本学術会議会員・東京大学大学院教育学研究科特任教授）から提言に至る経緯について説明があった後、アメリカ合衆国や欧米諸国に比べて特異な日本の学芸員資格制度の見直しは急務であるとし、学芸員科目の改定よび学芸員制度の見直しは、今後も継続検討されるべき大きな課題であるとしている。

　メインは続いて登壇した芳賀満（日本学術会議連携会員・東北大学高度教養教育・学生支援機構教授）の報告である。芳賀の報告をまとめると以下のようになる。（以下、下線は筆者）

　①学芸員を研究者とするメリットは博物館法第1条に準拠する。

　②学芸員は研究者か？「雑芸員」は研究者でいられるのか？については、学芸員の多くは修士課程修了以上であるが、すべてが研究者としての優れた業績がない。博物館を研究機関として認定する基準に抵触する。

　③科学研究費に学芸員が参加すると、大学教員に不利益になる。

　④学芸員の質向上の為の学芸員養成のため、学芸員資格付与を学部から大学院へ変更すべきである。学芸員は専門性を高め、一人一人の適応分野を狭めなければならない。

⑤2017年4月16日の当時の山本幸三地方創生担当大臣のガン発言は、認められるものではないが、敢えて学芸員を「ガン」とするならば、学芸員も館長も専門馬鹿であり専門に拘るのでより教養学習が必要であるということである。そして学芸員は学芸員室に閉じこもり外の世界と遮絶しており官僚ぶっている。すなわち、外からの質問に答えない「地方公務員」である。博物館には「非営利」であることへの甘えがあり、特に大きな国立館ほど「倒産」を想定しない。2018年1月に閉鎖したスペースワールドを想起してもらいたい。

⑥以上の対策として、博物館・美術館間の各館間の特色を活かしながらの、学芸員の時限付の異動・転出及び大学で週一コマを教えることで良い訓練となる。

⑦観光マインド視点の養成など、全く別の視点が必要である。

　筆者が分析するに、④と⑤⑦は矛盾する内容であり、芳賀は学芸員に専門性を求めながら自ら否定し、山本発言の「観光マインド」についても、結局学芸員が持つべきものとしている。また、「学芸員室に閉じこもる」というのは現状を把握していない。学芸員は企画展の借用交渉をはじめ関係機関との調整で出張続きであり、アウトリーチを始め地域の教育普及活動も多い。「外からの質問」の対応にも忙殺されているのである。ただし、⑥の大学との人事交流には賛意を表したい。博物館学の科目を教えることにより、学芸員は改めて博物館学の重要性を再認識していくと考えられるからである。しかしこれが「自由研究」に関する科目となるとあまり意味がないのではないか。

(2) 総合討論における諸問題

　報告に続き総合討論があった。そこではさらに具体的な内容が示された。以下はまず報告者の補足説明である（以下、下線は筆者）。

①かつて、鷹野光行の提案により、大学院修了者もしくはインターン経験者を学芸員有資格とする改正案を出したが、一部大学側の猛烈な反対にあい実現できなかった。これは復活すべきである。

②学芸員をあくまで例えば考古学・生物学といった学問分野での研究者として取り扱われるようにしなければならない。そのことにより、学芸員は研究者番号を得ることができ、科学研究費の対象にもなる等研究環境が整う。

③それに加えて、学芸員に専門分野で大学の講義を担当させることが効果的である。（これは前述のとおり、博物館学ではなく、学芸員が個々に持つ考古学・生物学といった分野を指す）

④2012年、履修科目を増加させ、課程をやめる大学を続出させる予定であったが、大学側は、地元の学芸員なんかに授業を持たせるなどして対応したため、予定が狂って多くの大学が課程を残してしまった。

①は2007年3月のこれからの博物館の在り方に関する検討協力者会議『新しい時代の博物館制度の在り方について』における以下の内容が引用されている

　　　今後、大学院に博物館学及び博物館資料等に関する専門的な科目を位置づけ、例えば大学院の各分野の研究成果を、収集・保存、展示、教育普及等の具体的な博物館活動として展開する知識・技術を身に付けられる養成教育を検討することが必要である。

下線のように、大学院における教育とは博物館学と博物館資料に関するとしながら、今回の提言では博物館学とは限定されていない。また、「一部大学側の猛烈な反対」というのは、全国大学博物館学講座協議会の一連の動きのことを指すものである。特に問題なのは④で、2012年4月1日に施行された博物館に関する科目の改正が、学芸員の資質向上ではなく、そのような残念な本音があったことには全く首肯できない。

特に「地元の学芸員なんかに」という発言は、大学と博物館の交流の振興を盛り込んだ今回の提言とは矛盾する。

さらに衝撃的なのはコメンテーターの以下の発言である。

　　　博物館関係の科目は大学院での副専攻として存続すればよい。主専攻は大学～大学院まであくまで個々の専門分野（例えば考古学・生物学など）である。よって、大学における博物館学芸員課程は廃止さ

れるべきである。おそらく何百という教員がクビになるだろうが。

何を意図するものかはわからないが、博物館学の存在を矮小化し、大学の学芸員課程を死地に追い込むような発言は、公式の場では控えるべきであろう。

そして、会場からの抗議に対しては、「学芸員などという呼称はやめて、全て研究員にした方が良いのではないか」という極論で答えるに至った。博物館法第4条第4項について論議しているのに、学芸員そのものの存在を否定する締めくくり方には会場の誰もが納得しなかったであろう。

(3) 提言に対する反応

冒頭で述べたとおり、この提言に対する反応は多くなかった。

和歌山県立近代美術館長の山野英嗣は、自らのレポートの中で提言に触れ、「私も館長として、科学研究費代表資格が得られる研究機関指定達成のために努力しなければならない。しかし現行のそれには多くの障壁がある」と述べている[1]。

鷹野光行は提言の「自由研究」に着目し、特に公立の博物館の職員に、博物館の場でまったくの自由意志のもとに自由な研究を行うことは職務として認められるかどうかは疑問とし、公務員としての職務専念義務に抵触するとしている。そして現場の人員配置のもと学芸員が研究活動に専念することはとうてい実現不可能であり、研究を学芸員が遂行できるような形まで提言して欲しかった、と意見を述べている（鷹野2018）。この鷹野の指摘は正しく、提言が博物館の現状と乖離していることを示している。

また、加治屋健司は美術館と大学の人事交流はもっと進むべきとし、そのためには提言のように、多くの学芸員が科学研究費代表申請資格を得ることができると大学と美術館の共同研究がしやすくなるし、大学も学芸員の希望に応じて客員教授・特任教授等として受け入れ、調査研究がしやすい環境を提供できると述べている[2]。しかし、これは多くの人材を抱える国や都道府県立を中心とした一部の美術館に関してのみ言え

ることであろう。

3　提言の背景にあるもの

　記憶に新しいが、かつて「学芸員基礎資格」という言葉があった。

　これは、大学における博物館に関する科目を拡充し、卒業時には「学芸員基礎資格」を与え、1～2年間の実務経験を経るか、もしくは大学院修士課程で博物館の専門的な科目を履修することにより初めて「学芸員」とするというものであった。

　そして、前述した2007（平成19）年6月「これからの博物館の在り方に関する検討協力者会議」は『新しい時代の博物館制度の在り方について』に続き、2009年2月の「これからの博物館の在り方に関する検討協力者会議」第2次報告書『学芸員養成の充実方策について』では「大学における学芸員養成教育の在り方について」として以下のように述べている（以下、下線は筆者）。

　　博物館は館種、規模、設置者等によって多様であり、現場における即戦力につながる技能の養成は、大学学部レベルでは困難である。したがって、学部では、汎用性のある基礎的な知識（＝ Museum Basics）の習得を徹底する観点から、大学において修得すべき「博物館に関する科目」の内容を精選する必要がある。そして、今後の課題として、大学関係者のみならず学芸員をはじめとする博物館職員や学協会等の関係者が積極的に研究を行い、その成果を発表することを期待したい。言うまでもなく博物館活動の基礎は研究であり、学芸員の研究者としての地位の向上やその意欲の向上を図る観点から、学芸員がより一層研究しやすい環境を整備することが望まれる。将来的には大学院における教育の充実を図ることや、上級資格をはじめとする高度な人材の認定も視野に入れた検討も必要である。

　今回の提言は、こうしたかつての指摘が2017年に再興したものと考えてよい。その間、栗原祐司は繰返し、「本格的に博物館学を学ぶ高度専門職人養成の場そのものが極めて限られており、まずはハイレベルな

現場研修を行うことも可能な大学院制度を充実させることが急務である」と指摘してきた（栗原2010・2014）。小川義和も学部での養成を基礎的な課程とし、実務経験と大学院等の専門課程の必要性を指摘している（小川2016）。学部での課程を基礎とし、大学院での教育の必要性を説く趣旨はかわらないもの、大学院での教育が博物館学から「自由な研究」に変化してしまったことが問題である。

おわりに

　日本学術会議は、過去に何回か実りのある提言を行ってきた。今回の提言は学芸員の「研究」に焦点をあてたものであるが、博物館の疲弊する実態に沿うものではなかった。少ない予算の中で工夫に工夫を重ねながら、より良い情報を発信しようとしている最前線の学芸員の存在を日本学術会議の担当の方々はもう少し理解して欲しいものである。学芸員の資格を持ち、資料の収集・保管・展示の経験がある人物が多く提言への論議に参加するべきであったろう。確かに博物館学を理解しないまま現場に立つ学芸員と現場よりも理論を重視する博物館学との乖離、すなわち理論と実践の不整合が、現在の博物館の危機を招いた一因であることは間違いない。しかし、基礎的な博物館学の理論は絶対必要であるし、これは学部の段階でマスターすべきものである。この理論を十分理解した学部卒業生に「学芸員」の資格を与えることに問題はない。その後は大学院で、専門分野の研究を続けることも、学芸員として就職し、博物館の中で研究することに遜色はないと考える。

　大学院修了者、そして科学研究費申請における代表者のみを「研究者」として考える学術会議の提言には偏見があると言わざるを得ない。ましてや、学芸員養成課程を有する大学の淘汰や、学芸員を研究員に置き換え、あるいは学芸員養成課程を大学院の副専攻のみにするなどというディスカッションが展開されるなど、大学にとっても博物館にとっても不利益な構想のもとに、博物館法第4条が手直しされて良いとは思えない。それよりも、博物館の健全な活動のために、これ以上予算を削減され、また、学芸員の確保が困難にならないための具体的な方策を考

え、諸規定の改訂の論議をする方が現実的ではなかろうか。

　さらに、今後博物館が地方自治体の首長部局下に入る可能性があり、学芸員を研究職・専門職にする道はより狭められることが考えられる。日本学術会議のポジティブな姿勢は評価できるが、これから起こるであろうネガティブな問題の解決が先行されるべきである。

　2019（平成31）年３月２日、再度シンポジウム「これからの博物館制度の在るべき姿〜博物館法見直しの方向性をさぐる〜」が開催された。「改正へ向けて」から表現がやわらかになり、内容も法改正の難しさを確認するものであったが、「学芸員課程を学部カリキュラムから大学院カリキュラムへ格上げ」という文言が再確認された。一方で「上級学芸員制度については創設に向けた専門職大学院の検討は必要か」と博物館学に関しては消極的な発言も観られた。科学研究費に固執するのが、博物館の予算上の問題で、現在大学で求められているような研究に対する外部資金の導入と同じ考え方のもとなされているのであれば、そこには学芸員の質とはかけ離れたものがあると考える。2019年９月のICOM（国際博物館会議）京都大会ではICOM規約のMuseumの定義も改正されることも見込まれており、それとこの提言がリンクすることで、あらぬ方向に博物館法改正が進まないことを望んでいる。

註
1）山野英嗣「わが国の近代美術館事情6」和歌山県立近代美術館公式HP
　（館長からのメッセージ）http://www.momaw.jp/message/cat143/yamano-20171227.php（2019年３月22日確認）
2）加治屋賢治「シリーズ：これからの美術館を考える（1）　加治屋健司が提示する「共同研究の活性化」と「アーカイブ機能の強化」」美術手帖オンライン http://www.bijutsutecho.com/magazine/series/s13/16534（2019年２月24日確認）

〈参考文献〉
小川義和　2016「これからの博物館学芸員のあり方について」『一般社団法人日本考古学協会第82回総会　研究発表要旨』
栗原祐司　2010「我が国の博物館政策の諸問題」『日本ミュージアム・マ

ネージメント学会研究紀要』14

栗原祐司　2014「我が国の博物館法制度の現状と課題」『國學院雑誌』115-
　　8（創刊120周年記念特集　博物館・博物館学の諸問題）

公益財団法人日本博物館協会編　2008『博物館評価機関等に関するモデル
　　調査報告書』

鷹野光行　2010『博物館学特論―博物館と考古学の接点を求めて―』慶
　　友社

鷹野光行　2015「学芸員課程の運営」鷹野光行・青木　豊・並木美沙子編
　　『人間の発達と博物館学の課題』同成社

鷹野光行　2018「博物館登録制度の行方―日博協報告書と学術会議提言を
　　めぐって」『東北歴史博物館研究紀要』19

3 博物館法はどこに向かうのか

辻　秀人

1　博物館法の制定

　博物館法が制定されたのは 1951（昭和 26）年 12 月、今から 68 年前の
ことである。

　戦後の混乱の中で抜本的な教育改革が行われた。その内容はほぼ訪日
米国教育使節団の報告書[1]に沿ったものであった。1946 年の同調査団最
初の報告書で「図書館・研究施設および研究所の拡充」が勧告され、社
会教育に関わる方向性が示された。日本国憲法の発布、教育基本法の成
立をうけて 1949 年に社会教育法が、1950 年に図書館法成立する。

　同じ 1950 年に訪日アメリカ教育使節団の第 2 次報告[2]が出され、博
物館の設置と財政的な基盤の確立が奨励される。これをうけて 1951 年
に博物館法が成立する。

　図書館法と博物館法は、社会教育法のもとにあってほぼ同趣旨の法律
である。いずれも社会教育施設である博物館、図書館の概念を規定し、
一定の支援をする目的で作成されている。

　この兄弟のような 2 つの法律は成立時期も背景も同じくするため、
きわめてよく似ている。章立ては以下の通り。

　　　図書館法　　　　　　博物館法
　　　第 1 章　総則　　　　第 1 章　総則
　　　第 2 章　公立図書館　第 2 章　登録
　　　第 3 章　私立図書館　第 3 章　公立博物館
　　　　　　　　　　　　　第 4 章　私立博物館
　　　　　　　　　　　　　第 5 章　雑則
　博物館法に「第 2 章　登録」「第 5 章　雑則」がある点が両者の違い

で、他は対応する構造をもっていることが読み取れる。「第5章　雑則」は、図書館に比べて多様な館がある博物館に博物館相当施設を加えたことによる条文で、本質的な違いは、登録制度の有無にある。

　博物館登録制度は、一定の要件を満たす館に補助金、運送料の割引、税制上の優遇措置を与えることを目的とするものだ。第2次訪日アメリカ教育使節団報告書の中で当時の博物館が「財政上の困難によって、いちじるしく不利な立場に置かれ、そのあるものは毎年補助金を受ける国の施設になるように請願している」ことが指摘され、改善を勧告されたことへの対応として条文化されたのだろう。

2　現行博物館法の問題点

　博物館制定から今年で68年、社会状況も変わり、関係法令の改正もあって博物館法もいくつかの変遷を遂げてきた。中でも登録博物館への支援の内容と学芸員養成制度は大きく様変わりしている。

(1) 博物館登録制度

　制定当初、博物館（博物館法において博物館とは登録博物館及び博物館相当施設を指す）への支援は、日本国有鉄道の運賃の割引、建築費、設備費等への補助金交付、税制上の優遇措置の3つであった。国は登録博物館を認定し、経済的支援を行うというシステムを構築したのである。

　ところが、社会、経済情勢の変化の中で優遇措置が実質的な有効性を失っていく。

　1986（昭和61）年に日本国有鉄道が分割、民営化されたことにより、国鉄の運賃割引制度が消滅、補助金も実質的に廃止され、残る支援は、私立博物館に関わる寄付金、贈与、関税等への優遇措置と公益社団・財団法人への固定資産税等の非課税措置等だけになってしまった。つまり、博物館法による博物館登録制度は、裏付けとなる支援が私立博物館への税制優遇措置を除いて失われてしまった。公立博物館側からすれば、面倒な登録申請手続きを経て、登録博物館に認定されることにより、法の定める姿に基づいて指導監督を受ける必要が生じる一方、何の

メリットもないという状況が生まれてしまったのである。私立博物館にとっても、資料を贈与する側の税制優遇であって、公益社団、財団法人を除いて固定資産税の免除等は受けられない。博物館法上の支援はきわめて限られているのである。

こうした中で、登録申請が減少していくのは当然のことだ。「これからの博物館の在り方に関する検討協力者会議」（以下協力者会議）による『新しい時代の博物館制度の在り方について』（これからの博物館の在り方に関する検討協力者会議 2017）が紹介する「都道府県教育委員会における博物館関係業務の実態に関する調査」では、「都道府県1県あたりの平均の博物館登録申請が1年間で 0.43 県」、2006（平成18）年以前の3年間で「登録も相当施設の申請のいずれもなかった県は12県」であったことが報告されている。

また、同じ『新しい時代の博物館制度の在り方について』によれば地方公共団体の長が設置する博物館が約 1,000 館以上にのぼる。これは博物館法の対象とならないことをあらかじめ承知の上で、多くの博物館が設置されている事実を示している。つまり、博物館設置者にとって、博物館登録制度は何のメリットも無く、制限だけがあるので、必要ないという認識が広がっているのだ。この点は筆者も含めて、博物館関係者に共有されている認識といえよう。

以上の状況からみて、博物館法に定める博物館登録制度はすでに存在意義が失われてしまっているといえよう。

(2) 大学での学芸員養成

学芸員資格を取得する方法は、大きく大学または短期大学で「博物館に関する科目を履修」する方法と文部科学省で実施する試験を受験する方法がある。多くの学芸員は大学で資格を取得しているため、ここでは大学での学芸員養成制度を検討したい。

履修すべき科目は、生涯学習概論、博物館教育論、博物館概論などの概括的な科目に加え、博物館資料論、博物館展示論、博物館資料保存論、博物館情報・メディア論、博物館経営論の講義科目8科目16単位、

第Ⅰ章　博物館が直面する諸問題

博物館実習3単位で構成される。総じて、社会教育論、教育論を知った上で博物館の各論を詳細に学び、博物館実習で仕上げをする構造である。全体的な姿は教育実習を実施する教職課程の教職に関する科目と良く似ている。図書館司書課程では実習は実施せず、社会教育主事課程では職を得てから1年間の実務経験を経て社会教育主事として発令される仕組みである。

　さて、学芸員養成課程で履修すべき科目は博物館法制定当初は10単位で、1996年に12単位に、2008年の博物館法改正で19単位に増えた。全体構造は変えずに各論部分を増やしてきた格好である。

　筆者は、1980年に福島県で最初に採用された3人の学芸員の一人である。福島県教育委員会で博物館、美術館、図書館建設を担当することが任務だったが、当時教育委員会内部でさえ、学芸員という職種を知る人は少なかった。まして首長部局や財務当局では知る人は皆無で説明に苦戦した記憶がある。

　現在は、大学を受験する高校生にも良く知られており、社会でも広く認知されるようになった。隔世の感がある。学芸員制度は社会に定着したと言えよう。

3　博物館法改正の動きと論点

　博物館法制定から68年を経て、実状にそぐわない状況が生まれてきた。そのような中で教育基本法に生涯学習を定めた条文（第3条）が加えられたことを受けて、文部科学省は「博物館活動の基盤となる博物館法が今後、適切に機能していくことができるのか、改めて検討することが必要」として2006年「これからの博物館の在り方に関する検討協力者会議」を招集し、博物館法改正にむけての検討を行った。その成果が『新しい時代の博物館制度の在り方について』として公表された。ただ、2008（平成20）年の博物館法の改正は部分的なものにとどまり、大学学芸員養成課程の科目を増やしたが、その他の点では大きな改正には至らなかった。

　しかし、協力者会議で提言された内容は大筋でその後の博物館法改正

に向けて、議論の基盤を提供することになった。現在の博物館法改正にの方向性に大きな影響を与えたと言えよう。その提言の内容は細部を別にすれば、博物館登録制度と大学における学芸員養成制度に関わるものである。以下それぞれについて考えてみたい。

(1) 博物館登録制度

　博物館法に定める登録制度は、一部の私立博物館を除けばまったく有効性が認められず不要なものになっていることは先に述べた。この現状を協力者会議はどのように認識しているのだろうか。

　協力者会議の認識
・博物館は、法制定時に比較して、形態、ニーズが多様化。
・博物館法上位置づけられる博物館は、博物館全体の中では少数。
・現行博物館登録基準は、外形的観点を中心としている点が問題。

　つまり、協力者会議は、博物館登録制度は多様化する形態やニーズに対応できておらず、登録制度の外にある博物館が多数であることが問題であるとともに、登録基準に不備があると現状を認識している。

　これを踏まえた提言は以下の通り。
・新しい登録制度は、望ましい博物館像を社会が共有し、それに向けて博物館が継続的に改善、向上を目指した努力を奨励する制度にする。
・関係者の努力により、登録制度が優れた制度として認知されることで、登録博物館を目指すメリットが増えることを期待。

　この2つを実現するため、以下のような方向で新たな登録審査基準を作成する必要性が述べられる。
①資格を有する学芸員の配置など、設置者の違いや、施設の規模等に応じて、登録博物館として当然有するべき要件、機能を備えていることについて確認できること
②博物館がその活動において、公共に資する視点でそれぞれの館に相応しい使命と計画を設定し、どれだけ実践しているかという視点で審査を行えること
③我が国の博物館活動の多くを支えている中小の博物館や私立博物

第Ⅰ章　博物館が直面する諸問題

　　館も含め、できるだけ多くの博物館が参加できること
　④各関係者に＜別紙２＞に示すような利点をもたらすことが期待で
　　きるほか、私立の登録博物館への税制上の優遇措置が登録制度の
　　意義をより高める効果を発揮しているように、登録博物館になる
　　ことの目に見えるメリットが多くあること。

　『新しい時代の博物館制度の在り方について』からの引用が長くなっ
てしまった。読者諸賢はどうお考えだろうか。筆者はこの考え方にまっ
たく賛成できない。この提案では現状を改善することは難しいと考える
からだ。

　まず、博物館登録制度は、国が博物館の概念を規定し、支援する目的
で設けられている。支援が無くなってしまった以上、登録制度の存在
意味はない。存続させようとすれば、新たな支援を作り出すしか方法
がない。どうやら協力者会議（実際には事務官が文章を作成しているから文科
省か？）は、登録制度を存続させ、「公共に資する視点でそれぞれの館に
相応しい使命と計画を設定し、どれだけ実践しているか」という視点で
博物館を指導し、従わせたいらしい。ただ、実際には協力者会議（実際
は文科省？）としては新たな支援策を作り出すことは、予算、他省庁と
の関係等で困難だったようだ。

表１　＜別紙２＞新しい博物館登録制度によって期待されるプラス効果
(これからの博物館の在り方に関する検討協力者会議 2007)

○ 利用者（若しくは国民、市民） ・学習という観点で優れた（一定基準を満たした）博物館かどうか見極められる。 ・博物館全体の質的向上が図られる。 ・博物館を支援しようとするスポンサー、寄贈者に指標を与えることができる。
○ 博物館（設置者を含む） ・博物館運営に一定の指針が与えられる。 ・ステイタスとしての地位が得られる。 ・博物館の運用改善や質の維持を図る契機となる。 ・基準を満たすための予算要求、人員確保要求に説得力のある根拠を与える。 ・国民に対して望ましい博物館活動に対し理解を得ることができる。 ・地域住民・国民に対する施設設置の説明責任を果たすことができる。
○ 博物館行政主体（国、都道府県） ・国民、住民の博物館に対する関心が高められる。 ・全国の博物館に対して、一定基準の確保を促すことができ、博物館全体の質の向上とともに、審査主体の違いによるバラつきを抑制できる。

50

その結果として、「登録制度が優れた制度として認知されることで、登録博物館を目指すメリットが増えることを期待」と書かざるを得ず、無理矢理ひねり出した新登録制度のメリットが別紙2「新しい博物館登録制度によって期待されるプラス効果」（表1）である。この別紙2は惨憺たるもので、メリットが何もない中で書かざるを得なかった文科省担当事務官の苦労が思いやられる。

別紙2の内容に具体的なメリットがないことは一目瞭然だろう。

「優れた博物館かどうか見極められる」「運営に一定の指針が与えられる」などほぼ全ての項目は、従来の登録制度でも十分に成立するものだ。別紙2には実際には測れない想念上のメリットだけが並べられており、実質的に意味を持たないと考える。

筆者には、協力者会議は現状の登録制度を改善する見込みの無いままに存続させることを提言しているとしか思えない。検討が進められていた当時、筆者の知る協力者会議のメンバーは登録制度を「〇適マーク」に例えていた。正確には防火対象物適合表示制度（適マーク制度）は、一定規模の建物の安全・安心に関する情報を利用者に提供するもので、宿泊施設の評価を示すものではない。博物館の評価は人々がするもので、文科省がお墨付きを与えるような性質のものではない。

協力者会議の登録制度に関わる提言はいわば的外れで、博物館を良い方向に導くものではないと筆者は考える。

しかし、この提言は方向性の部分では曖昧模糊として、苦しげだが、具体的な改正内容では勢いが感じられるのは気のせいか？その内容は次の2点である。

・登録申請資格の設置主体の限定を撤廃
・博物館相当施設の指定制度を博物館登録制度に一本化。

従来、公立博物館が登録申請をする場合、教育委員会が所管することが条件となっていた。これをはずし、多様な設置主体による博物館を登録博物館と認定しようとするものである。具体的には、国・独立行政法人立博物館、大学博物館等、地方公共団体の長が所管する博物館、営利法人立（株式会社等）博物館が対象になると考えられている。

第Ⅰ章 博物館が直面する諸問題

　第2点の博物館相当施設を廃止し、登録博物館に一本化することは、必然的に登録要件を緩和することにつながる。この点に協力者会議は現状認識として「現行博物館登録基準は、外形的観点を中心としている点が問題」とした上で、新たな登録基準に「公共に資する視点でそれぞれの館に相応しい使命と計画を設定し、どれだけ実践しているかという視点で審査を行えること」を加えることを提案している。筆者にはこれは登録基準を緩和するための布石としか思えない。それにしてもいったい誰がどのような基準で「使命と計画を設定し、どれだけ実践しているか」を評価する（できる？）のだろう。

　上記の2点は、博物館法の対象館をいかに広げるかを目指す提案である。問題意識としては「全博物館の約8割が博物館法の対象外」である現状を打開したいという文科省の意向が強く反映されているのだろう。

　しかし、個別にその存在を規定した法律を持つ国立文化財機構、国立科学博物館、国立美術館、大学共同利用機関法人国立歴史民俗博物館、国立民族学博物館までを対象とすることには無理がある。また、地方公共団体の長が設置する館を登録することは社会教育法の精神に照らしてどうなのか、営利団体による博物館を登録することが、博物館法の目的「教育、学術及び文化の発展に寄与することを目的」と整合するのか等大いに疑問がある。

　何よりも、実質的な意味を失った登録博物館制度の対象館を広げることを提案する意図がどこにあるのか、筆者にはまったく理解できない。

(2) 学芸員養成制度

　学芸員養成制度について協力者会議は、かなり大胆な提案をしている。以下紹介したい。要点は以下の3点である。

・大学における「博物館に関する科目」は、経営・教育・コミュニケーション能力の育成を重視して見直し、科目を修得した者は「学芸員基礎資格（仮称）」を付与。

・博物館での一定期間の実務経験を学芸員資格の要件に位置付け。

・新しい養成段階として大学院レベルの専門課程も今後検討

52

大学の科目を履修することによって学芸員資格を付与する従来の制度を廃止し、大学では基礎資格の付与にとどめる。学芸員資格を希望する学生は、基礎資格を得た後に実務経験を経た上で学芸員資格を認定するという制度の提唱である。実務経験は1年間程度を考えていることも明記されている。

筆者はこの考え方はなりたたないことをパブリックコメントでも、協力者会議の中間まとめについてのヒアリングでも述べてきた。ヒアリングは全国大学博物館学講座協議会を代表する立場で参加し意見を述べたため、従来の制度が存続しないと学生の募集に困る私立大学学芸員課程の立場、つまり既得権を守るための発言と受け止められたようだった。協力者会議のメンバーは筆者の言うことに何の意見も表明せず、聞き置く態度で真剣には受け止められなかった印象が強い。

しかし、筆者の意見は私立大学学芸員課程の既得権益を守ることを目的としていない。

まず、学生の立場から考えてみよう。

大学で学芸員課程で学び終えても、基礎資格だけでは学芸員としての就職はできない。卒業後就職できずに博物館で1年間実務を学ばなければ学芸員資格は取得できないのである。実務を学ぶために博物館で過ごすのだから当然無給ということになるだろう。深刻な人手不足に悩む博物館には実務を指導するために人手を割くことは難しい。むしろ博物館では無料で使える若い労働力として歓迎されることになるだろう。現に私の知る博物館長はこの案が検討されていることを話すと、ただで人手が手に入ると言って喜んでいた。

学生の苦しみはまだ続く。1年間無給の実務経験を積んだ後にようやく学芸員採用試験を受験できることになる。幸運にも採用されれば良いが、もし、不採用であれば路頭に迷うことになる。学芸員プアの誕生である。

私どもが日常接する現代の学生諸君は、就職に関わることに非常に敏感だ。背景に就職氷河時代を経験した親の世代が大学卒業と同時に就職することを強く望んでいることがある。学生諸君は、大学卒業はおろか

第Ⅰ章　博物館が直面する諸問題

1年間の実務経験を経た上でも就職できるか否か分からない学芸員資格を得ようとするとは思えない。もしいたとしてもごく例外的だろう。こうして日本の学芸員志望者は根絶やしになる。大学院での学芸員養成を考える向きもあるだろうが、博物館総数4,000を数える博物館の学芸員を供給することはとうてい不可能である。少子高齢化社会の中で一体誰が日本の文化財を守るのだろうか？

　一方、博物館の側では実務を指導する体制は組めるのだろうか。文科省による平成20年度社会教育調査によれば、登録博物館、博物館相当施設あわせて2.6人程度、類似施設にいたっては1人を大幅に割り込んで0.3人程度と報告されている[3]。つまり、ごく一部（県立総合博物館クラス）を除いては実務指導体制を組むことができないのは明らかだ。

　現代社会において就職の保証もなしに、無給の実務経験を積ませる制度は存在しない。よく似た構造をもった医者のインターン制度も無資格診療の責任問題や無給であったことが問題になり東大紛争の引き金になったことはよく知られている。法曹界の司法修習生制度は司法試験合格後実施されるもので、資金の貸与等の手当がある。現在検討されている過酷な学芸員養成制度は、現在社会の常識的な考え方から大きく逸脱したものだ。

　また、今後検討されるという大学院レベルの専門課程も問題が多い。現在博物館学を専門的に学ぶ大学院は、國學院大學、明治大学、立教大学など数校に過ぎない。これでは全国で4,000館を越える博物館の学芸員を供給することはできない。また、これから各大学院に学芸員養成を目指すカリキュラムを置くことは至難の業だ。そもそも大学院の設置趣旨に資格取得のための教育を行うことが整合するとは思えない。また、各大学院がカリキュラムを置き、相応の教育体制をつくらなければならない。また、仮に実現したとすれば、司書資格、社会教育主事資格も同様の措置を求めるだろう。そんなことができるだろうか。

4　博物館法が目指すもの

　博物館法は、財政的に厳しい博物館を支援するために、一定の条件を

備えた博物館を登録博物館に認定し、登録博物館（相当施設）を財政面を含めた支援を効率的に実施しようとすることが制定当時の目的であった。しかし、68年を経て財政支援ができなくなり、博物館法が本来目指していた博物館支援を十分には行えなくなってしまった。そこで博物館法を現状に即して改正する方向性には賛同できる。

しかし、協力者会議の提言あるいは日本学術会議の提言「21世紀の博物館・美術館のあるべき姿」には、博物館法を何を実現するために改正するのかという根本的な議論が不十分である。

さて、博物館法改正には2つの方向が考えられる。

できるだけ広い範囲の博物館（類似施設を含める）を対象とする方向が一つである。登録博物館制度を維持するとすればかなり緩い基準で広く認定する必要が出てくる。また、インセンティブを確保するためには、登録博物館への各種政策（事業等への補助制度）が必要になるだろう。選択肢としては登録博物館制度を廃止して図書館法と同様の構造とし、事業等への補助事業の申請資格設定の中で博物館を一定の方向に導くことが必要となるだろう。

もう一つは、従来の登録制度を存続させ、その登録基準を実状に合わせて手直しする方向である。協力者会議、日本学術会議の提言はこの方向に沿ったものだ。ただ、この方向では、現状の博物館法が直面している問題を回避できない。登録博物館に認定されるメリットが公立博物館にとってまったく存在せず（協力者会議の示すメリットは抽象的で実質がない。いわば絵に描いたモチ）、全体のわずか16.6％にあたる登録博物館が増加するとはとても思えない。協力者会議開催中に担当者にはその旨を何度となく伝えたのだが、新たなメリットを作り出すのは実際には難しいとのことだった。しかし、この制度を維持、発展させようとすれば新たなインセンティブを付加するしかない。そうしなければ現行の博物館法と細部こそ違え、現状は改善しない。

読者諸賢はどのように考えられるだろうか。多くの博物館を対象とし、各種の政策、補助事業で少しずつ、広い範囲の博物館を良い方向に導くのか、それとも、一部の博物館を特定し、重点的に支援を行ってい

くのか、判断のしどころである。

　なお、これだけは言っておきたい。序章で述べたように安倍内閣はインバウンド獲得のために博物館と学芸員を動員したいと考えている。筆者は地方公共団体の長により設置された博物館も登録博物館の対象とする場合、首長の政策として博物館が観光政策の中に位置づけられ、学芸員がインバウンド獲得のために走りまわる状況を危惧している。そうならないような配慮は是非とも協力者会議等、文科省の政策立案、実現に関わる有識者、先生方には御配慮いただきたい。筆者の切なる願いである。

　註
　1）　文部科学省公式HP「米国教育使節団報告書（要旨）（昭和二十一年三月三十一日）」http://www.mext.go.jp/b_menu/hakusho/html/others/detail/1317998.htm（2019年7月24日確認）
　2）　文部科学省公式HP「第二次アメリカ教育使節団報告書（要旨）（昭和二十五年九月二十二日）」http://www.mext.go.jp/b_menu/hakusho/html/others/detail/1317998.htm（2019年7月24日確認）
　3）　文化省公式HP「博物館の管理運営方策の充実について」www.bunka.go.jp./seisaku/bunkashingikai/seisaku/08/wg/bijutsu_01/pdf/shiryo_4_1_ver02.pdf（2019年7月24日確認）

　〈参考文献〉
　　これからの博物館の在り方に関する検討協力者会議　2007『新しい時代の博物館制度の在り方について』
　　日本学術会議　2017「21世紀の博物館・美術館のあるべき姿―博物館法の改正へ向けて」

4　学芸員養成制度の不備

青木　豊

はじめに

　本節は、結章4節の「養成学芸員の資質の向上」と本来は一貫する論旨であるが、章立ての都合上分離したものである。また、本稿は別稿で記した「学芸員の諸問題」（青木2017）を基盤とし、加除筆したものである。

　まずは、博物館学の現状、博物館学に基づく体系的科目設定であったか、学芸員養成科目の不足、博物館法第6条（学芸員補の資格）の改正、文部省告示151号による「学芸員補の職と同等以上の職等の指定」の廃止の提唱について、以下論述するものである。

1　博物館運営者の博物館学意識が脆弱である点

　博物館運営者の博物館学知識と意識の希薄な点は、一概には言えないだろうが国内の博物館が指定管理移管への適否の決定に大きく作用したものと推定している。

　つまり、専任学芸員を配置し地域を取り込んだ積極的な博物館経営を実施していると判断できる博物館・資料館は、教育委員会の直営が継続されている傾向が強く認められるように観察される。

　すなわち、教育委員会直営博物館においては、博物館経営に対し一家言を有する熱心な学芸員の存在が強く感じられるのである。博物館学知識とこれに伴う意識は、博物館展示・教育活動・友の会の運営はもちろんのこと、博物館経営に対して広い専門的知識を持ち合わせない館長・教育長に対して、説得力のある意見の具申が出来る学芸員の存在が必要であったことが理解できるのである。

57

第Ⅰ章　博物館が直面する諸問題

　このような、熱心で博物館学知識と意識を有する学芸員を養成できなかったことが、直接的な原因であろうと看取されるのである。理由としては、下記の2点があげられよう。

　・学芸員養成科目の不足

　・博物館学の体系的教授ではなかった

　まず、第一の学芸員の養成科目の不足については、1955（昭和30）年より現行の改正にあたる1996（平成8）年までの40余年間、博物館学の専門科目としては表1のごとく「博物館学」4単位と「博物館実習」3単位であった。余りにも少ない専門科目の展開が1951年の博物館法制定以来、今日までの60余年のうちの42年間も占めるこの厳然たる不具合な事実の結晶が、現在の博物館の実相となったものと考えられるのである。

　1997年からは従来の「博物館学」4単位を2単位増加させて6単位とし、「博物館経営論」「博物館資料論」「博物館情報論」の3科目増となり、全体で従来の5科目10単位から8科目12単位に引き上げられたがまだまだ不十分で、博物館学の体系の教授には程遠い改正であったことは明白であった。

表1　学芸員養成科目の推移表

〈1955年改正時科目〉

NO.	科目名	単位数
1	社会教育概論	1単位
2	博物館学	4単位
3	視聴覚教育	1単位
4	教育原理	1単位
5	博物館実習	3単位

（5科目10単位）

〈2007年改正時科目〉

NO.	科目名	単位数
1	生涯学習概論	1単位
2	博物館概論	2単位
3	博物館経営論	1単位
4	博物館資料論	2単位
5	博物館情報論	1単位
6	視聴覚教育メディア論	1単位
7	教育学概論	1単位
8	博物館実習	3単位

（8科目12単位）

〈2012年4月施行〉

NO.	科目名	単位数
1	生涯学習概論	2単位
2	博物館概論	2単位
3	博物館経営論	2単位
4	博物館資料論	2単位
5	博物館資料保存論	2単位
6	博物館展示論	2単位
7	博物館情報・メディア論	2単位
8	博物館教育論	2単位
9	博物館実習	3単位

（9科目19単位）

例えば、博物館を特徴づける機能であり、博物館最大の機能である「展示論」ですらこの時点では欠如していたのであった。展示論が養成科目に含まれていなかった事は、博物館学意識形成の上での大きな欠如であった。1872（明治5）年に始まる我が国の博物館展示が何の改良もなく、変容してきた社会情勢に呼応することなく、今日まで引き継がれたことが博物館の低迷の要因となったものと看取されるのである。

つまり、展示は展示業者が行うものであって、学芸員が行うべき職務内容ではないとする考え方が現在で最も根強く存在しているのは事実であろう。

2007年6月15日付で、これからの博物館の在り方に関する検討協力者会議より、『新しい時代の博物館制度の在り方について』（これからの博物館の在り方に関する検討協力者会議 2007）が出された。同報告に基づき養成学芸員の資質向上を目指すべく、現行の8科目12単位から9科目19単位へと科目数と単位数の引き上げが決定された。筆者が別稿（青木 2006・2007）で提案していた通り、新たに「博物館資料保存論」「博物館展示論」「博物館教育論」の3科目6単位が増設された。

このことは、博物館学の体系の上からも不可避であったことは事実であり、当該3科目の新設により養成学芸員の学術的資質向上は大きく推進されたものと期待できるのである。

しかし、残念ながら大局的には博物館学を構成する科目群には至っていない点もさらに考慮せねばならない。

2 博物館学の体系に基づく単位数の拡充

学芸員養成の基本理念は、博物館学の体系的教授による理解が目標であることは確認するまでもなく、それは同時に博物館学研究者の育成を第一義とするのである。学芸員は、資料さえ扱えれば良いといった職人的職性に決して留まるものではない事を、再度確認しなければならないのである。それには博物館学知識の涵養が重要なのである。

現行法定課目の9科目19単位を基盤に、さらに必要とする博物館学に関する科目は、博物館学史・日本博物館史・欧米博物館史・博物館経

営実務論・展示工学論・地域博物館論・地域文化保全活用論が考えられるが、少なくとも博物館学史・地域博物館論・地域文化活用論の３科目６単位が更に必要であると考える。この点は、別節で述べることとする。

まとめ─養成学芸員の資質向上の為の大学養成過程の改革─

　この博物館学知識の脆弱、意識の希薄な点が今日の社会下での博物館経営に影を落としているものと看取されるところから、博物館学の研究者の養成、学芸員の博物館学知識・意識の向上に直結すべき養成制度と体制が必要で有ると考えねばならない。それには、下記の10点が必要々件と考えられるのである。

　　・大学での養成学芸員の資質向上措置

　　一、博物館学を専門とする専任教員の配置

　　一、大学教員の資質の向上

　　一、博物館学研究者の養成

　　一、法定課目・単位数の拡充に基づくカリキュラムの充実

　　一、大学附属博物館の設置

　　・博物館での向上措置

　　一、博物館学知識を有する有資格者の採用と配置

　　一、現職学芸員の博物館学知識の向上

　　一、科研費申請認定博物館（機関）の確立

　　一、地域社会との更なる連携

　　一、国内外の他博物館・大学・研究機関との連携

　さらにまた、博物館学芸員に要求される高度な学識は、それぞれの学術分野の専門知識と博物館学知識の２者であることを忘れてはらない。前者の各学術分野に於ける専門知識は、最高学府である大学卒業と同時に確立されているものと見做せる。またそうでなければならないのである。この点は、学芸員の採用にあたっても博物館側が専門性を重視している点からも明白であり、かつまた一般的である。

　確かに、博物館は研究機関であり、あらねばならない点に異論を差し挟む余地は無いが、しかし今日の社会情勢下に置かれた博物館を観た場

合、博物館展示や教育諸活動がその重要さを増して居るところからも博物館経営の上でより必要となるのは、当初述べたように後者の博物館学知識と熱心な博物館学意識なのである。

　なお、人文系博物館、中でも考古・歴史・民俗等では、そこに介在する資料は過去の遺産であり、未来へ伝える保存行為こそが、歴史・民俗系博物館の第一義であるところからも博物館学意識は不可避である。

〈参考文献〉
　青木　豊　2006「学芸員養成科目としての『博物館展示論』の提唱」『全博協研究紀要』9、全国大学博物館学講座協議会
　青木　豊　2007「博物館法改正に伴う資質向上を目的とする学芸員養成に関する考察」『博物館学雑誌』33-1
　青木　豊　2017「学芸員の諸問題」『國學院雑誌』（國學院大學博物館学講座開設60周年記念特集―博物館・博物館学の諸問題Ⅱ―）國學院大學
　これからの博物館の在り方に関する検討協力者会議　2007『新しい時代の博物館制度の在り方について』

5 指定管理者制度により壊された 博物館

大貫英明

1 壊されいく川崎市市民ミュージアム

　2018（平成30）年8月31日の『神奈川新聞』に、指定管理者制度によって壊されていく博物館を象徴する記事が掲載された。川崎市市民ミュージアム（以下「市民ミュージアム」）の元副館長が雇用止の無効を求めた提訴の記事である。ことの成り行きを確認するため長文になるが引用する。

　　川崎市市民ミュージアム（川崎市中原区）の指定管理者「アクティオ」（東京都目黒区）と有期雇用契約を結んでいた元副館長の浜崎好治さん（57）が、契約更新されずに雇い止めされたのは労働契約法に反して無効だとして、同社に従業員としての地位確認などを求める訴訟を30日、横浜地裁川崎支部に起こした。

　　訴状などによると、浜崎さんは1988年の同館開館時から、当時同館を運営していた財団法人の職員として勤務。学芸員資格を取得し、2000年ごろに同館の学芸員になった。

　　市は、民間活力を取り入れて同館の発信力を高めようと指定管理者制度を導入。16年に同社などの共同事業体を選定し、浜崎さんは17年4月に財団から同社に移り、1年間の有期契約で副館長職に就いていた。浜崎さんが、同社側に学芸員の賃金増や組合結成の必要性を訴えたところ、今年通告され、3月末で雇い止めになった。

　市民ミュージアムは指定管理者制度の導入により、開館以来のベテラン職員を1年の有期雇用とし、さらに契約更新せず雇い止めしたのである。囲み記事「学芸員の処遇悪化「貴重な資料死蔵に」」は、さらに問

題点を浮き彫りにする。以下に要点を転載する。

　同館の収蔵品は約20万点に上る。漫画や写真、映像資料の収集に力を入れており、浜崎さんは映像の専門学芸員だった。川崎市内に長く住み、「ウルトラマン」シリーズの監督として知られる実相寺昭雄氏の遺族から膨大な資料の寄贈を受け、分類整理を手掛けようと意気込む矢先の雇い止めだった。「専門外の学芸員に引き継がざるを得なかった。こうした事態が続けば、貴重な資料が死蔵してしまう」と危惧する。

　浜崎さんによると、指定管理者のアクティオが示した賃金条件は財団法人時代に比べて7割減となる内容。指定管理者制度の導入に伴い、同社に移った学芸員は16人中9人にとどまった。その後も離職は続き、本年度に入ってからは館長、学芸部門長も退職する異例の事態となった。

指定管理者制度は博物館の基本的要件である館長と専門職員の雇用を不安定なものとし、さらに博物館の生命であるコレクションを危うい状況に追い込んだのである。

市民ミュージアムが指定管理者制度を導入する折に退職の道を選んだ深川雅文は「指定管理者制度から探る「サヴァイヴィング・ミュージアム」への道」[1]で、課題を次のように記している。長文となるが以下に転載する。

　設立時に掲げられた館のミッションと、それとともに形成されたコレクションを引き受ける母体の性格を考えた場合、それまで学芸業務を担い、とりわけ、コレクションの保管・研究・公開に専門的に深く関わってきた人間としては、正直なところその指定のあり方に疑問を感じながらも、市の決定を受け入れざるを得ず、言葉を失った。私自身、準備室時代から学芸員として働いたこの館に後ろ髪を引かれながらも、現場を去らざるを得なかった。

　ところで、この指定管理の行方について市議会で議論されていた最中の秋、雑誌『月刊アートコレクターズ』2016年10月号（生活の友社）が全国の美術館にコレクションの数と内容に関して包括的

なアンケート調査を行った結果を発表。川崎市市民ミュージアムは、美術館として約10万点を所蔵しており断トツの一位で、二位を倍以上大きく引き離すコレクションを有することが明らかになった。

　写真、漫画、グラフィック、映画、映像というメディアの歴史に関わる総合的なコレクションとしては、いまも国内でその右に出る館はない。この膨大なコレクションを川崎市民の文化的資産として預かり、研究・調査する専門の学芸員の重要性について選定の過程でどれほどの熟慮がなされたのか。結果を見る限り、そうした面でのプライオリティーは低かったと思われる。川崎市自身が設立時に設定したミッションに基づいて学芸員を中心に収集・研究活動を組み立て、その結果のひとつとしてコレクションがあったにもかかわらず、である。市は、設置者として、運営を指定管理者に委ねるにしても、コレクションに関して市民に負う責任は大きいはずである。

こうして、市民ミュージアムは指定管理者制度を導入し、30年間にわたって積み上げたコレクションとそれらを育む人的資源を失った。

2　人材を喪失する市民ミュージアム

　指定管理者制度の導入後、市民ミュージアムの職員体制がどのように激変したかは表1のとおりである。表1は『年報』などをもとに作成したもので、館長欄には姓名を、他の職員欄にはイニシャルを付した。

　期限の無い常勤職員を●とし、嘱託など有期雇用の職員は○とした。中途採用や退職については、期限の無い常勤職員を▲、嘱託など有期雇用の職員は△とした。

　川崎市が市民ミュージアムを教育委員会の所管から切り離し、市長部局の所管としたのは2009（平成21）年度である。指定管理者制度を導入するとしたのが2015年度で、2016年度には指定管理者選考と選定が行われた。

　そして2017年度から5年間を株式会社アクティオ他が、新たな管理

者として指定され市民ミュージアムを運営している。

　表1から明らかなように、雇用の期限を持たない常勤のベテラン学芸員8名中半数の4名は、株式会社アクティオに就職することなく、市が設置した財団を退職している。新人を含む残り4名の常勤学芸員は、新たな管理者のもと1年間の有期雇用契約で館の運営に当たった。しかし3名はその後、退職あるいは雇用止めとなり2018年度に残留するのはわずか1名となった。

嘱託など有期雇用の学芸員は、2015年度に雇用替えがみられ、管理者が変わる2017年度には新人9名が大量採用される。2016年度雇用の10名のうち4名は退職し、6名は株式会社アクティオに雇用されるが、1名はその後離職している。

　館長を見ると2014年度以降、毎年入れ替わっている。5年間にわたって年度ごとに総責任者が変わるという異常な経営状態が続いている。

　こうした状況下の2018年9月4日、川崎市長の記者会見で冒頭の神奈川新聞の雇用止め記事に関わる「市民ミュージアムの指定管理者について」が話題とされた。

表1　職員体制の変遷

名等／年度	2011	2012	2013	2014	2015	2016	2017	2018
館長	原	原	原	土屋	沢村	高田	中山	大野
I	●	●	●	—	—	—	—	—
M	●	●	●	●	●	●	—	—
H	●	●	●	●	●	●	—	—
T	●	●	●	●	●	●	—	—
Hm	●	●	●	●	●	●	○	—
Hy	●	●	●	●	●	●	○	○
K	●	●	●	—	—	—	—	—
Iw	●	●	●	▲	—	—	—	—
Hr	●	●	●	●	—	—	○	—
A	●	●	●	●	●	●	—	—
Mr.	—	—	—	—	—	●	●	—
佐M	△	—	—	—	—	—	—	—
江	○	—	—	—	—	—	—	—
佐Y	○	—	○	○	○	○	—	—
副	○	○	—	—	—	—	—	—
山	△	—	—	—	—	—	—	—
喜	○	○	○	○	○	○	—	—
平	○	○	○	○	○	○	—	—
大	○	○	○	○	○	—	—	—
阿	○	○	○	△	○	—	—	—
飛	—	○	○	—	—	—	—	—
高	—	—	○	—	—	—	—	—
戸	—	—	△	○	—	—	—	—
加	—	—	—	○	—	—	—	—
佐T	—	—	—	—	○	—	○	—
矢	—	—	—	△	—	—	—	—
吉	—	—	—	△	—	—	—	—
山	—	—	—	△	○	○	—	—
森	—	—	—	—	○	—	—	—
北	—	—	—	—	△	—	—	—
村	—	—	—	—	△	○	○	○
磯	—	—	—	—	○	○	—	—
吉	—	—	—	—	○	—	—	—
吉m	—	—	—	—	○	—	—	—
市	—	—	—	—	○	—	—	—
森	—	—	—	—	—	△	○	—
渡	—	—	—	—	—	○	○	—
廣	—	—	—	—	—	○	○	—
永	—	—	—	—	—	○	○	—
増	—	—	—	—	—	○	—	—
小	—	—	—	—	—	○	○	—
谷	—	—	—	—	—	○	○	—
石	—	—	—	—	—	—	○	○
安	—	—	—	—	—	△	○	○
古	—	—	—	—	—	○	○	—
氏	—	—	—	—	—	—	○	—
誉	—	—	—	—	—	—	△	○
新	—	—	—	—	—	—	—	○

その記録を川崎市が発表する HP を見ると次のようにある[2]。

【記者】　先だって、川崎市民ミュージアムの副館長さんが指定管理者のほうから雇い止めにあって、地位確認等を求めて訴訟を起こされたんですけども、川崎市とその方とは直接、訴訟の当事者同士ではないんで、直接の関係はないんですけれども、副館長の方が言うには、館長の方とか周りのベテランの方がみんなやめてしまっているという現状があるそうなんです。市民ミュージアムでそういった事態が起きているということについて、市長、現時点、どのようにお考えなのかというのをちょっと聞かせていただけたら。

【市長】　雇用の問題については、その当事者間で解決していただきたいなと思います。今回、指定管理者になってから、私も何度も足を運んでいますけれども、企画展示も非常に良くなっていますし、（来場者の）実数としてもかなり伸びている。企画展示で言うと 2.6 倍という話ですけれども、人を集めるようになってきているということですから、新しい指定管理者になってから非常に魅力あるものになっているのではないかなと思っていますので、その点については評価しています。

【記者】　そういう成果も出ている反面、実質的、人材が流れてしまって、今まで経験を積んでいた方々が離れてしまっているという現状については、今後いろいろな影響が出る可能性もなきにしにあらずと思うんですけれども、そういったことについてはいかがでしょうか。

【市長】　こういった、いわゆる質を担保してほしいということは、まさに仕様書の中でしっかりと明記しているところですから、そこはしっかりやっていただかないと約束が履行できないということになりますから、しっかりと私どもも見守っていきたいなと思っています。

　川崎市が市民とともに培ってきた市民ミュージアムの 30 年間積み上げが、協働の成果や税負担の成果が瓦解していく状況を目の当たりにし

第Ⅰ章　博物館が直面する諸問題

ながら、市長は展示施設として「来場者が伸びている」「人を集めるようになってきている」と指定管理者を評価し、博物館の要であるコレクションや人材育成「質」に対しては、「仕様書で明記している」「しっかりやっていただかないと」とし、チェックシステムの整備や調査に基づく指示権を放棄する。

　この市長説明には、市民ミュージアムの設置責任者として、市民の30年にわたる税負担や協働の成果を守る者としての説明責任をはたそうとする真摯さはみじんも表れていない。記者会見はいったん他の話題に及ぶが、終了間際の記者の市民ミュージアムの再質問「市長のお考えとしては、やはり市民ミュージアムを指定管理に出したというのは、非常によかったこととお考えですか」に対し、市長は「と思います」と一言返すにおわっている。

3　博物館職員の失職と転職

　筆者は「公立博物館と指定管理者制度」（大貫 2017）で、川崎市が市民ミュージアムに指定管理者制度を取り入れざるを得ない状況に追い込まれた経過などを詳述した。こうした経緯の詳細はこれに譲るとし、ここでは学芸職員の失職経過を再掲する。

　筆者は2017（平成29）年7月、市民ミュージアム運営委託を打ち切られた公益財団法人川崎市生涯学習財団（以下「川崎市生涯学習財団」）に対し、職員の雇用止めについての情報公開を求めた。8月15日に関係職員との面談がかない職員の雇用止め、いわゆる解雇の具体的な事務手続きを確認した。

　市民ミュージアムの運営を目的に組織された博物館振興財団学芸部門の業務と職員を引き継いだ生涯学習財団は、市の指定管理者制度導入に合わせ、職員の整理解雇も検討したという。しかし職員の訴訟も考えられ、混乱の長期化が想定されることから、合意による退職を求めることとし、川崎市職員労働組合の支援を受けた川崎市市民ミュージアム労働組合（正規職員7名、嘱託職員8名）と交渉に入った。交渉は2016年9月から2017年2月までの間、計8回を重ね退職合意に至っ

たという。

　結果的には市の直営である管理部門の嘱託職員と生涯学習財団の学芸部門の正規及び嘱託職員で希望する者は、指定管理者に再就職がかなった。

　指定管理者のアクティオ株式会社に対しては、博物館運営に関する質問を 2017 年 7 月に文書で行った。アクティオ株式会社東日本営業課担当職員から 7 月 26 日付で文書回答を得た。本論に関わる部分を要約転載する。

①博物館機能の継続性と発展性についてどのように取り組むか？

　a　限られた指定期間で、これまでの成果をどのように継続・発展させようとしているか。

　回答　継続性では、管理運営者が代ろうと公共施設としての設置目的の根幹は変えてはいけないと思っている。（中略）しっかりと継続していくために、先ず取り組んだのが、前運営者である川崎市と一部業務委託を受けていた川崎市生涯学習財団との引き継ぎであった。現実的な問題として、前運営者の職員スタッフ継続雇用問題があった。転籍により担当されていた業務内容に関する知識、経験等をそのまま弊社が受けることができた分野がある一方、そうでなかった分野があり、ここの継続性がもっとも困難であった。弊社が新規雇用した者がこれまでの業務の引継ぎを受ける訳であるが、当然のことながら、知識や経験にはギャップがあり当該者以外のバックアップを受けながら引き継ぎを行った。

　b　期間終了後、次期指定管理者への引継ぎ（継続・発展）の際の課題はなにか

　回答　弊社が引継ぎを受けたのは川崎市と川崎市生涯学習財団であり、川崎市の嘱託職員、財団の学芸員を一定数、転籍という形で弊社の社員にすることができた。これが次期指定管理者への引継ぎとなると、当然、業務の引継ぎは全面的に協力するが、民間会社の我々が優秀な人材を他団体に転籍させることは想定していない。上記の「a」でも記載したが、転籍を受けなかった分野の業務引継ぎ

において、数回の口頭及び書類のやり取りだけでは限界があると感じている。

②博物館機能の継続性という観点から職員の継続雇用をどう考えるか？

a　継続雇用の是非をどう考えたか？

回答　円滑な業務引継ぎと業務の適正な継続性を実現するには必須であると考えた。但し、管理運営者が代ると新たなコンセプト、管理運営方法がある訳で、それらに賛同いただける方でないと雇用することはできない。つまり、弊社が提案した内容の実現と発展性を追い求める中で弊害となる可能性があるからである。また雇用関係は双方の同意があってのことのなので、こちらが採用したいと思っても職業選択の自由の観点から、これを機に違うことをしようと思われる方がいたのも事実である。

b　継続した人材と員数

回答　雇用契約の種別　川崎市の嘱託職員、臨時職員からは4名、川崎市生涯学習財団からは9名の計13名。雇用の種別は1年間の契約社員（常勤）である。社員の登用制度があるので今後は正社員となる者もある。

　博物館管理者交代の困難性と様々なリスクを、川崎市民ミュージアムの事例はみごとに示している。より良き博物館活動を創造するには、学芸員一人一人のたゆみない継続的自己研鑽が必要とされる。また利用者との継続的な対話と協働が相互信頼を生み、優れたコレクションの形成や博物館での利用者の主体的教育活動が可能となるのである。

　しかし期限付き雇用職員の継続雇用は、長期にわたることになればなるほど、雇用止めは訴訟リスクを高くするのが現実である。指定を切られた法人、新たに指定を得た法人、ともに抱える問題である。また前職から転籍し知識、経験等を新しい管理者のもと活かすことができる者がいたとしても、新たな管理者の持つ理念に共感できない、として中途退職に至るケースもあり得る。

　指定を打ち切られた側、指定管理者の指定を継続できなかった事業体

としては、余剰人員を抱えることはできず、職員の転籍をよしとする場合もあろうが、「民間会社の我々が優秀な人材を他団体に転籍させることは想定していない」とするのも当然であろう。

　指定管理者となりうる法人や株式会社などは、前任の指定者からはできるだけ多くの継続雇用を果たし、培った知識や経験を確保しようとする一方で、後任の指定管理者には優秀な人材を転籍させないよう努力することにもなろう。指定管理者制度の博物館導入は、法人同士の利害対立にとどまらず、同じ博物館でこれまで通り働きたい、コレクションを発展させたい、利用者との信頼関係を維持し地域発展の力となる新たな教育活動を創造したいとする職員から見るなら、職業人としての学芸員としての誇りと夢を失うものにほかならない。

　そしてこうした悲劇は、多年にわたる税負担と博物館活動を協働してきた市民への説明責任を果たしていない川崎市長の記者会見が明らかにするように、博物館を単なる箱物、展示・展覧施設としてしか認識できない首長のもと、公共施設の経費縮減を錦の御旗として、博物館が壊されていくのである。

　そして残念ながらこうした首長達の意見を背景に、2019年6月7日には公立博物館の所管選択制を認める「地域の自主性及び自立性を高めるための改革の推進を図るための関係法律の整備に関する法律」が公布されるに至ったのである。詳細は第Ⅲ章「所管選択制がもたらす博物館の崩壊」に譲るとする。

　註
1）深川雅文「シリーズ：これからの美術館を考える (2) 指定管理者制度から探る「サヴァイヴィング・ミュージアム」への道」美術手帖オンライン https://bijutsutecho.com/magazine/series/s13/18038（2019年6月16日確認）
2）川崎市公式 HP「2018年（平成30年）9月4日会見」http://www.city.kawasaki.jp/170/page/0000100019.html（2019年7月16日確認）

〈参考文献〉
上山信一　2008『行政の解体と再生』東洋経済新報社

大貫英明 2017「公立博物館と指定管理者制度」『國學院雑誌』118-11
高橋典子 2007「財団運営から直営へ 川崎市市民ミュージアムの現状」
　　『神奈川県博物館協会会報』79
望月一樹 2012「学芸員から見た博物館の現状—川崎市市民ミュージアム
　　を事例として—」『博物館危機の時代』雄山閣

6 苦悩する博物館—逼迫する博物館予算—

辻 秀人

はじめに

　読者諸賢は、博物館に行ってみたら電気がついていないので、休みかと思ったら、職員が慌てて点灯、ようやく見ることができたなどというご経験をお持ちだろうか。筆者も全国の博物館を見学する中でしばしばこのような状況に遭遇する。残念ながら、これから見学という嬉しい気持ちに水をさされた気分になってしまう。

　しかし、博物館からみると、常時点灯しておきたいのは山々だが、予算が足りないため、煌煌と照明をつけておくことはできない状況なのだ。

　それでは実際に博物館の予算はどうなっているのだろう。

1　公立博物館の予算状況

　下の図は福島県立博物館歳出予算の推移である。

　福島県立博物館では毎年の予算を年報で公表している（福島県立博物館1987～2018）。図は公表された歳出予算の総額を、開館の翌年、1987（昭和62）年からデータが公表されている2017（平成29）年までの歳出予算総額を年次別にグラフ化したものである。開館した年は通年の活動をしていないからだ。

　福島県立博物館1987年の歳出予算総額は約2億7,000万円である。バブル景気のもとで右肩上がりに増加し、1996年に3億6,000万円に達した。バブル崩壊により減少に転じ、リーマンショックの影響をうけて大きく減少する。その後は若干の変動があり、2017年度の総額1億5,000万円に至っている。

第Ⅰ章　博物館が直面する諸問題

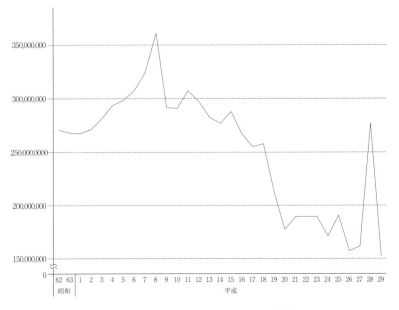

図1　福島県立博物館歳出予算年次別推移

　開館直後と 2017 年度を比較すると約 1 億 2,000 万円、45％程度の減になる。
　しかし、事態はもっと深刻だ。博物館は一般家庭と同じく電気、上下水道、燃料代を支払っている。家庭でも、毎月大きく変わらない光熱水費と家賃等の固定費を支払った残りが生活費となる。博物館もまったく同じでこれらの固定費（家賃はないが）を除いた金額が運営、活動費用となる。私が学芸員として勤務していた時代の光熱水費、警備、保守点検、清掃等の固定費用は 1 億 5,000 万を超えると記憶している。2017 年度の歳出予算総額とほぼ同額なのだ。
　つまり、現在の福島県立博物館は開館当時の固定費を節約に節約を重ねて削減し、その削減できた分だけの予算で運営、資料収集、研究、展示活動を行っていることになる。当然十分な予算を確保できるはずもない。資料収集は費用がなくてできず、研究費は開館当時の約 15％ぐらいになった。展示は回数を減らし、その規模も縮小している。研究費が

74

十分でなければ研究機関として科学研究費を申請することもできない。十分な予算を確保できない一方で、観光への寄与、入館者の増加などの社会からの博物館への要求も年々高まっている。いったいどうすればいいのかという学芸員の嘆きが聞こえてくる。

これからも毎年、財政当局からシーリングという名の予算削減要求が続くことは間違いないだろう。このままでは博物館は機能停止してしまう。

福島県立博物館は県立大型博物館で県が直接運営している。財政的には他館にくらべて比較的良い状況にあるはずだ。そのような館でさえ、このような有様である。まして経済効果を求められる指定管理者制度の下にある博物館や、市町村立博物館、資料館などはさらに厳しい状況にあることは疑いない。日本の博物館はいったいどうなるのだろう。

2　学芸員の嘆き

厳しい予算のもとで活動している現場の学芸員は日々苦悩している。筆者は博物館にかつて在籍し、その後大学学芸員課程担当として東北各地の博物館に館園実習の御礼かたがた実習状況を知るために訪れることも多かった。現場で学芸員として活動する友人、知人、教え子も多数いるため、現場の声を聞くことが多かった。以下予算の内容別に主な声を紹介し、少し説明したい。

(1) 全体・施設の維持管理

- ・5年間で当初予算が35％減になってしまった
- ・事業費が5年間で45％削減された。これでは活動できない。
- ・冷暖房の設定温度を一般基準よりも厳しくし、燃料費を節約している。収蔵庫の24時間空調も維持が困難だ。
- ・植栽を手入れする予算がないため、敷地内の植物が伸び放題になっている。
- ・燻蒸予算がないため、毎年の全館燻蒸はできていない。館内の環境を調査して、どうしても必要な部分だけ燻蒸している。

第Ⅰ章　博物館が直面する諸問題

・電気代節約は絶対条件。照明の間引きはもちろん、日常的にしつこく消してまわる。
・展示室は入館者があるときだけ点灯する。
・入館者がいたら受付から順に、人の動きに合わせて点灯する。人がでたら消す。
・建物が老朽化するが改修の予算がまったくつかず、直す手立てがない。

　予算の削減は福島県立博物館だけではなく、広く行われていることが確認できる。いずれの博物館も活動費用を確保するために苦心惨憺している。節の冒頭で述べた、照明の消えた博物館はこのようにして生み出される。

　中でも深刻なのは、燻蒸経費がない、あるいは極端に少ない場合があることだ。博物館の使命は貴重な文化財を次世代に受け継ぐことにある。燻蒸経費の不足は、受け継ぐべき貴重な文化財を虫害の危険にさらす結果につながる大問題である。24 時間空調の維持が難しい点も同じように文化財の劣化に直結しかねない。

(2) 展示活動

・展示予算が毎年 10％ぐらい減らされている。予定していた企画展ができなくなってしまった。
・予算の制約で年間に大きな展示は一つだけで、あとは小さな展示しかできない。
・企画展は入館料で賄うように言われているが、実際には不可能なので、足りない部分は他の予算を削って行わなければならない。
・館の学芸員が企画する展示は年間 1 本だけ。
・開館以後長期にわたって、リニューアルする予算が付かず常設展のリニューアルができない。
・展示室の映像用機器が故障しても修理の予算がなく、放置せざるを得ない。またコンテンツも変えられず、ソフトも更新できない。
・模型やジオラマ、パネル等を更新することができず、新しい研究成

76

果を反映できない。

展示関係では、まず、企画展を十分に開催できないことが各館共通している。多くの館で予算が足りず、企画展の本数を減らすことが行われている。中でも館独自の企画による展覧会が極端に減っていることは大きな問題だと考える。学芸員が企画する企画展は、博物館が社会へ届けるメッセージだからだ。展覧会予算の枯渇は、博物館と社会を結ぶ関係をより希薄にさせてしまう恐れがあるのだろう。

常設展のリニューアルが困難な状況もいくつかの館で認められる。大規模な常設展示の設計施工には多くて10億円程度かかる場合がある。現在の財政状況ではこのような大金を用意できる組織が少ないことは理解できる。しかし一方で、十年一日のような変わらない常設展示では魅力に乏しいのは事実だ。もちろん学芸員は手をこまねいているわけではなく、少ない予算の中で工夫しながら部分的な展示替えを行っている。しかし、博物館を日常的に利用しているリピーターにとって部分的な展示替えが大きな魅力とはなっていない実状がある。

表1　平成24年度資料購入費（公益財団法人日本博物館協会2017、表5-4から転載）

		N＝	平成24年度資料購入費（%）						
			予算はなかった	100万円未満	100万円以上500万円未満	500万円以上1,000万円未満	1,000万円以上3,000万円未満	3,000万円以上	無回答
全体		2,258	52.7	28.9	8.1	1.7	1.6	1.2	5.8
館種	総合	109	39.4	36.7	17.4	0.9	1.8	1.8	1.8
	郷土	285	70.9	22.8	2.8	0.0	0.0	0.0	3.5
	美術	473	44.8	24.5	10.4	3.8	4.2	4.2	8.0
	歴史	1,148	58.7	28.2	6.5	1.0	0.9	0.4	4.4
	自然史	92	38.0	45.7	7.6	1.1	2.2	0.0	5.4
	理工	103	41.7	44.7	5.8	0.0	1.9	0.0	5.8
	動物園	43	39.5	27.9	11.6	0.0	0.0	0.0	20.9
	水族館	53	20.8	22.6	22.6	11.3	3.8	1.9	17.0
	植物園	40	27.5	50.0	5.0	7.5	0.0	0.0	10.0
	動水植	12	16.7	25.0	50.0	0.0	0.0	0.0	1.4
設置者	国立	52	32.7	30.8	9.6	1.9	5.8	9.6	9.6
	都道府県立	357	42.0	31.1	12.0	3.6	3.4	2.8	5.0
	市立	1,026	58.9	27.1	7.2	1.2	0.7	0.4	4.6
	町村立	318	71.4	23.3	0.9	0.3	0.0	0.0	4.1
	公益法人等	345	39.7	35.7	10.1	2.6	3.2	1.7	7.0
	会社個人等	160	35.0	31.3	13.8	1.9	2.5	1.3	14.4

第Ⅰ章　博物館が直面する諸問題

(3) 資料収集

　・資料購入費はない。

　・資料収集に関わる委員会を開催する予算がなくなった。

　博物館にとって資料収集は大変重要な機能だ。重要な資料を収集、保管して次世代に継承するのは博物館の使命でもある。しかし残念ながら資料収集に関わる予算はきわめて厳しい状況にある。下表は日本博物館協会によってまとめられた報告書（公益財団法人日本博物館協会 2017）から転載した資料購入費に関わるデータである。

　まず全体をみると 2,258 館の 52.7％が資料購入費をまったく持っていないことが分かる。100 万円未満を含めると実に 81.6％にのぼる。日本の博物館は国公立、私立を含めて半数は資料購入費を持っていない。

　一般的に、美術館の資料収集は購入による場合がほとんどと見られる。その美術館でさえ半数近くが購入予算をもたず、100 万円未満を含めると 70％近くである。美術館界の資料高騰を考えれば、70％の美術館がほとんどあるいは十分には資料収集ができていない現状があるのだろう。

　一方、設立主体別をみると、都道府県立で購入予算を持たない館は約 42％である。市立は約 60％、町村立で約 71％である。つまり、設置主体の規模に応じて資料購入予算を持たない館が増加していくのである。市町村立では予算 0 または 100 万円未満の館が約 95％に達している。

　全体的に見ると日本の博物館は全体で約 8 割の館が資料購入予算を持たないかごくわずかの予算に甘んじている。購入費用が必要な美術館でもまったく不十分な状態で、町村立博物館はほぼ絶望的な状況にある。

　もちろん、博物館の資料収集は購入だけではない。しかし、後述する研究費の問題なども考えると日本の博物館は資料収集という重要な活動がほぼ機能不全に陥っているとしか思えない。

(4) 調査研究

　・調査研究費は年々縮小の一途をたどっている。

　・日本学術振興会の科学研究費補助金（科研費）が欲しいが博物館に

研究予算が少なく、研究機関としての資格を満たしていないため申
請できない。

調査研究は、博物館活動の最も基本的な機能である。どの博物館学の
概説書にも、調査研究の成果をもとに資料の収集、保存管理、展示を行
なう活用すべきと書いてある。

しかし、博物館予算削減の最も大きな影響を受けているのはこの調査
研究費である。学芸員の嘆きにもあるように各館ともに調査研究費は
年々縮小の一途をたどっているか、すでに予算上からなくなっているか
どちらかである。日本博物館協会によると日本の博物館の中で 2013（平
成 25）年段階で調査対象 2,258 館のうち 1188 館 52.6％が調査研究予算が
措置されていない（公益財団法人日本博物館協会 2017）。最低限の情報収集
のために必要な学会参加もままならず、自腹で参加したと聞くことも多
い（今学会ではどんな研究が行われているかを知らないと展示が構成できない。間
違った内容の展示を作るわけにはいかないからだ。）。

このような状況を打破するために（財政当局からすれば費用削減のため
に）、しばしば外部費用獲得の必要が指摘されている。日本学術会議も
2018（平成 29）年「21 世紀の博物館・美術館のあるべき姿—博物館法の
改正へ向けて」の中で「一定水準以上の研究能力が認められる博物館に
は、研究機関指定の基準、特に博物館の研究費予算措置などの基準の柔
軟化を図るべき」と提言している（日本学術会議 2018）。

しかし、現状では科学研究費を申請するためには所属博物館が研究
機関に指定されなければならない。指定のためには一定数の学術論文と
一定額の研究費を持っている必要がある。

しかし、これまで見てきたように博物館の予算状況は厳しい。多少の
条件緩和があったとしても条件を満たせる館は都道府県立の大型館ぐら
いだろう。日本学術会議の提言は貴重なものではあるが、日本全体の
博物館のごく一部だけが恩恵を受ける可能性があるものの、大部分の館
は対象外になる。日本学術会議の提言は多くの館から見れば、実状とは
やや乖離しているように思われる。

第Ⅰ章　博物館が直面する諸問題

3　博物館が壊れていく

　日本博物館協会『日本の博物館総合調査報告書』（公益財団法人日本博物館協会 2019）によれば、日本の博物館の多くは 1975（昭和 50）年から2002（平成 14）年に建てられている。その比率は 65％を越える。そして昭和 50 年代は 19.6％、1985 年から 1992 年までは 20.6％を数える。昭和 50 年代の建物は古いもので 44 年、昭和 60 年代の建物は古いもので34 年が経過していることになる。

　筆者の実感でも、東北地方では青森県立郷土館に始まり、秋田県立博物館、宮城県美術館、福島県立博物館、東北歴史博物館など昭和 40年代の終わり頃から昭和 50 年代、60 年代、平成初期にかけて大型博物館、美術館が続々と誕生した。このような傾向は全国的な動向と一致している。

　昭和 40 年代に建設された建物は 40 年を越え、50 年にわたって使用されている。昭和 60 年代では 30 年を越え、40 年にせまっている。先ほどの報告書によれば昭和 50 年代、60 年代に建設された博物館建物は実に 40％を越える。建物がどのぐらいの期間使用に耐えるのかは、専門外の分野なので、判然としないが、鉄筋コンクリートの寿命は平均で 30 年、良くて 50 年などと言われている。日本全体の博物館建築の40％に耐用年数切れの危機が迫っていると言える。

　予算を確保し、計画的なリニューアルを進めている館は問題ないが、残念ながらそのような館は決して多くない。

　耐用年数が近づいている館の学芸員は、日々、建物の不具合が増していく状況に直面している。建物はまず電気系統や配管関係から壊れていくことが多い。電気系統は照明を、配管は水や空調などの博物館内環境を直撃する。日々博物館の機能が損なわれていく中で学芸員は予算を請求し、認められなければ、だましだまし運営していく他はない。

まとめ

　日本の多くの学芸員は、環境を維持するための十分な予算が得られず、自ら企画する展示は減少し、資料購入予算を持たず、調査研究費も

なく、老朽化している博物館では日々の運営を維持するために奔走している状況にある。あまりに、悪い点だけを強調しているとお考えの向きもあろう。しかし、一部の恵まれた館を除けばおおよそ学芸員の状況を言い当てているのではないかと思っている。

このようなななかで、指定管理者制度が導入されて日々入館者数を増やすために各種のイベントに走り回っている学芸員がなんと多いことか。今の安倍政権はこのような学芸員にさらに観光に関わる仕事を加えようとしている。学芸員からはもはや限界だという声が上がってきそうだ。

学芸員は学芸員課程に学ぶ学生諸君にとって憧れの職である。しかし、このような現状が知られていけば、学芸員を目指す学生は減っていくだろう。少子高齢化の貴重な若い戦力が博物館学芸員を目指さないことになれば日本の博物館は存続し得ないのではないか。

早急に学芸員の置かれている厳しい環境を改善することが求められているのだろう。

〈参考文献〉
　公益財団法人日本博物館協会　2017『日本の博物館総合調査報告書』
　公益財団法人日本博物館協会　2019『日本の博物館総合調査報告書』
　日本学術会議　2018「21世紀の博物館・美術館のあるべき姿―博物館法の
　　　改正へ向けて」
　福島県立博物館編　1987～2018『福島県立博物館年報』1～32

第Ⅱ章　学芸員の疲弊

1　困窮する学芸員

安高啓明

はじめに

　「博物館法」（総則・全9条）は、法律の目的にはじまり、博物館の定義、事業、職員体制、資格（学芸員補を含める）、研修、運営（基準と評価、情報提供）について定めている。博物館"組織"としての使命、そして、これを支える有資格者である学芸員の職務規定を明文化した、遵守すべき法律である。

　1951（昭和26）年に公布、翌年施行された博物館法は、1955年に一部改正、その後、2008（平成20）年の改正法が公布され、今日に至っている。時宜に応じて見直されてきたものの、法改正は、博物館、ひいては学芸員のあり方さえも一変させてしまう可能性がある。2008年の博物館法改正の動向には多くの人が注視し、博物館学やミュージアムマネージメントの観点から要望や疑義が示された[1]。

　博物館法改正による影響は、単に博物館に限ったものではない。その精神に鑑みれば社会教育法、職責に従えば文化財保護法にも波及する。あわせて2019年4月1日に改正・施行された文化財保護法は、「活用」を重視したものであるため、各分野から警鐘が鳴らされている[2]。これにともない、博物館や文化行政の屋台骨を担う学芸員の使命も多様性を帯びてきており、さらなる能力向上が求められる。

　各種法律が改正されていくなかで、学芸員を取り巻く労働環境は十分に整備されているとは言い難い。職場の労働条件や研究環境などといった基本条件が整わないまま、求められる要望は高止まりの傾向をみず、法的に過重労働を促すような状況になっている。現場の学芸員を置き去りにした有識者による制度変更は、将来的に博物館を衰退させることに

つながってしまうことになるのではないだろうか。

　学芸員の多くは公務員、およびそれに準じる立場になろう。それは、文化財という将来に残すべき公的資産を取り扱うからにほかならず、専門性に裏打ちされた研究者と位置付けられるためである。そこで、本論では、博物館や学芸員の現状や課題を整理するとともに、本来あるべき姿を提示する。そのうえで、これらの問題点を解消するために、どのような対策が可能かを検討していくことにする。

1　学芸員の基幹業務

　学芸員は、博物館法第4条に従えば、「博物館資料の収集、保管、展示、調査研究、その他これと関連する事業についての専門的事項につかさどる」職種である。登録博物館に専門的職員として発令をうけたものが学芸員として登録されるが、日本の博物館で大多数を占める博物館類似施設では一般職員として学芸業務に従事するという立場となる。さらに、博物館相当施設では、「学芸員に相当する」ものを置くと規定され、一般職員として発令を受けて学芸業務に従事する。こうした制度の上に立ちながら、設置者の人事政策、労務管理の必要性から学芸員とはせず、一般行政職（事務職）として任用されている学芸職員が多数いることは以前から指摘されており[3]、いわば、役所の原理のなかで学芸員という職位が反故にされている現実がある。

　こういう状況のなかで、上述した博物館法第4条に規定される全ての職務に従事することが可能な人材がどれほどいるだろうか。"広く浅い"知識ではなく、収集から展示、保管という各分野の高度な専門性を全て熟す学芸員がいたとすれば稀少であろう。さらに、社会的関心の高まりを背景に、市民からの要望も多様化・高度化してきている。高度経済成長を経て生活にゆとりが生まれると、余暇に芸術・嗜好の時間をもてるようになり、"成熟"した社会が築かれてきた。一種の"表現"の幅で博物館を捉える人が増えてくると、学芸員に様々なサービスを求めるようになってきた。つまり、当初の想定よりも、利用者が望むサービスの質的向上が顕著となってきており、学芸員もそれに応えるべく、より専門

特化した能力を提供していかなくてはならない状況にある。

　欧米の博物館では、学芸員以外に十数種類の専門職員が存在しており、この分業体制は日本に導入されなかった。博物館の成長予測にたてば導き出すことができようが、これまでの日本の文化行政はこうした見通しを立てることがなかった。いわば"雑芸員"を生み出した遠因は、博物館の専門機能をすべて学芸員の職務に規定した博物館法そのものにあるという指摘さえある[4]。学芸員は博物館の資料の収集、保管、展示、調査研究の全て担う、換言すれば、"スーパーマン"であることを要求するのが日本の学芸員制度の特徴のひとつである（竹内1999）。つまり、法律そのものが学芸員を"疲弊"させる状況を生み続け、負のスパイラルから抜け出せない根本的な要因なのである。

　日本の学芸員の特徴は、Curator系列のスタッフとEducator系列のスタッフの持つ職責の両方を合わせ持ったものである（千地1968）。これは、前述してきた博物館法の規定が存在し得る以上、変わることのない概念である。博物館法のなかで、専門性とともに幅広い職域が明文化されたことは、研究職・教育職として担保されることに呼応して職責も高くなる。地域の学芸員はこの要望に対して、どれだけ応えることができているのか。今日置かれている博物館の現状に鑑みれば、十分とはいえないだろう。

　博物館法による理想と学芸員が直面している現実は、いまだ解消されていない。むしろ、日本を取り巻く状況の変化によって、かつての博物館大衆化の時代から脱し（安高2014）、IT機器の導入や多言語解説の定着を背景に、国際化かつ興業化の時代に入ってきている。また。サービス向上を目的とした事業の大規模化や外部資金獲得の要請も相まってきて競争を生み出した。今日の学芸員に求められる能力は、博物館法の規定以上のものとなっている。さらに、文化財保護法の改正にともない、活用を前提とした資料の取り扱いが明文化され、保存とのバランスを特に意識したAlmightyの動きが要求されるようになった。

　かつて、伊藤寿朗が定義した博物館3類型である①地域志向型、②中央志向型、③観光志向型が混在している状況は昨今も変わりない（伊

藤 1993）。この 3 類型の間には一定程度のバランスがとれていたものの、近年は、偏重傾向が顕著となっている。これは、インバウンドを意識した国家戦略を背景に、後述する指定管理者制度の導入がその主要因である。安易な市場原理の導入が博物館法、および法の精神よりも優先する傾向にあり、さらには文化行政が観光部局に包摂されつつある。そして、博物館が運営されていくなかで生じる齟齬、いわば現場との摺り合わせがないまま、博物館法や文化財保護法が改正されており、今後、さらなる問題を生じさせることも容易に予想される。

2 多様化する学芸員業務

　博物館の運営は、「国民の教育、学術及び文化の発展に寄与することを目的」（博物館法第 1 条）としており、設置者や館長の恣意的な意向により振り回されるものではない。学芸員は法令遵守を前提とした職務に従事しており、今後もその精神に基づいていかなくてはならない。

　2017（平成 29）年 4 月 16 日に滋賀県大津市で開かれていたセミナーで、内閣府特命担当大臣（地方創生担当）（当時）の山本幸三氏が「一番のがんは文化学芸員と言われるひとたちだ。観光マインドがまったくない。一掃しなければ駄目だ」と発言し、大きな話題となった。過激な差別的発言は論じるまでもないが、"文化学芸員" という表現にも本人の認識不足を露呈する。学芸員は国家資格である以上、立場ある者として正確に表現しなくては、発言に空虚さを漂わせる。しかし、この発言こそがいま置かれている学芸員の状況といえまいか。国の成長戦略や地方創生の一役を担うものとして文化財が着目されているが、そこにはこれまで資料を守ってきた先人への畏敬の念は全く感じられない。地域資料とは、その地のアイデンティティである以上、これを安易に観光ツールにするのは問題であり、教養と配慮が必要となる。

　前述した観光志向型・観光マインドに偏重する動きは、指定管理者制度導入が布石といえよう。指定管理者の導入にともない非正規学芸員が増加しているという問題については筆者は "責任の所在" の曖昧さを生じさせるという観点から以前論じたが[5]、短期的成果が求められるこの

制度は、社会教育法の趣旨とも齟齬が生じている。ことさら、インバウンドを主たる目的とした博物館運営は、「国民の教育や学術、文化の発展に寄与」するのであろうか。博物館設立の本質的趣旨を曇らせ、目先の数字にのみ一喜一憂し、博物館の基礎研究を軽視する傾向の強い指定管理者制度は、将来的に文化財行政をも先細りにする。さらに、世界文化遺産登録が地域活性化の"妙薬"のような扱いをされていることも同様である。整備なき観光マインドへの偏重は、基礎研究の軽視につながり、結果として学芸員を追い詰めるばかりか、地域の衰退を引き起こすこととなろう。

　そして、今後、日本列島で頻発する災害にも対応していかなくてはならないことは経験上予想できる。1995年1月17日に発生した阪神・淡路大震災をきっかけに、博物館の非常時対応が協議されてきた。もっとも地震対策の雛形を用意することはできても、本来的な対策は各館の実情に適合した独自のものを作っておく必要性が提唱されている（金山1995）。これは、前述してきたような博物館法における学芸員規定と実務との乖離を想起させるもので、示された基本指針をもとに各館独自での制度設計が必要である。東日本大震災でも未曾有の被害があり、各分野でその状況がレポートされている[6]。そして、熊本地震でも教訓を得られたように、学芸員の非常時対応の要請は高まっている（安高2017）。

　自治体職員として籍を置く学芸員であれば、専門的職員としての活動だけではなく、人命救助・ライフライン復旧など優先すべき業務がある。行政職員に位置付けられた学芸員であれば当然の対応であるが、そうしたなかでも学芸員として被災した文化財の保護に対峙していかなくてはならない。博物館法に非常時対応の規定がない以上、学芸員個人に責任を負わせるのではなく、組織としての対応を明確にしておくことが必要である。その本質は博物館法に依拠した職責、いわば基幹業務（＝基礎研究）を顧みたものになろう。こうした可能性を秘めているなかで、指定管理者が運営する博物館の学芸員にどれだけの役目を担わせることができるのか、導入した自治体は検討する必要があろう。

　学芸員の業務は、日々変化している。博物館法が制定されて以降、

第Ⅱ章 学芸員の疲弊

度々の改正もみられるものの、前述した非常時対応を含めて、現実との乖離も浮き彫りとなっている。基幹業務の普遍的な部分を維持しながら時勢によってその対応にも変化が求められる。学芸員の不断なる自助努力の必要性はいうまでもないが、過剰業務の解消に向けて各関係機関と連携することは不可避であろう。

　震災時に実施されている資料レスキューはその最たる例だろう。大学が主体となって取り組んでいる本事業であるが、自治体や地域住民などからの要請を受けて資料の一時保管、応急措置を施している。また、近年、大学内に博物館や美術館が設置されており、"社会に開かれた大学の窓口"として活動し、着実に実績をあげている[7]。大学や大学ミュージアムは、学芸員養成を担う機関であるため、こうした機関と連携を強化すると、自治体において俯瞰的な取り組みが可能となる。そのためには、両者が負担とならない対等な WIN-WIN となる関係を組織同士で築いておくことが肝要であるともに、相互に研究・教育活動の質的向上に努めていかなくてはならない。人員や経費削減、業務の多様化にあって、大学関係機関との連携は問題解決のひとつとなってこよう。

3　学芸員養成からの解消

　学芸員養成に関して、2008（平成20）年 2 月 19 日の中央教育審議会「新しい時代を切り拓く生涯学習の振興方策について〜知の循環型社会の構築を目指して」（答申）のなかで下記のように述べられている（生涯学習・社会教育行政研究会編 2013）。

　　学芸員及び学芸員補については、大学等における養成課程等において、専門的な知識・能力に加え、より実践的な能力を身に付けるための教育を行なうことが必要である。近年、国際的な博物館間の交流や相互貸借・協力等が進展している状況を踏まえ、学芸員が現代的課題に対応し、国際的にも遜色のない高い専門性と実践力を備えた質の高い人材として育成されるよう、大学等における養成課程等において履修すべき科目、単位についての具体的な見直しを含め、今後その在り方について検討が必要である。

これをうけて、博物館法等の改正の附帯決議でも「社会教育主事、司書及び学芸員について、多様化、高度化する国民の学習ニーズ等に十分対応できるよう、今後とも、それぞれの分野における専門的能力、知識等の習得について十分配慮すること」と指摘された[8]。こうして、大学の学芸員養成課程で、従来の8科目12単位から、博物館資料保存論（2単位）・博物館展示論（2単位）・博物館教育論（2単位）が増え、9科目19単位と拡充され、博物館法施行規則が改正されることになった。

これに至るまでには、「これからの博物館の在り方に関する検討協力者会議」、「学芸員の養成に関するワーキンググループ」による検討が進められており、これが結実する形となった。「これからの博物館の在り方に関する検討協力者会議」では、"上級学芸員"の創設も議論にあがったものの、この導入には至らなかった。上級学芸員の創設に前向きな意見もあるものの[9]、その制度設計を、西洋諸国のみをモデルケースにすることには慎重さが求められる。それは、現在の学芸員に関わる諸問題は博物館法に起因するためで、前述したように"雑芸員"を生む根本的問題の解消と同時並行で進めなければならない。

また、西洋の博物館史と日本の博物館が歩んできた道程を歴史学的に検証すると、異なる発展が見出されることから安易かつ拙速な上級学芸員の導入には否定的な立場を取らざるを得ない。導入にあたっては、しかるべき認定規則を設けることはもちろん、その規則の審議内容、上級学芸員を認定する主体、その主体を審査する機関の設置も必要であろう。博物館勤務経験が長ければ良いのか、館長職に従事していればその要件を満たすことになるのか、大学で博物館学の教鞭をとっていれば良いのか。博物館や大学のレヴェルや専門性、規模（組織・予算・人員）に差異があるなかで、安易な制度導入は、不要な"権威"を創出する危険性が潜在し続ける。

時勢にあわせた教育カリキュラム変更の必要性は認めるところであり、学芸員養成課程を開講している303の大学（2019年時点）は、新カリキュラムに従っている（国立大57、公立大20、私立大218、短期大8）。しかし、そこには概論的な側面が強く、これが、学芸員の実務にどのように

直結しているのかを検証することが今後求められるだろう。特に新設された博物館資料保存論・博物館展示論・博物館教育論を学んで学芸員となった者たちと、旧カリキュラムで学芸員となった者との比較検証は重要である。カリキュラム変更によって、掲げられている「学芸員が現代的課題に対応し、国際的にも遜色のない高い専門性と実践力を備えた質の高い人材として育成される」ことができているのかを追求していかなくてはならない。結果、負担増によって"疲弊する学生"が生まれることを避ける必要があろう。それは、博物館側からの実習生に求める要望との差異を解消することも踏まえた建設的な議論の積み重ねを反映させる努力が求められる。

　例えば、博物館実習生に対して、資料の取り扱いよりも基本的な生活習慣を求めているアンケート結果があるが（鈴木2011）、これは、まさに、国・大学と博物館側との間で生じた学芸員養成のあり方のギャップにほかならない。資料の取り扱い、いわゆるハンドリングは、実習生の個々の能力に合わせて自館の方針で行ないたいというのが本音であろう。館蔵品は保存・保護の観点から対処する必要があるため、大学が考えている専門性とは乖離している。つまり、概論的理解を前提にしつつ、次に必要となるのは、館に応じた学芸員業務の実務経験である。

　かつて、博物館建設にあわせて自治体史の編纂事業が行なわれることがあった。自治体史の編纂を委嘱された教員は、自身のゼミ生を整理作業に参加させ、そこで実践的能力を養っていった。ここでの仕事が評価されると、作業にあたっていた自治体で雇用されることがしばしばあったようである（鈴木2011）。自治体史編纂の経験は、展示を別にすれば、博物館での資料収集・保管・研究等の業務内容とほぼ同じで、自治体史の調査を通じて実務経験を積んでいたことになる。つまり、大学での専門教育の延長線上で、自治体史編纂に従事して研鑽を積むというレールが敷かれていた。学芸員就業を想定した、専門性を担保にした実践教育が行なわれる環境があり、いわば、"下積み"時代を経て博物館に入職し、即戦力となっていた構図が生まれていたのである。

しかし、今日、こうした機会が少なくなってきていること、自治体史編纂と博物館学芸員の業務との相違が広がってきたことによって、自治体の考える学芸員像とのミスマッチが生じている。そして、指定管理者導入にともなって、不安定な非常勤学芸員が増加したことも背景にあり、学芸員就職はますます狭き門となってきている。また、学芸員には、地域に根ざした活動が求められ、地域社会との交流も積極的に行なっていくことは責務である。かつて、学芸員のコミュニケーション能力の低さが問題視され、学芸員のあり方が見直されてきたことがある。専門性に特化することを否定するのではなく、学芸員には博物館法に依拠した活動が求められる以上、対人関係を重視した教育を博物館側が大学に求めるのは当然といえる。

　そこに、近年の学芸員業務の多様化も相まって、行政内部において学芸員に専門性を求める意識が希薄になってきている現実がある。学会への参加、研究時間の確保もままならないなかで、専門的能力の向上を求めるのは学芸員個人にも大きな負担である。また、博物館経営の視点が重視されてきていることもあり、博物館学のみを専門とする学芸員、教員も増えてきている。博物館学の必要性は認めるが、筆者は、現場の博物館においては副次的な専門性と考えている。それは、歴史博物館なら歴史学、美術館なら美学・芸術学・美術史、民俗資料館であれば民俗学などといった各専門領域のなかで、さらに時代や国などといった個別の分野が存在している以上、その専門を主とすべきである。そうでなければ、安定かつ良質の研究成果を発信することはできないだろう。

　また、保存科学を専門とする職員や教育普及の担当職員もおり、こうした様々な専門分野の学芸員によって博物館は支えられている。上述した専門を有する研究職（学芸員）を抜きにして、博物館法の求める業務の基幹部分は担えない。そこに、研究職系の学芸員により創出された新しい成果を教育学的観点からよりわかりやすくアプローチする教育職系の学芸員が必要となってくる。博物館は研究職系・教育職系の両輪によって支えられていることを考えれば、博物館学は館長には特に重要となろうが現場では副次的なものにならざるを得ない。これは、博物館学

だけを専門とする教員が増加していることにも同様のことがいえよう。つまり、当該博物館の館種に基づく専門性を有することが前提としてあるべきで、博物館学のみを専門とする学芸員の増加は、研究活動の質の低下、さらに“疲弊する学芸員”を誕生させることになる。“博物館評論家”たる学芸員の存在は、現場を困惑させることにならないか。博物館学が理想として掲げる博物館像は、それ以外の専門領域の学芸員の協力をもってはじめて具現化できることを考えれば、博物館の中核となる学問分野の下に博物館学を位置付けることで、“実践力のある博物館学”へと昇華することになろう。

おわりに

　地域の文化財は、博物館が保管し今日に伝えている。それは学芸員、博物館が各地に設置されたため、“草の根”レベルでの資料を収集することを可能とした。また、地域の有識者による協力もあって、現代の博物館が存在している。今日の博物館の運営は、先学の努力を土台にした活用に重きが置かれており、まさに博物館史における過渡期を迎えている。

　博物館法に規定される学芸員の職務は多岐に及んでいるために学芸員に多様性を生じさせており、各業界から警鐘を鳴らされながらも今日まで抜本的解消には至っていない。さらに、文化財活用が第一に求められる昨今、学芸員は従前のスタンスからの変化が求められる。法令遵守と政治的要請との間で、立ち位置を不安定にしながら日々業務にあたるという危機的事態である。こうした矛盾を解消すべき提案が博物館学を専門とする者からあがって良いはずだが、文化財活用に舵を切った行政施策に追従するような姿勢をみせている。これは、学芸員が置かれている現況をよく示しており、博物館学の掲げる理想とその他の専門研究とのギャップにほかならない。ひとえに指定管理者制度の導入以降に生じた“負のスパイラル”から抜け出せていない状況が続いているのである。

　その一方、外部の関連機関との連携は広がりをみせている。社会的要請にこたえるかたちで質的向上してきた博物館教育のあり方は、以前よ

り明らかである。それは、大学側としても社会・地域貢献に積極的な姿勢にあることが大きく、もはやこうした機関との連携は不可欠な状態となっている。大学も博物館との友好な関係を築くことが中長期的な取り組みを可能とする。学芸員の多様化・多忙化の解消策の一端として、こうした関係を続けていくことが今後も大切となってくる。両者の関係を維持するためには、大学の教員と博物館学芸員が相互に能力向上のため、研鑽を積むことが重要で、"困窮する学芸員"の解消のひとつの手段となろう。

註

1) 例えば、大貫 2007、小林 2007、大堀 2007 など多数ある。
2) 岩崎 2109。杉本 2018 では文化財保護と活用を推進するための文化財の計画行政化、市町村の役割強化、民間関与拡大、首長部局の権限強化をポイントとしてあげる。
3) 伊藤 1987 をはじめ、多くの指摘をみる。
4) 白井哲哉氏は、竹内順一氏の「学芸員のありかた―「日本型学芸員」「本来の学芸員」を考える」という報告（博物館問題研究会）から取り上げている（白井 1996）。
5) 安高 2009 では雇用の創出を生んだ一方で、責任の不明瞭な立場の学芸員を誕生させ、当該地に定着しない状況となったことを指摘している。
6) 『博物館研究』519 号（2011 年）において特集が組まれ、科学館や動物園水族館協会、保存修復、石巻のレスキュー事業について紹介されている。
7) 安高 2014 では大学博物館を類型化し、その沿革や具体的取組、地域博物館などとの協働について論じている。
8) 博物館法施行規則改正の経緯については、文部科学省生涯学習政策局社会教育課 2009 に記されている。
9) 水嶋 2009 では図書館での上級司書資格を事例に取り上げ、「まずまずの反応であると聞く」と極めてあいまいな評価かつ抽象的な理論付けにより学芸員にも当てはめることには違和感を感じざるを得ない。

〈参考文献〉

伊藤寿朗　1987「現代博物館考」『調査季報』94
伊藤寿朗　1993『市民のなかの博物館』吉川弘文館、pp155-158
岩崎奈緒子　2019「歴史と文化の危機」『歴史学研究』981

大貫英明　2007「博物館の運営と博物館法の改正」『國學院大學博物館學紀要』32

大堀　哲　2007「新しい博物館法に望むもの」『JMMA 会報』44

金山喜昭　1995「地震災害と博物館」『國學院大學博物館學紀要』20

小林真理　2007「博物館法改正に関する一考察」『文化資源学』6 号

生涯学習・社会教育行政研究会編　2013『生涯学習・社会教育行政必携（平成 26 年版）』第一法規、p.352

白井哲也　1996「学芸員問題の背後にあるのはなにか─博物館問題研究会主催第 3 回シンポジウム「これでいいのか「学芸員問題」参加記」『地方史研究』264、p.66

杉本　宏　2018「今回の文化財保護法の改正と課題」『考古学研究』65 - 2

鈴木章生　2011「学芸員の専門性と学芸員養成課程の役割」『目白大学高等教育研究』17

全国大学博物館学講座協議会編　2012『全国大学博物館学講座開講実態調査報告書』

千地万造　1968『博物館学講座』5、雄山閣、pp.36-37

竹内順一　1999「学芸員のあり方─『日本型学芸員』と『本来の学芸員』を考える」『博物館問題研究』25、p.132

水嶋英治　2009「世界に通用する学芸員資格を目指して」『文部科学時報』1600、p.58

文部科学省生涯学習政策局社会教育課　2009「学芸員養成の充実方策」『文部科学時報』1600

安高啓明　2009「非常勤学芸員に関する諸問題」『博物館研究』497

安高啓明　2014『歴史のなかのミュージアム─驚異の部屋から大学博物館まで』昭和堂

安高啓明　2017「震災時における組織的資料保全対応に関する検証─熊本地震の教訓にみる大学博物館の役割」『國學院雑誌』118

2 博物館あって博物館学無し
―研究の不在と理論の不在―

中島金太郎

はじめに

　我が国には、類似施設まで含めると 5,690 館もの博物館が所在し（文部科学省 2017）、図書館・公民館等に併設された展示コーナーや私設のごく小規模な展示施設などを含めると、全国で 6,000 ヶ所以上の施設が存在すると思われる。これらの施設の中には、博物館学の知識と意識を持った学芸員を有し、地域に根差した的確かつ魅力的な博物館展示・博物館活動を実践している館が全国に存在する。地域博物館[1]で活躍する学芸員の中には、厳しい財政状況や限られた資材、人材不足にもかかわらず、わかりやすくかつ驚きと発見を得られる情報伝達の工夫を実践している方々が少なからず存在する。

　とくに博物館の核となる機能であり、対外的に PR する効果を有する「展示」に関する工夫は顕著である。工夫された展示には、展示分野に関する調査・研究の成果がふんだんに盛り込まれているだけでなく、資料の比較や組み合わせ、複数学域の視点の導入など、博物館学の理論に裏付けられた展示となっていることが多い。つまり、資料および博物館学に関する研究と、博物館学の理論を兼ね備えることが、来館者の満足する展示に繋がるといえよう。また、講演会やワークショップ等の教育普及活動の実施や資料の適切な保存に際しても、博物館学の理論を理解し、個々の資料に関する研究を通じての実践が望ましいことは言うまでもない。

　一方で、博物館に資料が展示されてはいるが何十年も同じ状態であったり、学芸員は役所や教育委員会事務室で勤務して平時は博物館に常駐していなかったり、ややもすれば博物館はあっても普段誰も常駐してい

なかったりと、不具合な状態に置かれている博物館が多々存在すること
もまた事実である。特に地域博物館では、当該地域をテーマとするとい
う理由から展示の更新性は考慮されず、来館者のためのより良い展示を
工夫することが出来なかったり、学芸員が多忙故に研究を行う余裕がな
く、十分な企画展示や教育普及活動が出来なかったりといった問題も散
見されるのである。

　本節では、地域博物館における博物館学不在の現状を概観し、これか
らの博物館に対して展望するものである。

1　展示意識の不在

　我が国の地域博物館は、提示型展示・静止展示を基本としている館が
多い。これらの展示手法は、モノを熟覧することで情報を得るものであ
るが、言い換えれば見てわかる情報しか伝達することができない。資料
を観覧するだけでもある程度の情報を受容できる美術資料ならまだし
も、置くだけでは理解の難しい考古資料や民具資料を提示しておくだけ
の館があまりにも多い点は看過できない問題といえる。

　当該展示が多々存在している理由は複数考えられる。例えば、1970
(昭和45) 年の補助制度確立以降全国に464館設置された「歴史民俗資
料館」は、社会の発展に伴い失われてゆく歴史・民俗資料を発見・収集
し、永年保存を行う施設として計画され、収集・保存・展示といった機
能から博物館の範疇に含めて語られることが多い。同館は、本来の理念
としては文化財保護法に基づく「資料保存」を重視した機関であり、必
ずしも展示に重きが置かれていないことは各地の歴史民俗資料館におけ
る提示型展示・静止展示の現状を見ても明らかであろう。しかし、当初
の理念としては展示にウェイトが置かれてはいないものの、現実的に
は資料を展示しており、登録博物館や相当施設になっている館も少なく
ないことから、情報伝達のための工夫が求められることは明白である。
考古資料や民具資料のように見るだけでは理解の難しい資料の展示の際
には、一つの資料に対し様々な学問分野の情報を入れたり、関連する他
の資料を組み合わせたり、資料の変遷や使用状況を図示するなど、資料

に対して多角的なアプローチを試みる説示型展示の手法を使用すること
が肝要である。

　一方多くの博物館では、博物館学の理論に基づいた比較展示や体験型
展示、ジオラマ展示などを実践してはいるものの、複数の手法を複合的
に使用している例はあまり多くない。また、展示手法として用いていて
も、その手法が有効であるのかの検討が不十分のまま使用されていると
観られる事例も多々ある。

　博物館学の展示理論は、観覧者に驚きと発見、つまり注意の喚起と学
術情報の伝達を考えて考案されたものであり、これらを複数組み合わせ
ることで観覧者に満足感のある学習環境を提供できる。提示型展示・静
止展示を基本としている地域博物館は、博物館学の理論を導入すること
で、より良い情報伝達が可能になると思われる。大掛かりな展示替えや
リニューアルをせずとも、斜里町立知床博物館（北海道）や雲仙市歴史
資料館 国見展示館（長崎県）のように手作りの工夫で効果的な情報発信
を行っている事例があることから、これらの事例を参考にしつつ意識を
持った展示の工夫が今後の博物館に望まれる。そのためには、展示を施
工する学芸員および職員が博物館学の知識を得ること、加えて様々な事
例を見て見聞を広めること、単独館での事業が難しい場合には他館と連
携することなどが肝要であろう。

2　博物館学研究の深化

　博物館はその4大機能の中に「調査研究」を位置付け[2)]、学芸員は教
育者であり研究者でもあるというスタンスをとることが多い。博物館の
研究活動は、各学芸員の専門に依拠したものや地域の課題解決に関する
ものが多い傾向にあり、その研究成果を展示や雑誌への論文投稿といっ
た形で市民に還元している。近年では、考古学や民俗学などの個別学問
領域だけでなく、博物館における博物館学研究も盛んであり、今後より
一層の発展が期待される。筆者が所属する全日本博物館学会の過去4年
間の学会発表の動向を見ると、発表者数全体の4年間平均31人中博物
館の所属者は12.25人であった。これは、最も発表者数の多い学生を除

97

いた大学関係者（13.75人）に次ぐもので、毎年多様な観点からの研究成果が報告されている[3]。

　一方で、我が国の博物館研究は実践研究が重視されている傾向にあり、自館が実践した展示や教育普及活動の実践報告にとどまるものも少なからず存在する。また、様々な博物館学の理論が提唱され、新たに研究も行われているが、それらが実際に博物館にフィードバックされているかといえば必ずしもそうではない。しかし、単なる事例紹介にとどまるのではなく、その事例について検討し、博物館学の中でどのような意義を持つかについて考察することで、現場の経験・実績を踏まえた理論の深化を促すことが今後の博物館学研究には必須である。理論を深化させ、それを多くの博物館が共有して実践することで、博物館活動の向上につながると観られる。博物館学研究の深化とその博物館へのフィードバックが博物館学の課題の一つである。

　博物館学研究の一層の深化のためには、これまで博物館学が取り扱い論じてきた学史を再考することも有効である。博物館学研究では、個々の分野の研究の蓄積はあったものの、それらを体系的に纏めることをして来ず、各々が自らの興味関心のまま研究してきたといえる。これらの研究および研究思想を横断的に纏め、それぞれの持つ意義や独自性の比較から各研究の「学」としての集約・編年を試みたのが博物館学史研究の視点である。金子淳は、「戦後日本の博物館学の系譜に関する一考察」で博物館学研究の現状を痛烈に批判している（金子2010）。

　　日本の博物館学は、自らの学説史をその内部に持っていない。犬塚［1995］が指摘するように、〈学史を持たない学問は科学ではない〉とするならば、博物館学はいまだ科学以前である（中略）規範認識に裏打ちされた感覚的な「思いつき」で研究テーマを決め、先行研究をふまえず、方法論に関するトレーニングもなされないまま「研究」だけが行われ、これらの「研究成果」が、増える一方の媒体に発表され続けるという悪循環が生起する。

　これまで、青木豊や山本哲也といった研究者が博物館学史研究を行ってきたが、博物館学全体の研究の割合から考えると学史研究は総

じて低調である。先述の全日本博物館学会研究大会の発表を確認して
も、平均30件程度の発表のうち学史関連は多くても2～3件である。
2017（平成29）年度には『博物館学史研究事典』と称する書籍（青木・鷹
野2017）が刊行され、若干の学史の蓄積はなされてきたが、未だ十分で
はない。博物館学に限ったことではなく、研究とはこれまでの成果を踏
まえながらも先学に関して批判的な視点を持ち、如何に独自性を出して
いくかが重要であり、独自性の確認の為にも歴史研究は必要であること
は間違いない。それにも拘らず、多くの実践研究では往々にして歴史的
な検討がなされず、問題提起として僅かに先行研究に触れる程度に留ま
る例も少なくない。

　また博物館学研究には、博物館学史的背景を踏まえた考察や検討が必
要である。どのような研究にも何らかの形で先行研究が存在しており、
それを顧みることなく論究したところで必ずしも執筆者オリジナルの論
には成り得ない。ましてや実践研究では、先に他館で実践されている
取り組みを知らなかった場合、いくら自館が初めて実践したと言ったと
ころでそれは裸の王様に過ぎないのである。過去に実践された教育普及
活動の事例を紐解き、その効果や反省点を踏まえた活動を実践すること
で、より効率的かつ効果的な活動実践につながるといえよう。

　このように、博物館学史研究を一層発展させることにより、学史を踏
まえた研究と博物館活動を実践することにつながり、博物館界全体の向
上にも寄与することができるのである。

3　人材の育成と博物館学の学び直し

　筆者は、博物館学の知識・技術を博物館へ導入することが、より良い
博物館活動に繋がると考えている。博物館学を博物館へ導入するために
重要な要素は「人」、つまり学芸員である。

　かつて倉田公裕が『博物館学』の中で述べた文章に以下のものがある
（倉田1979）。

　　　最近、各地の大学（六七大学）に於て、学芸員養成課程が設けら
　　れ、博物館学の講座が続々と開講され、博物館概論や博物館学とい

う名称でその学問的探求が行われ、博物館学芸員有資格者の養成に当たっていることは、博物館界のため誠に喜ばしいことである。しかし、ここにも若干の疑問がある。即ち、その最も主要な講義の「博物館学或は概論」についてである。その教授或いは講師に、過去博物館に勤務していたという人などを迎え、その人の過去の博物館での体験を博物館学とか、博物館概論と称しているのではないか、つまり、博物館での常識を学といっている傾向があるのではないかという疑問である。常識による分析はしばしば不徹底であり、非科学的であることが少なくない。これで果たして良いものであろうか。勿論、中には優れた探求と業績をあげられている人も少なくないが、それにしても博物館学に関する研究発表の少ないことをどう説明するのであろうか。

　博物館学とはそんな狭い体験やほんの片手間にできる浅薄なものであろうか。

　これは、大学の学芸員養成課程を担当する教員の博物館学意識の希薄さを述べたものであるが、学芸員においても同様のことが言えるのではなかろうか。つまり、博物館に勤務しているから博物館のことを理解しており、それで十分である。また他の学問分野の方法を援用して独自の研究技法を持ち合わせないことを理由に、学問としての博物館学は成立しないといった認識から、学としての博物館学を蔑ろにしている者が無いとは言い切れないだろう。博物館学は博物館をあらゆる観点から考察した学問であり、より良い博物館を考えるうえで4大機能や博物館経営、広報について研究・実践する博物館学の知識が不要なはずはない。博物館関係者の博物館学に対する意識を向上し、理論と実態を組み合わせた活動を行うことによって、良好な博物館経営、資料の適切な管理・運用、来館者満足度の向上といった効果を生み出すのである。

　そこで筆者が提案したいのが、博物館学分野での学芸員の採用と、他分野の学芸員の博物館学知識・意識の向上である。かつてより学芸員の採用は、考古学、古文書、地質、生物などの専門が重視される傾向にあった。日々出される博物館の求人を見ても、採用要件として大学で諸

学問分野を修めた者を採用するとの記載が殆どである。一方で、博物館学を専門とする学芸員の公募は極めて少ないのが現状である。博物館法第四条4には、「学芸員は、博物館資料の収集、保管、展示及び調査研究その他これと関連する事業についての専門的事項をつかさどる。」との記載があり、博物館学の知識および技術は学芸員の必須要件であることは疑いようがないのだが、個々の研究分野の専門性を重視する傾向に変化はない。かつて、三重県総合博物館（三重県）や港区立郷土歴史館（東京都）が「博物館学」を冠した学芸員採用を行い、また独立行政法人国立文化財機構では「博物館教育」や「展示企画」といった細目で研究員やアソシエイトフェローを採用しているが、学芸員全体の採用数からすると限定的である。

　果たして博物館学を専門とする学芸員は必要ないのだろうか。そのようなことは決してないであろう。博物館学専門の学芸員は、資料の劣化を防ぎつつ的確に見せる方法を熟知し、教育普及活動などを通じて効果的に発信できる能力を有する存在と考えている。つまり、各学問分野の専門たる学芸員と博物館の専門家たる学芸員の両者が併存することで、各分野の学術情報を効率的且つ的確に伝達できる仕組みを整えることができるのである。

　博物館学の博物館への導入のためには、博物館学専門の学芸員採用と同時に、他分野の学芸員の博物館学知識・意識の向上も欠かせない。その涵養のためには、大学での学芸員養成の強化は勿論、学芸員の就職後の教育システムの強化および研修に対する理解の促進といった博物館の現場での教育体制の拡充も考慮しなければならない。

　学芸員に対する研修は、人数が少なく自館内での教育システムが構築しづらい小規模館や、より高度な知識・技能を習得したい学芸員に対して有効な人材育成手段である。文化庁が実施しているミュージアムエデュケーター研修や九州産業大学が実施している学芸員技術研修会など、今日様々な研修制度が存在する。また文化庁では、「歴史民俗資料館等専門職員研修会」など若手の文化財関係者に対する研修会も実施しており、教育システムの整備は進んでいるとも言える。一方で、これら

の研修が設定されていても、複数日拘束されることによる日常業務との兼ね合いや、研修に参加することによって業務が滞ることに対する所属機関の理解、遠方であれば旅費などの問題があり、必ずしも多くの学芸員が参加できてはいない。

そこで筆者は、博物館学研修のeラーニング化を提案したい。ミュージアムエデュケーター研修や学芸員技術研修会は、グループワークや実業を通じて参加者が主体的に学ぶアクティブラーニングの方式で展開されているが、これとは別に博物館学の基礎を改めて勉強しなおすための研修が必要と筆者は考える。特に2011（平成23）年以前に学芸員資格を取得した学芸員および関係者への導入が望ましい。現行の学芸員資格は法定課目9科目19単位で取得できるが、2011年度までは8科目12単位、平成8年度までは僅か5科目10単位で資格を取得することができた。当然ながら、学芸員養成課程として教授する知識量は大きく増加しており、研究の蓄積によって内容も深化していると観られる。これらの知識・情報を学芸員資格既取得者に伝達することで、知識のアップデートを図るのである。しかし、従来行われてきた特定の場所に赴いて行う研修では、先の理由から参加が難しい者も多いため、インターネットを介して行うeラーニング研修が効果的であると筆者は考える。eラーニングには多様な形態があるが、①インターネットを介していつでもどこでも学べる、②繰り返し学習ができる、③習熟度に応じた学習内容の選択ができるなどの利点を有しており、就労層の利用に適しているとみられる。

旧来、放送大学が博物館学関係の講座を放映し、八洲学園大学もeラーニングを用いた通信教育による学芸員養成を行っているが[4]、現役学芸員や学芸員養成課程を担当する教員に対して開かれたeラーニングは存在していない。学芸員資格既取得者に対する学び直しの機会を整備し、最新化された知識と現場で培った技術が組み合わされば、深い知識と経験に裏付けられた博物館活動の実践が期待できる。また、学芸員養成課程を担当する教員がこれを受講することで、自身の講義の増補や指導へのアドバイスを得ることができ、それによって内容が向上した講義

を行うことで結果としてより良い学芸員の養成に繋がると看取される。さらに、eラーニング教材をアーカイブ化することで、知識の蓄積と共有をすることができ、次世代の学芸員に対しても知識の伝達が可能となるのである。

　一方で、①eラーニング開発コストの問題、②開発技術の問題、③講義担当者の確保の問題、④更新性の問題、⑤配信形態の問題など複数の問題が存在する。また、既存の研修やeラーニング教材との重複や権利関係の問題など、まだ多くの課題が存在することも事実である。これらの問題を考慮しつつ、その開発・導入について今後議論していきたい。

おわりに

　以上雑駁ではあるが、博物館界の現状に対する希望を述べた。上記した以外にも、青木豊が学芸員の現状について述べた「学芸員の諸問題」（青木2017）や筆者が別稿で述べた教育普及活動に関する問題など（中島2014）、博物館と博物館学には多様な問題点がある。

　また本誌別頁で述べられている通り、法令や基準の改正、指定管理者制度や所管選択制の導入、税収減少に伴った博物館予算の削減と自己採算に基づいた経営の要請など、博物館及び学芸員を取り巻く環境は必ずしも良いとは言えない。また、様々な方法で市民が自身の意志を発することができる今日、市民の博物館に対する要望は増加傾向にある。このような現状を生き抜くためには、博物館は地域や所属機関、市民のニーズを捕らえてフットワークよく対応できる柔軟性を持つこと、また学芸員はニーズに対応できるだけの博物館に関する知識と理論を身に着け、現場の実態にフレキシブルに対応できることが今後望まれるのである。

　註
1）平成27年度社会教育調査によると、日本全国の博物館施設5,690館のうち約58％にあたる3,302館が、歴史や民俗を扱う「歴史博物館」であり、歴史民俗資料館の分布などを勘案してもその殆どが地域に基づいた博物館といえる。また、特定地域の自然をテーマとする自然史・科学博物館や、地域に関する歴史・文化・自然史展示を持つ総合博物館などを

加えると、日本全国の6割以上が特定地域に根差した「地域博物館」に分類することができる。

2) 一般的に、収集・保存・調査研究・展示の4つの要素を、博物館学では「博物館の4大機能」と称している。研究者によっては、収集・保存を一つの機能と認識し、「教育」を入れることで4大機能とするものや、展示・教育と一つの機能にすることで3大機能と呼ぶ例もあるが、概ね上記を博物館の必須要素とするのが一般的である。

3) 全日本博物館学会第42～45回研究大会の研究要旨集を参照し、要旨の内容分類から割合を計算した。

4) 八洲学園大学HP：https://www.yashima.ac.jp/univ/gakugei/gakugei_index.php（2019年5月1日確認）
（授業はeラーニングで行うが、博物館実習は別途参加する必要があるとしている。）

〈参考文献〉

青木　豊　2017「学芸員の諸問題」『國學院雑誌』118－11、國學院大學、pp.1-18

青木　豊、鷹野光行　2017『博物館学史研究事典』雄山閣

金子　淳　2010「戦後日本の博物館学の系譜に関する一考察」浜田弘明編『平成19～21年度科学研究費補助金研究成果報告書　博物館学資料「鶴田文庫」の整理・保存及び公開に関する調査・研究』pp.58-63

倉田公裕　1979『博物館学』東京堂出版、p.7、pp.135-136

中島金太郎　2014「遺跡博物館での学習に関する諸問題」『國學院雑誌』115－8、國學院大學、pp.71-86

文部科学省　2017『平成27年度社会教育調査』

第Ⅲ章　崩壊原因となった関係法とその影響・聖域なき構造改革と博物館

1　公立博物館の設置及び運営に関する基準（48基準）の改正

落合広倫

はじめに

　我が国の博物館の混迷は、多様化する社会の変革のみを原因とするのではなく、その最大の原因は 1973（昭和 48）年の文部省告知「公立博物館の設置及び運営に関する基準」（以下「48 基準」）が、2003（平成 15）年6月に廃止されたことに起因すると言っても過言ではない。すなわち、改正された「公立博物館の設置及び運営上の望ましい基準」（以下「H15基準」）の内容の空洞化が、基本的な直截原因であると言えるのである。

　48 基準は、公立博物館の具体的な視準として、我が国における博物館建設に果たした役割は多大であったと評価できよう。しかし、小泉内閣のいわゆる規制緩和のもとに全面改正されて、具体的な数値基準が消滅し、曖昧模糊とした"望ましい基準"となったことは忘れてはならないのである（青木 2010）。

　本稿は、48 基準の告示と廃止に至る経緯を概観し、廃止によって被った博物館設置運営上の不具合について論じるものである。

1　48 基準の告示と廃止に至る経緯

　社会教育法（昭和 24 年法律第 207 号）第 9 条により、博物館は図書館と共に社会教育機関として位置づけられ、1951（昭和 26）年には博物館法が公布されたことで法的位置づけが成され、その具体は省令あるいは告示により示されることとなった。

　博物館法公布後に日本博物館協会は特別委員会を設置し、法公布に伴い文部省が処理すべき博物館登録要件の審査基準、博物館の設置運営の望ましい基準、学芸員の資格授与や学芸員講習の科目の意見をまとめ、

第Ⅲ章　崩壊原因となった関係法とその影響・聖域なき構造改革と博物館

文部省に意見具申を行った。しかし、「設置運営の基準案」は全国博物館研究協議会（1953年）で討議されるも、今後に残されてしまったのである。

　法公布から10年を経て、高度成長期における博物館建設とともに再度「設置運営の基準」制定の機運が高まり、1967年の「明治百年」記念事業としての博物館建設ブームも相俟って、「設置及び運営上望ましい基準」の策定・告示が求められることになったのである。

　かかる経緯をもって文部省は、博物館法公布後から22年を経た1973年11月30日付けで、「公立博物館の設置及び運営に関する基準」を告示したのである。通称"48基準"は、博物館法第8条「文部大臣は、博物館の健全な発達を図るために、博物館の設置及び運営上望ましい基準を定め、これを教育委員会に提示するとともに一般公衆に対して示すものとする」の条文規定に基づいて告示されたものである。

　当該基準は、公立博物館の設置及び運営上の望ましい水準を満たすための一指針であり、博物館法に定められた登録要件の審査基準や補助金の交付基準でないことは、「別記「公立博物館の設置及び運営に関する基準」の取り扱いについて」の1、第1条関係に明確に記されているとおりである。

　48基準の博物館学上の意義は、博物館登録名簿を有する都道府県の教育委員会は市町村立博物館の指導または助言する際の参考であり、我が国の博物館の健全な発達を図るための努力目標であったと言える。

　その後、1998（平成10）年には「地方分権推進計画」（平成10年5月29日閣議決定）に基づき、学芸員数の数値基準を削除する一部改正が行われ、1998年9月の生涯学習審議会答申「社会の変化に対応した今後の社会教育行政の在り方について」の中で、「博物館の水準の維持向上が図られてきた」としつつも、その一方で「博物館の種類を問わず現行のような定量的かつ詳細な基準を画一的に示すことは、現状に合致しない部分が現れている。このため、現在の博物館の望ましい基準を大網化・弾力化の方向で見直すことを検討する必要がある。」と提言された。これを受けて文部省は、改正案を作成し、中央教育審議会生涯学習分科会への

報告と、都道府県教育委員会及び関係団体に意見を求めたのであった。

その後、再度の検討を経て 48 基準の全文を改正した「公立博物館の設置及び運営に関する望ましい基準」（文部科学省告示第 113 号）が 2003 年 6 月 6 日に告示・施行されたのである。

本告示は、①地方分権の推進に伴う定量的、画一的な基準の大網化、弾力化、②多様化、高度化する学習ニーズや国際化、情報化等の進展に伴う現代的課題への対応、③文化芸術振興基本法（平成 13 年法律第 148 号）の成立等文化芸術の重要性の高まりなどを踏まえ、48 基準の全体を改正したものである。

2011 年 12 月 20 日には、「博物館の設置及び運営上の望ましい基準」（文部科学省告示第 165 号・以下「H23 基準」）が告示・施行された。本告示は、①平成 20 年度の博物館法改正、②利用者のニーズの多様化・高度化、③博物館の運営環境の変化を踏まえて、「公立博物館の設置及び運営に関する基準」を改正したのであった。

2 48 基準が示す「モノ・人・場」の数的基準の削除

48 基準は、趣旨・定義・設置・施設及び設備・施設の面積・資料・展示方法等・教育活動等・目録の作成等・開館日等・入場制限等・職員・職員の研修の 13 条から構成される。

中でも、基準の施設の面積・資料・職員には、博物館の要件である「モノ・人・場」の基準が明確に示されていた。2003（平成 15）年まで、多くの博物館はこの基準に則るべく努力し設置運営されてきたのである。しかし、前述のように 2003 年の廃止により博物館の学芸員数、資料数、面積等が削除され、設置運営の示準を失うこととなったのである。

本項は、48 基準における博物館の基本的要素である「モノ・人・場」の条文に焦点を当て、H15 基準と H23 基準を比較し、具体的な不具合について以下論及する。

(1) 48 基準（資料　モノ）

48 基準の第 6 条は、「モノ・人・場」の「モノ（資料）」にあたる条文

第Ⅲ章　崩壊原因となった関係法とその影響・聖域なき構造改革と博物館

である。「〈参考〉公立博物館の設置及び運営に関する基準の取り扱いについて」（昭和48年11月30日 文社第141号 各都道府県教育委員会教育長あて 文部省社会教育局長通達（平成15年6月廃止）（以下「48基準別記」）には、「本条第2項の表に掲げる動物園、植物園及び水族館の資料数に示す「種」の収集に当たっては、広い範囲で比較展示できるように生物分類学上における複数の「綱」及び「目」にわたることが望ましい。」とある。

　H15基準では、48基準第6条にあたる条文は第3条で、48基準の1項と3項〜5項は改正されず、第2項が削除され、具体的な数的基準は廃止されたのである。48基準では動・植・水族館を除く博物館には「必要な数」として明確な資料数は規定されていないが、動・植・水族館は、表1の如くその数を規定し、動・植・水族館を設置する際の基準とされてきた。しかし、H15基準ではすべてが「必要な数」となり、資料数の表記は撤廃されたのである。

　なお、「公立博物館の設置及び運営上の望ましい基準」の告知につい

表1　48基準　第6条

第6条　博物館（動物園、植物園及び水族館を除く。）は、実物又は現象に関する資料（以下「一次資料」という。）について、当該資料に関する学問分野、地域における当該資料の所在状況及び当該資料の展示上の効果を考慮して、必要な数を収集し、保管し、及び展示するものとする。

2　動物園、植物園及び水族館は、おおむね、次の表に掲げる数の一次資料を収集し、育成し、及び展示するものとする。

博物館の種類	資料数
動物園	65種325点ないし165種825点
植物園	1500種6000樹木
水族館	150種2500点

3　博物館は、実物資料について、その収集若しくは保管（育成を含む。）が困難な場合、その展示のために教育的配慮が必要な場合又はその館外貸出しが困難な場合には、必要に応じて、実物資料に係る模型、模造、模写又は複製の資料を収集又は製作するものとする。

4　博物館は、一次資料のほか、一次資料に関する図書、文献、調査資料その他必要な資料（以下「二次資料」という。）を収集し、保管するものとする。

5　博物館は、一次資料の所在を調査して、その収集及び保管（現地保存を含む。）に努めるとともに、資料の補修及び更新、新しい模型の製作等により所蔵資料の整備及び充実に努めるものとする。

て（平成 15 年 6 月 6 日 15 文科生第 344 号 各都道府県教育委員会教育長あて 文部科学省生涯学習政策局長通知（以下、「H15 別紙」）の第 3 条関係（資料）には、「動物園、植物園及び水族館を含め博物館は、各館園の創意工夫により、該当資料に関する学問分野、地域における当該資料の所在状況及び当該資料の展示上の効果を考慮して必要な数の資料の収集、保管及び展示に努めるものとすること。」とあり、動・植・水族館は別記せずに博物館と同一にすること、数的表記は削除され、「必要な数」に緩和された。

　以上の如く、我が国の公立博物館を設置する際の目安となっていた数的表記が全て「必要な数」となったことで、1 点の資料でも博物館は成り立つこととなった。実際に収蔵資料を有さずに借用資料で展覧会を開く美術館が存在していることからも、数的表記よりも少ない資料数で動物園・植物園・水族館が設置される可能性も否めないであろう。

(2) 48 基準（職員　人）

　48 基準の最も特筆すべきは専門職員数を示した点で、都道府県及び指定都市は 17 名以上、市町村では 6 人以上の学芸員又は学芸員補を置くと明記されたことである。

　表 2 に示した如く、48 基準別記の職務内容にはその内訳が「教育活動・研究担当」「一次資料の収集・保管・展示担当」「二次資料の収集・保管担当」と明記されている。この職務区分については、一次資料と二次資料の区分けではなく、人文系、自然系にすべきとも考えられるが、当該 48 基準別記に示された学芸員の数的基準は、我が国の博物館に複数の学芸員を配置するための一根拠となってきたのである。しかし、それにも拘わらず、1998 年 5 月 29 日に閣議決定された地方分権推進計画に基づき、同年 12 月 7 日付の生涯学習局長通知により定数規定が撤廃され、単に「必要な数の学芸員を置く」ことになってしまった。

　その後 H15 基準、H23 基準でも必要な数の学芸員を置くという文言に変化は見られず、今日の学芸員不足をもたらす大きな原因と言えよう。

第Ⅲ章　崩壊原因となった関係法とその影響・聖域なき構造改革と博物館

表2　48基準第12条・48基準別記（第12条関係）

第12条　都道府県及び指定都市の設置する博物館には、17人以上の学芸員又は学芸員補を置くものとし、市（指定都市を除く。）町村の設置する博物館には、6人以上の学芸員又は学芸員補を置くものとする。
2　博物館には、前項に規定する職員のほか、事務又は技術に従事する職員を置くものとする。

48基準別記（第12条関係）
本条第1項の17人及び6人の職務内容別の内訳は、次の表に掲げるとおりである。

区　　分	都道府県立指定都市立	市町村立
ア　第8条の教育活動及び資料に関する研究を担当する者	8人	3人
イ　一次資料の収集、保管、展示等を担当する者	8人	3人
ウ　二次資料の収集、保管等を担当する者	1人	—

(3) 48基準（施設の面積 "場"）

　48基準の第5条は、動物園、植物園及び水族館を除く博物館の建物の面積で、都道府県立及び市町村立の標準を掲げたものである。48基準別記には用途別の面積配分が示され、総合博物館は第5条に示す面積の約1.5倍程度が望ましいとされた。我が国の博物館は、この面積を根拠として作られてきたが、規制緩和の名のもとにH15基準から具体的な面積規定が削除され、H15基準第2条、市町村は「その規模及び能力に応じて」博物館を設置するよう努めるものと曖昧な表記に改正された。「博物館の登録審査基準要項」（文社施第191号　昭和27年5月23日　各都道府県教育委員会あて　文部省社会教育長通達）にはおよそ165.29㎡以上（約50坪）の建物を原則とし、現在残る数的基準としては唯一の通達ではあるものの、公立博物館の面積として相応しい基準であるかは疑問である。

　人文系博物館は歴史博物館や美術博物館を示し、自然系博物館は、自然史博物館、科学館、動・植・水族館園を示すもので、これらは人口30〜100万人程度の都市における中規模館を想定して必要事項を定めたものである。

　48基準の第4条では、表4の如く公立博物館に必要な施設と設備が

1 公立博物館の設置及び運営に関する基準（48基準）の改正

表3　48基準第5条・48基準別記（第5条関係）

第5条　博物館（動物園、植物園及び水族館を除く。）の建物の延べ面積は、都道府県及び指定都市の設置する博物館にあっては6000平方メートルを、市（指定都市を除く。）町村の設置する博物館にあっては2000平方メートルをそれぞれ標準とする。

2　動物園、植物園及び水族館の施設の面積は、次の表に掲げる面積を標準とする。

博物館の種類	施設の面積
動物園	建物の延べ面積　20平方メートルに平均同時利用者数を乗じて得た面積
植物園	敷地の面積　20万平方メートル
水族館	敷地の面積　4000平方メートル

（備考）この表中「平均同時利用者数」は、次の算式により算定するものとする。

$$\frac{\text{年間利用者数（又は年間利用者見込数）} \times \text{1日利用者1人の平均利用時間数}}{\text{年間公開時間数}} \times 1.5$$

48基準別記（第5条関係）

(1) 本条第1項の6,000平方メートル及び2,000平方メートルの用途別面積は、次の表に掲げるとおりである。

用途別	都道府県立・指定都市立	市町村立
展示・教育活動関係	2500平方メートル	850平方メートル
保管・研究関係	2500平方メートル	850平方メートル
管理・その他	1000平方メートル	300平方メートル

(2) 総合博物館にあっては、その性格にかんがみ、本条第1項に定める面積のおおよそ1.5倍程度を確保することが望ましい。

(3) 本条第2項の表に掲げる20平方メートルは、次の数式により算出したものである。
20平方メートル＝利用者1人当たり有効展示中（50センチメートル）×展示施設平均奥行（20メートル）×2（注）
（注）平均同時利用者数を2倍とする意味で、これは季節により利用状況の変化があり、ある季節には平均同時利用者数の2倍の利用者があることを想定したものである。

(4) 市街地に設けられる動物園にあつては、本条第1項に定める面積以下としても差し支えないが、その場合にあつても同項に定める面積の2分の1以上を確保することが望ましい。

(5) 本条第2項の表に掲げる20万平方メートル及び4,000平方メートルは、それぞれ第6条第2項の表に掲げる植物園又は水族館に係る資料数の植物又は水族を周年栽培し、又は周年飼育し、生きた生物として展示できるよう配慮して算出したものである。

(6) 植物園の中に設けられる建物の面積は、本条第2項の表に掲げる植物園の敷地の面積の7パーセント以下とすることが望ましい。

第Ⅲ章　崩壊原因となった関係法とその影響・聖域なき構造改革と博物館

表4　48基準第4条

事項	施設及び設備
資料の保管	収蔵庫、技術室、作業室、荷解き室、消毒設備、集約収蔵設備等
資料の展示	展示室、準備室、視聴覚機器、展示用機器、照明設備等
資料に関する集会その他の教育活動	集会室、教室、図書室、研究室、会議室、視聴覚機器、巡回展示用運搬自動車、教育研究用自動車、資料貸出用設備等
資料に関する調査及び研究	図書室、研究室、実験室、作業室、実験設備等
利用者の休憩及び安全	休憩室、救護室等
事務の管理	事務室、宿直室

明記され、資料を保存するために、耐火、耐震、防虫害、防塵、防音、温度及び湿度の調節、日光の遮断又は調節、通風の調節並びに汚損、破壊及び盗難の防止に必要な施設を備えるとされていたが、H15基準では、具体的な施設名称は示されず「必要な施設及び設備を備える」に改正された。このような施設要件の緩和は、新たな博物館を建設するうえで充実した施設・設備を確保することが困難となる結果を招いたのである。

3 「モノ・人・場」以外の改正

H15基準で、博物館の水準の維持及び向上に努めることが追加され、H23基準では公立博物館に加え、私立博物館も新たな対象とした点が大きな変化である。また、地域の活性化に貢献といった現代社会に求められる文言が追加されているのは、住民の博物館に対する需要の高度化・多様化がその背景にあると言える。

48基準第2条は、博物館を総合博物館、人文系博物館、自然系博物館に大別し、48基準別記（第2条関係）において、これは博物館の設置及び運営のあり方を類型的に示すうえの便宜に基づくものであり、現に設置される博物館の名称を統一する趣旨ではないことを説明している。しかし、H15基準以降この条文は削除された。

48基準第3条では、公立博物館の設置に対する基本的構想として、

都道府県は総合博物館を設置するものとし、総合博物館を設置しない場合は、人文系博物館及び自然系博物館の両者を設置するとある。市町村にあっては、単独又は共同して、総合博物館、人文系博物館、自然系博物館のいずれか一つを設置することが期待されている。

人文系博物館は歴史博物館や美術博物館、自然系博物館は自然史博物館、科学館、動物園、植物園、水族館にあたるもので、この基準の動物園・植物園・水族館は人口30〜100万人程度の都市における中規模館を想定して必要事項を定めている。

48基準第10条に、博物館の1年間の開館日数は、250日を標準とし、同別紙（第10条関係）には、250日は年間の休館日及び展示更新の臨時の休館日等を算出根拠とした日数とするものであった。しかし、H15基準では、開館日及び開館時間の設定は、利用者の要請、地域の実情、資料の特性、展示の更新所要日数等を勘案し、夜間開館の実施等の方法により、利用者の利用の便宜を図るよう努めるものとし、明確な日数は削除されたのである。

おわりに

1960〜70年代の博物館建設ブームにより、多くの博物館が建設され、その後公立博物館は地方自治体出資の財団法人による管理運営形態が可能となり、2003（平成15）年の指定管理者制度の導入により民間企業やNPO法人等の運営が可能となった。

2003年に、48基準上の定量的規程が撤廃され、当時は再び数値基準を設けることは必ずしも適当ではないとして参考的な数値を示しているものの、近年の公立博物館における指定管理者制度の導入や、行政改革の進展に伴って非常勤職員の増加やボランティアの導入が進んでいる現状は、48基準上の定量的規程が撤廃されたことに起因することは言うまでもない。

しかし、それにも拘わらず世をあげての規制緩和の名のもとに解体されたことは、我が国の博物館にとって基本的示準を無くしたものとなったと言えるのである。青木豊は、48基準別記に示された博物館の構成要

素である「モノ・人・場」の具体的示準が消されたことが、博物館の混迷の始まりであり、48基準の改訂に関与した博物館関係者の責任は極めて重大であると断じているが（青木2010）、正鵠を射た思想であろう。

〈参考文献〉
　青木　豊　2010「平成21年度文部科学省「組織的な大学院教育改革推進プログラム」採択による高度博物館教育に至る経緯と実践」『國學院大學博物館學紀要』35
　文部科学省国立教育政策研究所社会教育実践研究センター　2013『平成24年度　博物館に関する基礎資料』

2 2003年、地方自治法244条の 改正に伴う指定管理者制度

大貫英明

はじめに

2015（平成27）年8月、高市早苗総務大臣は都道府県知事及び議長と各指定都市市長及び議長に「地方行政サービス改革の推進に関する留意事項について」を通知した。通知文には地方公共団体は、厳しい財政状況下にあるが公共サービスの効率的・効果的提供のため、ICTの活用や民間委託等の推進などにより更なる業務改革の推進が必要であるとし、総務省は閣議決定「経済財政運営と改革の基本方針2015」を踏まえ、別添「地方行政サービス改革の推進に関する留意事項」を策定したので、「留意事項を参考として、積極的に業務改革に努め」るよう指導する。そして都道府県は市区町村長及び市区町村議会議長に対しても、本通知を周知し適切な助言をするよう指導する（総務省 2015・2016・2017）。

「地方行政サービス改革の推進に関する留意事項」をみると「第1 地方行政サービス改革の推進に関する主要事項について」の「1 行政サービスのオープン化・アウトソーシング等の推進」では、(1)民間委託等の推進、(2)指定管理者制度等の活用、(3)地方独立行政法人制度の活用などをあげている。地方自治体は指定管理者制度を活用し、地方行財政改革を推進するよう政府から求められたのである。

さらに総務省は2019年3月29日、「地方行政サービス改革の取組状況等に関する調査結果の公表」をする。このマスコミ各社をはじめHPを通じての国民などへの情報提供は、各自治体の改革の取り組み状況を「見える化」し、自治体「相互の比較」を可能な形にしたとする。まさに全国自治体の指定管理者制度導入成績表（2018年4月1日現在）そのものであった。

第Ⅲ章　崩壊原因となった関係法とその影響・聖域なき構造改革と博物館

表1　指定管理者制度の導入状況（制度導入団体の比率）（総務省2019より転載）

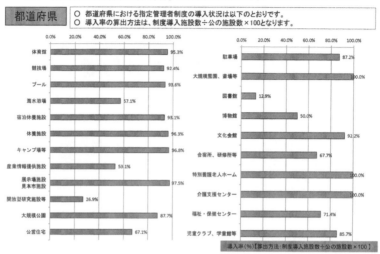

「指定管理者制度の導入状況（制度導入団体の比率）」は、「都道府県」、「指定都市」、「市区町村」ごとにまとめられた表を公表し、公の施設ごとの指定管理者制度の導入率が比較できるようになっている。都道府県のものは表1のとおりであり、博物館への指定管理者の導入率は50.0％、半数に及んだことを示している。指定都市は49.3％、市区町村では28.0％と公表された。

　この指定管理者制度は、第Ⅰ章「5　指定管理者制度により壊された博物館」でみたとおり、博物館の基本的要件である館長や学芸職員の雇用を不安定なものとし、博物館のイノチであるコレクションの形成や維持そのものを危うくするものに他ならない。

　はじめに政府はどのようなねらいをもって、このような制度を定めたのかその経緯と政権の意図を確認しておきたい。

1　指定管理者制度の制定過程と真の意図

　指定管理者制度は2003（平成15）年、第156回国会で可決された「地方自治法の一部を改正する法律」に盛り込まれた制度である。法案提出理由は「地方公共団体の組織及び運営の合理化を図るため、地方分権改

革推進会議の意見にのっとり、都道府県の局部数の法定制等を廃止するとともに、公の施設の管理の委託に関する制度を見直すほか、所要の規定の整備を行う必要がある」（下線は筆者）とする[1]。

衆議院では自民、民主、公明、自由、保守新党の各会派の賛成により議決され、反対会派は共産と社民のみであった。参議院は207名の賛成（自民・保守新、民主・新緑風、公明、自由・無所属の会〈1名反対〉）で議決され、反対は27名（日本共産党と社会民主党・護憲連合、無所属の会の1名）のみであった。

法文は、第244条の2第3項中「その管理を普通地方公共団体が出資している法人で政令で定めるもの又は公共団体若しくは公共的団体に委託する」を「法人その他の団体であって当該普通地方公共団体が指定するもの（以下本条及び第二百四十四条の四において「指定管理者」という。）に、当該公の施設の管理を行わせる」に改める。」（下線は筆者）とするものである。

本改正が地方自治体にもたらした喫緊の課題は、附則の「（経過措置）第2条　この法律の施行の際現に改正前の地方自治法第244条の2第3項の規定に基づき管理を委託している公の施設については、この法律の施行の日から起算して3年を経過する日（その日前に改正後の地方自治法第244条の2第3項の規定に基づき当該公の施設の管理に係る指定をした場合には、当該指定の日）までの間は、なお従前の例による。」にあった。

東京都庭園美術館や世田谷美術館を先駆とする「法に縛られない運営ができる美術館」や、バブル景気とバブル崩壊後は景気対策である「箱物はつくるが公務員は増やさない」としてつくられた公設民営（財団運営）の博物館が、その去就を迫られることになった。3年の間に公営（直営）に戻すか、出来なければ指定管理者制度に移行せよと迫られた。

博物館の建設ラッシュは、バブル期に始まりバブル崩壊後の経済対策期に見られる。その背景は自治体の無節操と、バブル再現を図る政府の景気対策を押し付けられた自治体の無策にあった。そのツケを公設民営（財団運営）の博物館職員が負わされることになったのである。この間の経緯と課題は拙稿「地方公立博物館の苦境」で詳述している（大貫2012）。

第Ⅲ章　崩壊原因となった関係法とその影響・聖域なき構造改革と博物館

　自治体の無節操と無策で作り続けた「箱もの」、役人の天下り先と国民の批判を受ける博物館・美術館や各種文化施設などは、やがて自治体本体の経営を圧迫することになる。財団などの第三セクターが国民の批判を浴びるに及び、その整理清算手段としてイギリスのサッチャー首相やアメリカのレーガン大統領に学ぶ新自由主義の風を受けた劇場型（ポピュリズム）政権小泉政権が自治体改革、新たな自己責任論に基づく指定管理者制度を編み出したのである。

　そしてこの第三セクター整理清算の手段として提案された指定管理者制度は、一見三位一体の地方自治改革の制度の一つと見えたが、その実態は「庇を貸して母屋を取られる」、健全で豊かな住民の教育活動を積み上げてきた公設公営の博物館を、そして我が国の公的社会教育の基盤である図書館や公民館を真のターゲットとしていた姿を現す。国民の権利としての教育を、人権としての教育を受ける権利を自己責任論により、国家がその保障を放棄するアイテムとしての姿を現すのである。

2　国会の質疑から政権の意図を探る

　2003（平成15）年5月27日の衆議院総務委員会の質疑を見ると、指定管理者制度を提案した政権の真意が明らかになる。その筆頭が山名靖英（公明党）と片山虎之助国務（総務）大臣の質疑応答である。政府与党は法案策定に当たり事前に政策合意することはもちろん、マスコミなどで公開される委員会で政権の意図を国民にアピールするため、事務方との協議を十分に尽くして演じる。自民・公明・保守連立の小泉政権下での公明党山名氏の質疑は、政権の意図を国民にアピールするために演じられた。

　山名は、「せっかく公の施設の民間開放といいますか委託の門戸を広げようとしているのに」「壁が立ちはだかって十分な民間管理代行ができない」危惧がある、と政府を質す。これに対し片山大臣は、個別施設に個別法があればそれが優先する。「しかし、私は、物によっては、個別法を緩めて、ケースによっては管理委託をするということがあってもいい」と思っており、「恐らく多いのは、<u>公民館だとか都市公園だとか、</u>

そういう文化施設やスポーツ施設が割に中心になる」（下線は筆者）と応える。総務大臣が「法理を緩めて」指定管理者制度を進めると国民にアピールしたのである。これが我が国の、法の下の統治の現実である。

　法案成立後は総務省ではなく、政権に直属する内閣府によって個別法をゆるめる具体化が進められた。内閣府は 2003（平成 15）年 11 月 26 日、「行政サービスの民間開放等に係る論点について」を公表し、別紙「地方公共団体より阻害要因として回答があった主なものについての各省の対応一覧」を示す。文部科学省は博物館の阻害要因に「博物館法第 4 条により、博物館に館長及び学芸員をおくことといった規定があるため、民間への管理委託ができない」もあるが「地方自治法改正により指定管理者制度が導入されたことを受け、今後、館長業務を含めた全面的な民間委託が可能であることを明確に周知」（内閣府 2003）する、と第 24 回経済財政諮問会議（11 月 21 日）で説明する[2]。

　法案に反対する野党社会民主党・市民連合の重野安正は、指定管理者が使用料を取ることのできない道路や都市公園、学校、公民館などにどれほど管理者が参入すると政府は想定するのかと質す。これを受けた畠中政府参考人（総務省自治行政局長）は、「道路とか学校、公共下水道については、先生の御指摘のとおり、個々の法律で管理主体を地方公共団体に限っておりますので、この指定管理者に管理させることはできませんが、都市公園それから公民館につきましては、その活用が可能ということと承知しております」とする。総務大臣は「緩めて」とするが、局長は一歩進めて「可能」と見解を示す。

　さらに三位一体改革の原案作成者とされる若松謙維総務副大臣（公明党）は、「指定管理者制度が利用できる大所として、例えば保育所がございますね。これは平成 12 年度ですが、全国 23,605 カ所ございます。さらには老人ホームですね、これにつきましても、やはり 12 年度 6,835 カ所ございます。それと公立文化施設、これにつきましては、例えば県民会館、市民会館等なんですが、これが全国 3,039 施設、図書館ですと 2,620 施設、さらには博物館は 644 施設、このほかにも公立体育館等ございまして、かなりの利用が見込まれると考えております。」と具体

第Ⅲ章　崩壊原因となった関係法とその影響・聖域なき構造改革と博物館

的に民営化（民間開放）の目論見数を示す。この博物館644とする数を、文部科学省が公表する社会教育調査で探すと、2005年度の公立博物館（登録と相当館）667が最も近い数値であることが分かる[3]。

　若松副大臣は、指定管理者制度のターゲットは博物館法に則り設立された公立博物館であるとしたのである。自治労大分県職員労働組合出身の重野氏が、政権が目指すターゲットがどこであるかを明らかにさせた功績は大きいが、残念なことにこの数字をもって「公務員削減政策に他ならないではないか」と追及することはなかった。

　2003年6月5日の参議院総務委員会の質疑で、政権の意図を明らかにしたものには、椎名一保（自由民主党）と若松副大臣の質疑応答がある。椎名は、「残念ながら、バブル期には一部の地方自治体が箱物の建設を競って建てた時期がありました。造ってはみたものの思うように利用されず、閑古鳥が鳴いていたりしているようなケースもある」「中には、こんな施設が本当に必要だったのかなと首を傾けざるを得ないようなケースもあります」とし、「この種の施設、法律上で言えば公の施設の制度改正は必要です。サービスの向上とコストの削減を図り、効率性の向上を図っていかなければなりません」と政府を質すパフォーマンスを演じる。

　これに応える若松副大臣は「公の施設の管理を一般の株式会社を含めた民間事業者に行わせることができるよう、指定管理者制度の導入を内容とする今回の地方自治法の改正を行うに至った」とし、さらに「指定管理者の指定に際しては、複数の候補の中から最も施設の稼働率の向上、又は利用料の収入の増加、さらには経費の縮減、こういったものが図られる」管理が望ましいとする。

　先の衆議院の質疑で、ターゲットが国民の教育権を保障する社会教育施設、博物館であることを明らかにしているにもかかわらず、カモフラージュするがごとく、バブル期に地方自治体が競って建てた、こんな施設が本当に必要かと首を傾けざるを得ないような施設を公の施設の例とし、こうした施設を改革し、コスト削減や効率性向上を図るためには指定管理者制度導入が必要と国民にアピールしたのである。

また木庭健太郎（公明党）は、「全国どこを見てもこの第三セクターがかかわった問題というのは、もう火を噴くようにいろんな問題が出ている」「第三セクターというのをどんなふうに考えて、現状どう認識されて、今後どういうふうにされようと思っている」のか、総務省はどう指導するのかと政府を質す。

これに応えた林政府参考人（総務省自治財政局長）は、昨年の調査で「民法法人で経常赤字を出しておりますものが1,517法人、商法法人で同じ経常赤字を計上しているものが928法人に上っております」と現状を述べ、今後は「経営状況を定期的に診断すること、あるいは積極的に議会あるいは住民の皆さんへ情報開示を行うこと」「組織、機構の見直しや経営の改善に積極的に取り組んでいただきたいこと、そして最終的には、大変深刻な場合は、問題を先送りすることなく、事業の存廃を含めて早急に対処する」と指導するとした。

そして本質疑を受け総務省自治財政局長は、平成15年12月12日付けで、各都道府県知事・各指定都市市長宛て「第三セクターに関する指針の改定について」を通知する。その中身は「必要に応じて、事業の見直し、廃止、民間譲渡、完全民営化等を行うことが望まれる」として3の「運営の指導監督等に当たっての留意事項1監査」では「(1)第三セクターに対する財政援助に係る監査（地方自治法第199条第7項前段）を適切に行うとともに、出資法人に対する監査（同後段）及び外部監査制度（同法第252条の37第4項等）を活用するなどにより、第三セクターに対する地方公共団体の監査体制を強化する」とした。

第Ⅰ章で紹介した川崎市市民ミュージアムの指定管理者制度移行を推し進め、博物館崩壊への道を導くツールが、まさにこの外部監査制度の活用であった。

3　地方自治法244条の改正以後

地方自治法244条改正の5年後、2008（平成20）年に「社会教育法等の一部を改正する法律案」（内閣提出第51号）が審議される。衆議院文部科学委員会（5月23日）に参考人として招致された社会教育推進全国協

議会委員長（千葉大学教育学部教授）長澤成次は、「社会教育施設における指定管理者制度の導入と問題点」（長澤 2011）で、同委員会が全会一致で採択した付帯決議に、指定管理者制度の導入による弊害が指摘されたことの意味は大きいとする。

　しかしこうした正論も、「聖域なき構造改革」を掲げた小泉政権に通じることはなく、「中央から地方へ」を合言葉に地方交付税交付金改革によりナショナル・ミニマムを放棄し、「官から民へ」を合言葉に指定管理者制度導入を自治体の自己責任として押し付ける。2005 年の夏の小泉劇場「郵政解散」、民主政権を挟むもその政策は後任者安倍晋三内閣へと引き継がれている。

　尾林芳匡は「自治体の外部化と公務労働の行方」で指定管理者制度の導入は「公共施設管理の市場化」に他ならないとする（尾林 2005）。「経済界では法改正を歓迎し、公の施設の管理にビジネスとして参入しようとする動きが一気に加速している」として三菱総研の「パブリックビジネス研究会」の例などをあげた（尾林 2005、pp.128-129）。つまり指定管理者制度は、経済成長停滞期の企業を救うアイテムとして創り上げられたと言える。政府は箱モノづくりによる経済復興の失敗を顧みることなく、今度は市民の税を投下した博物館の施設とコレクションを営利企業の収益保障の具と位置づけたのである（尾林 2005、p.130）。さらに自治体が毎年支払う指定管理料は、第Ⅰ章の川崎市市民ミュージアムの例でみたとおり、熟練学芸員の賃金を下げ、雇用止めし、安価なパートやアルバイトへと転換し利ザヤを株主への配当や内部留保へ回している。市民の損失は計りようもない。

　指定管理者制度には株式会社だけでなく NPO の参加も企てられている。一部博物館学関係者には、NPO による指定管理を住民運営として評価するが、これに対して尾林は、「一部の自治体で、自治体の事業を「有償ボランティア」に委ねたり、NPO に委託したりする例がでてきている。自治体が「間接雇用」を作り出すことも問題であるし、「ボランティア」であるとの理由で労働者としての保護を受けさせない例も出てきている。」（尾林 2005、p.122）とする。

一般にNPO運営主体はアマチュアである。アマチュアは博物館活動の担い手としては歓迎されるが、博物館の運営主体となると課題は多い。運営主体の中核を担う人々の意識の維持と継承をどう図るのか。博物館を運営しようと燃え上がる世代も、元気なうちは良いが、円滑な世代の交代と継承が図られる保証はない。NPOに管理をゆだねた野田市郷土博物館では、3年の指定管理期間を残したまま、NPOから突如の撤退の申し入れを受けてしまった。野田市は2019年の3月市議会に急きょ追加議案をあげ株式会社を指定することになる。聞くところによれば運営主体の世代交代が課題となったと聞く。野田市議会の審議結果を市議会HPに見ると、賛成多数で議案は可決されたが、反対討論では、「急な取消の申し出に対して、野田市としても急きょ野田業務サービス㈱を指定することで、引き継ぐ手続きに入らざるを得なかったということが実情です。これは指定管理者制度の大きな欠点です。」とされている[4]。

郷土の自然と文化の遺産を継続的・計画的に調査研究し資料を収集し、住民の自主的・主体的教育活動を継続的・安定的に支える学芸員、そして指定管理料（公金）を預かり執行する事務、年金や保険などの税務事務、さらには労基法や安全衛生法などの労務事務、雇用や手当などの人事事務など専門的事務執行を行う人材確保もNPOには大きな負担になる。固有の人材に対する生活給（昇給や賞与など）の保障は大きな負担である。議案提案書付属資料野田市「指定管理者候補者選定委員会会議録概要（平成31年2月28日）」をみると、現在の事業計画を基本的に引き継ぐとあるが、自主事業を減らしているのはなぜかと質す委員に対し、「自主事業は毎年赤字になっており、野田業務サービスは民間の株式会社であることから、自主事業については、赤字幅を圧縮する」と答えている。NPOは有償ボランティアの創生につながり、株式会社移行のプロセスとして利用されかねない。

『行政の解体と再生』を共編する上山信一や桧森隆一は、企業にとって指定管理者制度導入はビジネスチャンスとしている（上山・桧森編2008）。桧森は同著「指定管理者制度」で、「公共施設には意外に専門家

がいない。例えば図書館には司書、博物館・美術館には学芸員を配置すると決められている。しかし十分な人数が配置されることは少ない。どの自治体も専門職の採用には慎重だ。異なる職を異動しながら昇格していく公務員の人事処遇システムになじみにくいからだ」とし、「地域住民の中には、公共施設に勤めるにふさわしい専門教育を受けた人や資格取得者が結構いる。彼らは普通の職業人や専業主婦として地域や家庭に埋もれている。指定管理者制度は、こうした地域の人材を有効活用する手段ともなる」（上山・桧森編 2008、pp.144-145）とする。

　上山は、第Ⅰ章「S指定管理者制度により壊された博物館」で紹介した川崎市市民ミュージアムの惨状の元凶の一つである改善委員会（副委員長であったとする）での実績を同著「公立文化施設の経営刷新」で自賛し、「キュレーター（学芸員）は職人的な仕事だ。いろいろな施設を渡り歩き、経験を積むことでスキルが上がる。一か所だけで仕事をしてもプロとしての腕は上がりにくい。ところがこの館の場合、開館以来ずっとこの館にいる人がいた。これでは十分な成長の機会に恵まれない」（上山・桧森編 2008、p.60）などとする。

　博物館は教育機関でありそこに働く学芸員は、利用者自身が自らの課題や社会の課題を見つめ発見し、自ら課題解決のために調査研究し、その成果を地域へ発信する教育活動を利用者と協働しているのである。博物館は、個人としての人間の成長を公的に保障する近代公教育思想から生まれてきた機関であり、個人の自学自習を満たす単なる展示場ではない。指定管理者制度推進者たちには博物館が社会的に存在する意義を把握できていないのではないだろうか。

註
1) 以下国会関係は特に注記なきものはすべて、「国会会議録検索システム」（http://kokkai.ndl.go.jp/）を出典とする。
2) 文部科学省社会教育課が中央教育審議会生涯学習分科会（第26回）配布資料1に示した平成15年12月1日付「公民館、図書館、博物館の民間への管理委託について」を見ると、「文部科学省は、11月21日に開催された経済財政諮問会議において、「地方自治法改正により指定管理

者制度が導入されたことを受け、今後は館長業務を含めた全面的な民間委託が可能であることをあらためて明確に周知」を挙げる。（http://www.mext.go.jp/b_menu/shingi/chukyo/chukyo2/siryou/03120101/001.htm）（2019 年 6 月 17 日確認）
2004 年 9 月、平成 16 年度第 1 回全国生涯学習・社会教育主管部課長会議で、図書館・博物館に指定管理の導入が可能と周知した。
3）政府統計の総合窓口（www.e-stat.go.jp）　社会教育調査
4）野田市議会公式 HP　平成 31 年第 1 回定例会上程議案（賛否が分かれたものについての議員別表決結果一覧）議案第 37 号
http://www.gikai-nodacity.jp/jyoutei/jyouteikojin190416.html（2019 年 6 月 17 日確認）

〈参考文献〉

上山信一・桧森隆一編　2008『行政の解体と再生』東洋経済新報社
大貫英明　2012「地方公立博物館の苦境」辻秀人編『博物館危機の時代』雄山閣、pp.110-113
尾林芳匡　2005「自治体の外部化と公務労働の行方」二宮厚美・晴山一穂編著『公務員制度の変質と公務労働—NPM 型効率・市場型サービスの分析視点』自治体研究社
総務省　2015「地方行革全般（通知）地方行政サービス改革の推進に関する留意事項について（平成 27 年 8 月 28 日）」http://www.soumu.go.jp/main_content/000374975.pdf（2019 年 6 月 17 日確認）
総務省　2016「公の施設の指定管理者制度の導入状況等に関する調査結果（平成 28 年 3 月 25 日公表）」http://www.soumu.go.jp/main_content/000405023.pdf（2019 年 6 月 17 日確認）
総務省　2019「地方行政サービス改革の取組状況等に関する調査結果の公表（平成 31 年 3 月 29 日）」http://www.soumu.go.jp/iken/02gyosei04_04000112.html（2019 年 6 月 17 日確認）
内閣府　2003「行政サービスの民間開放等に係る論点について」http://www5.cao.go.jp/keizai-shimon/minutes/2003/1126/item12.pdf（2019 年 6 月 17 日確認）
長澤成次　2011「社会教育施設における指定管理者制度の導入と問題点」『月刊社会教育』2011 年 3 月号（社会教育推進全国協議会『住民の学習と資料』39 再録）

3 地方分権推進委員会による 第3次勧告案

青木　豊

はじめに

　2003（平成15）年に6月に廃止された、1973（昭和48）年に制定された文部省告示第164号である「公立博物館の設置及び運営に関する基準」（通称48基準、以下48基準と記す。）は、博物館法（昭和26年法律第285号）第2条第2項に規定された公立博物の設置及び運営上の望ましい基準として定められたもので、博物館の健全な発達に資することを目的とした省令であったことは、周知のとおりである。

　つまり、当該省令の目的は、「公立博物館の設置及び運営に関する基準」の「別記「公立博物館の設置及び運営に関する基準」の取り扱いについて」の1、第1条関係には下記の通り記されている。

(1)この基準は、博物館法第8条の規定に基づき、公立博物館（以下「公立博物館」という。）の健全な図るために博物館の設置及び運営上の望ましい基準として定めたものである。

(2)この基準は、<u>博物館法に定める登録要件に係る審査基準でも、補助金の交付基準でもない。</u>（下線は筆者）

　上記(2)に明記されているように、何らの規制を目的とした基準ではなかったのである。あくまで博物館の健全な発達を図る目的で定められた基準であったのも拘わらず、後述する1993年から始まる地方分権推進改革により、部分的に要点のみが縮小化され最終的には2003年に小泉内閣の世をあげての規制緩和の名のもとに廃止されたことは、我が国の博物館にとって基本的な示準をなくしたものとなった。

127

1 博物館構成要件の"人""モノ""場"の崩壊

　具体的には、博物館の構成要件である"人""モノ""場"に関する基本となる博物館の概念が崩壊したのであったのである。当該基準を規制と歪曲した文部科学省生涯学習政策局社会教育課の責任はもちろんのこと、当基準の改訂に反対することなく関与した日本博物館協会・全日本博物館学会・全国大学博物館学講座協議会をはじめとする博物館関係者の責任は極めて重大であると言わねばならない。中でも、改訂に与した博物館学研究者の責任は重大である。すなわち、ほころびはここから始まったと言っても過言ではなかろう。

　48 基準の廃止の原因は、小泉内閣による世をあげての規制緩和に基づくのではないことは、上述したごとく 48 基準が何らの規制を目的とする省令では無かった点からも頷けよう。そうした場合、小泉内閣による"規制緩和"の虎の威を借りたとも表現できる廃止は、誰が何の目的で規制緩和の俎上に載せ歪曲したかが問題である。

2 地方分権推進計画

　地方分権とは、中央政権とは反対に政治・行政に関する統治権を中央政府から地方自治体に部分的に、もしくは全面的に移管し「地方政府」とする考え方である。

　地方分権の推進に関する決議は、1993（平成 5）年 6 月に宮澤内閣の折に衆参両院で決議され、1995 年 7 月に地方分権推進委員会が発足している。1999 年 7 月に、国の関与ルールを定めた地方分権一括法が制定され、2001 年 7 月には小泉内閣のもとで地方分権改革推進会議が発足し、国庫補助負担金改革・財源移譲・交付税改革の所謂「三位一体改革」が推し進められたことは周知のとおりである。

　なお、1993 年の決議から 2001 年の地方分権改革推進会議の成立までを第 1 次分権改革、2006 年 12 月の地方分権改革推進法の成立からこれ以降を第 2 次分権改革と区分し呼称している。

　かかる流れの中で、1998 年の「地方分権推進計画」（平成 10 年 5 月 29 日閣議決定）に基づき、学芸員数の数値基準を削除する一部改正が行わ

れ、1998年9月の生涯学習審議会答申「社会の変化に対応した今後の社会教育行政の在り方について」の中で、「博物館の水準の維持向上が図られてきた」としつつも、下記の提言がなされた。

　　博物館の種類を問わず現行のような定量的かつ詳細な基準を画一的に示すことは、現状に合致しない部分が現れている。このため、現在の博物館の望ましい基準を大網化・弾力化の報告で見直すことを検討する必要がある。

　これを受けて文科省は、改正案を作成し、中央教育審議会生涯学習分科会への報告と、都道府県教育委員会及び関係団体に意見を求めたのであった。

　その結果、1998年12月7日付の「生涯学習局長通知」により48基準で明示されていた博物館学芸員の望ましい定数が撤廃され、単に「必要な数の学芸員を置く」といった極めて不明瞭な文言となってしまったのである。

　このような政治的思潮を受けて、48基準の全文を改正した「公立博物館の設置及び運営に関する望ましい基準」（文部科学省告示第113号・以下「H15基準」）は、2003年6月6日に告示・施行されたのである。

　本告示の趣旨は、周知のごとく以下の3点である。

① 地方分権の推進に伴う定量的、画一的な基準の大網化、弾力化、
② 多様化、高度化する学習ニーズや国際化、情報化等の進展に伴う現代的課題への対応、
③ 文化芸術振興基本法（平成13年法律第148号）の成立等文化芸術の重要性の高まりなどを踏まえ、48基準の全体を改正したものである。

3 「地方分権推進委員会による第3次勧告案」

　2009（平成21）年の秋に「地方分権推進委員会による第三次勧告案」が出され、博物館法第12条第1項から3項及び第21条の廃止または地方条例委任が勧告されたことは未だ記憶に新しい。地方条例委任とは、具体的には法律から各県の条例での制定の有無と内容の自由化を意味するものであると捉えられる。

第21条は、「博物館協議会の委員は、当該博物館を設置する地方公共団体の<u>教育委員会が任命する</u>。」（下線は筆者）といった個別の博物館の運営委員会設置に関する条文であり、その重要性は後述する第12条とは比較すると博物館の設置運営に関しては軽微であると思われる。「地方分権推進委員会」へ申し立てたのは静岡県であったと仄聞しているが、詳細は不明である。申し立てた都道府県にとっては、下線で記した「教育委員会が任命する」が、不都合であった可能性は高い。つまり、公立博物館を教育委員会の所管からの除外意図の介在に基くものと推定される。このことは、後述する2018年の閣議決定による「公立社会教育施設の所管のあり方」に表出してくることとなったのではないだろうか。

　第21条の廃止の目的は兎も角として、廃止の候補にあがった第12条の条文は以下のとおりである。

　　第12条（登録要件の審査）
1. 第2条第1項に規定する目的を達成するために必要な博物館資料があること。
2. 第2条第1項に規定する目的を達成するために必要な学芸員その他の職員を有すること。
3. 第2条第1項に規定する目的を達成するために必要な建物及び土地があること。
4. 1年を通じて150日以上開館すること。

　4の開館に関しては、削除を免除された条文である。1〜3項は、第12条の登録要件の審査の要件を明示した条文であり、前述した"モノ・人・場"を明示したものであり、当該部分の廃止は世界に類を見ない我が国の博物館法そのものの浮薄軽重化をもたらすであろうし、まず博物館の概念の確立と教育機関・資料保存期間としての博物館の存続に係わる基本的な要点であったのである。

　さて、地方分権改革委員会による第3次勧告案の中の、博物館法第12条及び第21条の削除もしくは条例委任に関し、前述した通り第21条に関する真意は不明瞭であることもあって兎も角として、第12条に関しては言わば博物館法の骨子であり、現在博物館の骨格でもあるとこ

ろから全国大学博物館学講座協議会は、地方分権推進委員会による第3次勧告案に対して反対を決議したのであった。決議に至る理由は、日本博物館協会はもちろんのこと他の博物館・博物館学会関係からは目立った反対行動がなかった点と、学芸員養成の立場から博物館への就職に関する観点の2点がその理由である。

　加盟大学188大学に第3次勧告案に対する反対署名を求めた結果、151大学166通の反対署名を集めることが出来た。なお、残る37大学の複数大学も決して反対ではなく私立大学故か理事者の国への陳情に対する遠慮によるものであったとお聞きした。

　早速に、2009年12月14日に、当時全国大学博物館学講座協議会西日本部会長の芳井敬郎花園大学教授と全国大学博物館学講座協議会東日本部会長吉良芳惠日本女子大学教授、全国大学博物館学講座協議会委員長である筆者の3名が、国会議事堂で民主党副幹事長（当時）佐藤公治参議院議員に会見を願い、意見書と166通の反対署名綴りとお預かりしていた全日本博物館学会等の声明書を手渡し、反対趣旨を陳述しご理解を得た次第であった。

　全国大学博物館学講座協議会・全日本博物館学会をはじめとする各種の学術団体からの反対により、幸いにも博物館法第12条の条文内部の1〜3項の廃止勧告案は撤廃されて現在に至っている。

　しかし、この折の問題は所学会が総じて反対声明を出している中にあって、なぜか直面する問題であるはずの博物館現場からの反対は、唯一大阪市立自然史博物館に事務局を置く「昆虫担当学芸員協議会」のみであったことには驚嘆した。

　それならば、当該勧告案に賛成かというと、その点も疑問であるというよりも本件を知らない学芸員が多数存在していたことである。中でも、当時、日本博物館協会会長であった竹内誠が館長を務めていた江戸東京博物館の学芸員が知らなかったことは驚いた次第であった。

　つまり、日本博物館協会からの加盟博物館園、延いては博物館学芸員へ当該情報が伝達がなされていなかった点が最大の問題であったと看取される。博物館法の改定には、博物館現場からの積極的な意見を述べる

ことが必要であるところから、日本博物館協会の責任は最も重要であることは記すまでもない。

しかし、かかる機運が社会に発生して来た事実を博物館界および博物館学界は真摯に受け取り、社会が求める博物館を構築しなければならないとことも事実である。

まとめ

2018（平成30）年12月の閣議決定に基づき、中央教育審議会生涯学習部会専門部会に「公立社会教育施設の所管の在り方等に関するワーキンググループ」が結成され、今回も無し崩し的手法により改訂されようとしているのである。具体的には、博物館法第19条（所管）で明記されている「公立博物館は、当該博物館を設置する地方公共団体の教委員会の所管に属する。」を、教育委員会から首長部局への選択ができる博物館の所管の自由選択を可能とする目的である。

しかし、当該公立博物館の教育委員会からの自由選択制度は、博物館法をなし崩しにする行為であり、さらには教育基本法をも逸脱する行為であり、我が国の博物館の将来に大きな憂いを残す重要案件と考えるが、今回もまた日本博物館協会・全日本博物館学会からの反対の声は残念ながら聞こえてこないのである。

4 平成の大合併と博物館の統廃合

鈴木章生

1 平成の大合併

　国際博物館の日にあたる 2017（平成29）年 5 月 18 日、NHK 朝 7 時の「NHK ニュースおはよう日本」の全国放送で、「博物館の"危機"いま何が…」が放映された[1]。平日の朝 7 時のニュースの特集枠として博物館の現状を報道したことで、朝から関係者のため息が聞こえてくるようであった。

　博物館の学芸員や事務職員の人員削減と予算カットの問題は今に始まったことではない。国家資格である博物館の専門職員である学芸員も非正規雇用に頼らざるを得ない程、自治体の財政は逼迫しているのが日本の博物館を取り巻く今の現実である。さらに博物館機能として重要な収蔵資料の保存管理業務に十分手が回らないというのが全国共通の課題になっている。

　放送の中では「自治体の合併が進み、博物館を含む公共施設が統廃合される中で、歴史ある街の文化財を一手に引き受ける拠点」として、町村の小さな資料館を廃して、中央機能を有する市の博物館に責任管理を集中する状況をつぶさに示していた。自治体の合併もまた、財政状況打開・地域創生の解決策のひとつとして出されたものであるが、博物館を取り巻く現状は良くなるよりも、むしろ機能低下や停滞を引き起こしかねない状況に追い込まれてしまったとみることもできる。

　1995 年の「市町村の合併の特例に関する法律（合併特例法）」の改正によってにわかに市町村合併の機運が全国に進展した。1999 年には「地方分権の推進を図るための関係法律の整備等に関する法律（地方分権一括法）」が改正され、政府主導で市町村合併が急速に推進されるように

なった。世にいう「平成の大合併」である。2つないしはそれ以上の自治体を一つにまとめ、市町村数1,000を目標に、広域の自治体として新たに再編成することで行財政基盤を強化し、地方分権の推進を図ろうとする政策である。

平成の大合併の背景には、住民による直接請求による発議制度や財政支援を措置する合併特例債[2]の拡充、人口要件の緩和など自治体がスムーズに合併にこぎつける制度がいくつかある。とりわけ合併特例債は、合併を実施した市町村に対して政府（当時の自治省・現総務省）が手厚い財政支援を行う制度で、各自治体がこぞって合併に向けた手続きに入るきっかけとなった。バブル崩壊で税収がきびしくなった自治体としては、喉から手が出る国の財政支援策であった。

各自治体が飛びついた合併特例債とは何か。合併に伴う市町村建設計画の新事業に対して、合併年度から後の10か年は対象事業の95％に対して合併特例債（国からの借金）を充当でき、借り入れ資金の返済（元利償還金）の70％をさらに国が負担するという破格な優遇であった。この特例が2005年3月31日までに限定されていたので、この時期に駆け込み合併が進んだのである。

また、合併したことによって普通交付税の見直しも行われる。地方交付税は、自治体の税収入が不均衡だと格差が起きるため、国が自治体に代わって徴収し、再配分するという制度。合併によって自治体の財政が強化されるとは言え、交付金が直ちに減少することは合併の阻害要因となるという理由で、合併後の一定期間は、旧市町村が存続したものとみなして普通交付税を出し、合併後5年後からは段階的に減らしていく優遇策が講じられている[3]。

こうした国の財政支援は、地方自治体の財源不足が深刻化するなかで、地方活性化を促す大きな起爆剤になったことは言うまでもない。その結果、2005年から2006年に多くの自治体の合併が進み、2010年の「市町村の合併の特例に関する法律」の期限切れをもって合併熱は終息に向かう。結果として市町村の数は1999年の3,232から2010年には1,821に減少する。小さな町や村が市になったことで、横道清孝が主張

するように「市」を中心とした都市型社会としての地方自治に移行した
という評価もある（横道 2007）。

2　合併の歴史と博物館建設の推移

　国が指導する自治体の合併は、近代以降の歴史の中でこれまで 3 回
行われている[4]。総務省が発表する市町村の推移データの表 1 を見なが
ら、合併の歴史を追いかけてみたい。
　1 回目は 1888（明治 21）年から 1889 年の「明治の大合併」で、これに
よって 71,314 から 15,829 へと市町村数が減少した。これによって町や
村は、近代的地方自治制度である「市制町村制」に大きく変わるきっか
けとなった。その後、1923（大正 12）年の郡制廃止により町村合併の機
運が高まり、1930（昭和 5）年までに約 500 減少。1950 年にも紀元 2600
年を記念して一部合併が進んだ。
　1953 年の「町村合併促進法」の施行の目的は、新制中学校 1 校を管

表 1　全国市町村数の変遷（総務省データより作成）

西暦	和暦	市	町	村	計	備　考
1888	明治 21	—	(71,314)		71,314	
1889	明治 22	39	(15,820)		15,829	市制町村制施行
1922	大正 11	91	1,242	10,982	12,315	
1945	昭和 20	205	1,797	8,518	10,520	
1947	昭和 22	210	1,784	8,511	10,505	地方自治法施行
1953	昭和 28	286	1,966	7,616	9,868	町村合併促進法施行
1956	昭和 31	495	1,870	2,303	4,668	新市町村建設促進法施行
1956	昭和 31・9	498	1,903	1,574	3,975	町村合併促進法失効
1961	昭和 36	556	1,935	981	3,472	新市町村建設促進法一部失効
1962	昭和 37	558	1,982	913	3,453	市の合併の特例に関する法律施行
1965	昭和 40	560	2,005	827	3,392	市町村の合併特例に関する法律施行
1975	昭和 50	643	1,974	640	3,257	市町村の特例に関する法律の一部を改正する法律施行
1985	昭和 60	651	2,001	601	3,253	同上
1995	平成 7	663	1,994	577	3,234	同上
2005	平成 17	739	1,317	339	2,395	市町村の合併の特例等に関する法律施行
2015	平成 27	770	745	189	1,724	

理運営するために必要な人口8,000人以上を基準とする町村制の見直しであった。1956年の「新市町村建設促進法」によって2回目の大規模合併、すなわち「昭和の大合併」が進展する。1956年から1961年の間で、1953年の市町村数9,868から1961年には3,472となり、およそ3分の1に減少した[5]。

高度経済成長期の合併は、1965年の「市町村の合併の特例に関する法律（合併特例法）」によって急速な都市化や産業都市化に呼応するように地域の拠点となる市町村を対象に大規模な合併が行われた。

高度経済成長期に行われた昭和の大合併は、私たちの暮らしや生活スタイルを一変させた。この時期の市や町の自治体の拡大は博物館や図書館など社会教育施設の建設ラッシュをもたらした。流入人口が増加したのだから図書館を新たに建設しよう、町が発展したのだから郷土の歴史を示す資料や博物館を建てようという機運の高まりは自然の成り行きであったに違いない。

1960年代から70年代の経済発展が豊かな生活をもたらした一方で、旧来の慣習や共同体としての紐帯のほころびをももたらした。新しい生活スタイルの流入は、古い生活資料や民俗資料がどんどん破棄され、高層ビル、道路や鉄道・地下鉄、港湾開発などの都市インフラの整備に伴う地域開発によって埋蔵文化財の発掘は増加した。このような時代の変化の中で、明治百年（東京百年）ともあいまって郷土の歴史や民俗を保存しようと郷土博物館建設推進の契機ともなり、続いて美術館、文化センター、音楽ホール、公園といった社会教育施設や公園緑化建設の事業計画が次々と実施されていった[6]。

また、文部省の内部部局として1966年に文化局ができ、文化財保護委員会を合併して外局として文化庁を設置したのは1968年であった。当時、佐藤栄作首相が各省庁一律に1局削減を求める中、文部省が文化庁を新設したことは当時の文化行政に対する国の力の入れ方がうかがえる。

1979年のイラン革命による石油生産中断によって、日本は第2次オイルショックを迎える。しかし、6年前の第1次オイルショックの経験か

ら、景気の落ち込みを最小限で抑えた日本は比較的早く経済的な混乱が沈静化し、1982年辺りから日本経済は所得、貿易、サービス部門において黒字を続けるようになる。1985年9月のニューヨークのプラザ・ホテルで開催された日本、米国、英国、仏国、西独の先進5か国の蔵相および中央銀行総裁の会議、いわゆるG5によって交わされたプラザ合意によって、米国の貿易赤字、財政赤字の双子の赤字を為替レートの安定化で解決するため、1ドル240円台で取り引きしていたものを1ドル200円に、1987年には1ドル120円まで円高が進んだ。

　日本は低金利の金融緩和策を取ったためダブついた資金は企業の財テク、株や不動産に投資し、土地の購入や海外企業の買収合併などで地価や株価の高騰を引き起こした。いわゆるプラザ合意が引き金となって1989（平成元）年12月29日から1992年2月までバブル景気（バブル経済）に日本は突入する。

　1979年4月に東京都知事となった鈴木俊一は、前知事の残した膨大な赤字財政を1983年からの2期目在任中に黒字に解消した。3期目からは東京都庁新宿移転（1990年）、東京都写真美術館（1990年）、東京芸術劇場（1990年）、東京都江戸東京博物館（1993年）、東京都現代美術館

表2　昭和から平成にみる博物館数の推移と増減率
（文部科学省が3年毎に実施する社会教育調査より作成）

西暦	年度	登録	増減率	相当	増減率	計	類似	増減率	合計	増減率
1978	昭和53	292		201		493				
1981	56	355	22%	223	11%	578				
1984	59	446	26%	230	3%	676				
1987	62	513	15%	224	-3%	737	1,574		2,311	
1990	平成2	562	10%	237	6%	799	2,280	45%	3,079	33%
1993	5	619	10%	242	2%	861	2,843	25%	3,704	20%
1996	8	716	16%	270	12%	985	3,522	24%	4,507	22%
1999	11	769	7%	276	2%	1,045	4,064	15%	5,109	13%
2002	14	819	7%	301	9%	1,120	4,243	4%	5,363	5%
2005	17	865	6%	331	10%	1,196	4,418	4%	5,614	5%
2008	20	907	5%	341	3%	1,241	4,527	2%	5,768	3%
2011	23	913	1%	349	2%	1,261	4,485	-1%	5,746	0%
2015	27	895	-2%	361	3%	1,256	4,434	-1%	5,690	-1%

（1995 年）、東京国際展示場ビックサイト（1996 年）などの建設開館ラッシュは、この 80 年代後半に多く集中して計画建設されている。臨海副都心開発の象徴的イベントとして 1988 年に提案された東京世界都市博覧会も、1995 年に世界都市博中止と臨海副都心開発の見直しを公約にした青島幸男の都知事就任により中止となったことも大きな転換点であった。

　東京のみならず日本各地においても似たような建設ラッシュの状況はあり、表 2 の博物館建設の推移をみても 1980 年代末から 90 年代にかけて多くの博物館がこの時期建設されたことがわかる。

　バブル崩壊以降の災害や経済の混乱の中、平成の失われた 30 年ともいわれる平成時代を冷静に検証する時、昭和時代の高度経済成長期の市町村合併と平成時代のそれでは自治体同士の合併を取り巻く社会の変化や時代背景が大きく異なる。国の姿勢も昭和は自治体の「成長支援」であり、平成は「衰退救済」としか見えてこないのが何とも悲しい。

3　平成の大合併の効果と弊害

　市町村合併による大きな変化は行政区域の拡大である。それに伴って行政サービスも拡大することが想定できる。ネットを駆使した情報・サービスの提供は、役所の本庁と周辺地域の支所との間で効率よくスムーズに行われるきっかけとなった。例えば、住民票の写しを取る場合も、窓口は単純に増え、サービスの向上につながることになる。また、ホールでの観劇や音楽鑑賞、博物館の観覧に際しては、これまでは隣の市や町までわざわざ足を運んで出かけて行っても、住民ではないことから別途割高料金を取られたりしたが、合併後は同じ住民として利用が可能となる。小さなことかも知れないが住民にしてみれば目に見えるサービス向上として賛同できる変化である。

　最大の変化は議員定数の削減である。各自治体が行ってきた行政の管理業務を合理化し、組織の統合、経費の節減に少なからず効果があった点は強調できる。市町村長の首長、助役（副市町村長）、収入役（会計管理者）は、合併によって町村の首長以下役職者は廃止され、地方議員の総

数も減少して人件費の大幅な削減をみた。町村の役所業務を合理化し、部課長ポストを中央庁舎となる市の方に移管することもできる。単純に、行政組織の統配合に伴うポスト削減は、財政的にも職員数にしても目に見える形で合理化できるということだ。しかし、職員の削減は、地方公務員法第28条の分限処分の規定があるので、簡単にリストラすることはできない。職制もしくは定数の改廃または予算の減少により廃職または過員を生じた場合に適応されるものの、可能な限り職員の生活を配慮して、配置転換かその他の措置を講ずる義務が任命権者にはある。専門職員をリストラするより、定年退職後の不補充や新規採用を控えて職員を増やさない、給与・残業代を減らす、庁舎内の照明や空調をカットするなどの措置がある。あるいは非正規雇用で安く乗り切るなどで分限免職、つまり整理解雇はしないで済むとしても、健全な人材育成にはならないことは確実であろう。

　しかし、総務省の報告では、2008（平成20）年〜2014年度の平均で年間約550人の地方公務員の分限免職が発生しており、1999年〜2007年度の平均年間約156人から約3倍強増加したとの報告がある[7]。このような状態がどれだけストレスを与えているか計り知れないものがある。

（1）宮崎県都城市の事例

　都城市が市制施行したのは1924（大正13）年4月1日である。いわゆる1923年の郡制廃止に伴う市制施行である。1936（昭和11）年から周辺の2村が都城市に合併し、戦後1950年代から1960年代まで周辺の町村が市と合併を果たしている。

　2004年2月に三股町を除く北諸県郡4町（山之口町、高城町、山田町、高崎町）と「都城北諸合併協議会」を設置。2005年2月に「都城市」と名称決定し、2006年1月1日を合併予定日とした調印を行い、5つの市町の合併が成立した。都城市と旧4町は広域連携発展型の合併と性格づけられる。しかし、宮崎県全体では44あった市町村は26に減少したに留まり、九州における市町村の減少率はそれほど進んだとは言えないという報告もある（森川2012）。

139

合併当時、都城市の人口約 13 万人に新たに 4 万人余りが加わって 17 万人を超えたが、2019（令和元）年 7 月 1 日現在で 16 万 1,026 人と人口減少傾向に歯止めがかからない状況に陥っている。

　市内の博物館は、都城市立美術館（1981 年開館）、都城歴史資料館（1889 年開館、図 1）、宮崎科学館（1987 年開館）、さらに都城市が島津家より寄贈を受けて整備した都城島津邸（2009 年開館）がある。都城歴史資料館は教育委員会文化財課所管だが、林野庁のモデル木造施設建設事業の補助金を受けての建設で、木材利用の展示効果を発揮することを目的としている。もともとこの地は、都城島津氏の支族北郷義久が 1375 年に築城し、都之城と称した。市の名前の発祥ということで城風様式の建築が一目を引く。また、科学館は市制 60 周年記念事業として建設されたものである。

　旧 4 町では埋蔵文化財担当者が学芸員兼務でそれぞれ旧自治体の施設で勤務してきた。合併が決まると市の嘱託職員が各施設の事務管理者として入り、専門職としての学芸員は常駐しているわけではない。

　都城市と旧 4 町の場合は対等合併としながらも、都城市の名前を冠していることから、実質は吸収合併に近い。それでも旧 4 町の一つ高城町では合併を機に新規の都市計画事業を立て、合併特例債を活用して生涯教育センターを 2009 年に設けた。図書館と公民館、さらに講座や体験教室等の生涯学習事業が展開できる複合型の総合施設である。センターそのものは市の直営であるが、中に入っている都城市立高城図書館（分館）の運営はすでに都城市が指定管理者制度を導入しているため、高城地区においても必然的に指定管理に移行した。結果として司書は委託で、事務も嘱託職員が配置されることとなった。

　同じく高城地区には都城市高城郷土館がある。1934 年の町制施行から 50 周年を記念して高城町郷土資料館（天守閣、図 2）として 1989 年に開館した。旧町時代には 2 人の嘱託職員が事務管理を行っていたが、本格的な収蔵庫もなく館の中ではパネルがかなり頑丈な作り付けになっていることで、合併に伴う地名や名称の変更の取り換え改修が大掛かりとなって経費面でできないという。

4 平成の大合併と博物館の統廃合

図1　都城歴史資料館
林野庁の補助金を受けて、1989年に建設された。

図2　都城市高城郷土館
1989年に旧高城町の郷土館として建設され、合併後現在の名称となった。

　社会教育施設に限らず多くの公共施設が都城市との合併を機に指定管理者への移行が進んだが、正職員ではなく嘱託職員や委託によって運営に従事する体制である。博物館は基本的に文化財課学芸員が展示や資料管理を担当するが、博物館同士の人的交流は難しく、対等合併ではあっても、資料の保存管理においてはそれぞれ旧4町の文化財担当者らの従前の業務の流れから　資料に関しての縄張り意識が強く、文化財にとってこの合併が良かったのか悪かったのか、よくわからないという声もある。

　都城市はこの合併を機に、特例債を最大限に活用して2003年に合同庁舎を総事業費約22億7,000万円で完成させた。さらに2006年には総合文化ホールを総事業費約116億円で完成オープンした。ホールは69憶円が国と県の補助金で建設され、残りは市民の借金になるという検証も示されている（東国原2003）。

　一方で、旧都城市民会館（1966年開館）は、長年市民会館として各種イベント会場、結婚式会場としても利用されてきたホールであったが新ホール開館に伴い2007年3月に閉館。設計は、エキスポタワー（日本万国博覧会）、アクアポリス（沖縄海洋博）、川崎市市民ミュージアム、東京都江戸東京博物館、九州国立博物館など大型の博物館や公共施設の設計を手掛けた菊竹清訓で、旧都城市民会館はその独特のデザインで、メタボリズム建築の代表作として2006年にDOCOMOMO Japan[8]に選定され、日本におけるモダン・ムーブメントの建築として、保存運動が展開された。そのため市側も慎重に検討せざるを得なくなり、大学などへの

141

売却を含めて再利用保存を進めたが、莫大な改修費用の折り合いがつかず、結果として2019年2月の市の定例会見で池田宜永市長が解体方針を発表した[9]。

しかし、2019年2月にはユネスコの諮問機関である国際記念物遺跡会議（ICOMOS）が危機文化遺産勧告の書面を国・県・都城市に渡したことで、この建物をめぐって国際問題に広がる様相を呈していたが、3月19日の都城市議会本会議で解体工事費が可決され、解体が正式に決まった。

（2）山口県萩市の事例

萩市は、2005年3月6日、隣接する阿武郡川上村、田万川町、むつみ村、須佐町、旭村、福栄村の1市2町4村を合併して、新制「萩市」となった。なかでも須佐を中心に見ていきたい。

須佐は1889（明治22）年市制町村制の施行によって須佐村、弥冨村が成立する。1924年に須佐村が町制を施行して須佐町になる。1955年に須佐町と弥冨村が合併して須佐町となり、平成の大合併で萩市に編入された。

須佐は萩藩毛利家の永代家老益田氏の拠点。益田氏は石見国益田を本拠地としていたが、益田元祥が関ヶ原の戦いで西軍毛利氏について敗れたため、毛利氏に従って石見から長門国境の須佐へと所領を移した。その館が現在、須佐歴史民俗資料館の隣に別館「益田館」として残されている。

この地域は、2013年7月28日に発生した萩市東部の集中豪雨で甚大な災害を被った。須佐公民館、須佐図書館、萩市須佐歴史民俗資料館も被害に遭い、資料館は床上浸水の大被害で、資料にも大きな影響を及ぼした（図3）。

資料館は1975年頃から建設機

図3　2013年の水害被害状況を示す須佐歴史民俗資料館内の表示

運が盛り上がったけれども財政建直しのため断念し、その後1987年3月に本館が完成し、10月に別館として指定文化財益田館を改修し、11月にオープン。昭和末期の計画・建設に合致する資料館となっている。益田家伝来の文書史料やその遺品。須佐唐津焼、須佐のジオパーク関係の資料を収集、展示してきた。合併前、資料館に正式な学芸員はおらず、施設管理の事務職は兼務で常駐せず、嘱託職員が資料管理をしてきた。合併後、管理者として萩市の課長級の行政職員を置いて、資料管理は臨時職員に任せてきた。また、萩市から学芸員がやってきて年1回焼き物を中心の企画展などをやっていたという。そこに水害に見舞われ、資料館は資料もろとも豪雨に伴う泥水を被ってしまった。

本館と別館の益田館も約3年を費やして改修が行われた。民俗資料の多くは高等学校に一時避難させ、洗浄クリーニングをして保管。これだけで3年程かかっている。当然、学芸員は常駐していないので、地元住民の協力を仰いで資料のクリーニングなどを行った。もともと歴史に関心の深い町である。1978年には「須佐郷土史研究会」が組織され、首都圏在住の須佐出身者も「東京須佐史談会」を設立するほど歴史好きが多い。2011年4月、この2つを統合して研究会の須佐部会と東京部会として共に活動することとなった。水害から資料館を救うその陣頭指揮を取ったのは公民館の館長であった。

水害被害を受けた資料館の改修工事と資料の整理を同時に進めていくなかで、自分たちで展示をしたいという住民との結束を固め、2016年にリニューアルオープンにこぎつけた。明治150年の周年記念に絡ませながら予算を取り、復旧と展示に充てていったという。

展示の設計や施工を業者に委託するのでは予算的にも難しい。合併後、町の文化財保護審議会はなくなり、管理が市に移り、自分たちでできない。当然、学芸員がいないと資料の貸し借りができず他館との交渉もままならず展示実施ができないという事態に陥ってしまった。そこでいままでも須佐で益田家文書の調査などをしてきた慶應義塾福澤研究センターの研究員に資料館の特別学芸員（非常勤）に就任してもらい、年4回程須佐を訪れて準備や調整を行いながら展示を設営していくことに

なった[10]。

　合併前から予算は不足していたが、平成の大合併によって学芸員が減員し、そこに大きな水害に遭いながらも、益田家ゆかりの人々や地元住民の協力によって完成した資料館の歴史展示は、萩市長をして「こんなことが資料館でできるのか」と言わしめたという完成度の高さが見事であった。さらには公民館長を筆頭とする住民らの資料館を大事にする気持ちと行動が合併後の災害危機から資料館を救ったともいえる。

　平成の大合併がもたらした職員体制や事業展開の変化に加えて、水害被害の対応など大きな痛手を被ったが、学芸員がいなくても地元住民が資料館を支えることで復活を遂げた事例である。ただ、NPO法人の展示運営委託に非常勤学芸員と公民館長を筆頭とする行政職と地元住民の組織立てがどこまで維持継続できるのか不安な一面は隠せない。資料館の資料の適正な保存管理、文化財資料の管理も不安要素はたくさんある。萩市の人的・金銭的支援の今後の在り方が課題であろう。

4　行財政改革と博物館の統廃合

　かつて博物館の統廃合や移譲といえば、2004（平成16）～2009年にかけて進められた千葉県や埼玉県の事例が思い浮かぶ。

　埼玉の場合、この統合によって管理費年約3億円が削減できるという報道があった。各館の学芸員の数は現状維持なので、館あたりの学芸員数は増えることになり、質を下げることなく博物館業務はできると紙面では語っていた[11]。しかし、千葉県も埼玉県の再編の動きも、市町村の合併とは直接的な関係がない。むしろバブル崩壊の中で県の財政難から生じた再生計画に伴う大胆な公共施設運営の見直しであった。

　平成の大合併に伴う博物館の統廃合に関する事例では、篠山市の事例はよく知られている。篠山市は、1999年に4つの町が合併して「篠山市」の名前で、平成の大合併全国第1号の名誉を手に入れた。合併によって町の役所は市の支所として機能しているはずが、職員の数も少なく、閑散としている。市の職員は3割カット、給与もカット、サービスも縮小や廃止に追い込まれ、子ども向けの博物館は1年のうち3か月の

みオープンという現状となった。こうした動きの理由には、地方交付税の減額がある。合併特例債の特例措置が受けられなくなり、18億円の収入が途絶え、財政の逼迫を招いたからである。

さらに、2004年には篠山市の周辺6町が合併をして丹波市として施行した。これによって篠山市の名産「丹波の黒豆」が丹波市の名産として間違って紹介されるようになった。地元ブランド品に対する誤認を何とか解決しようと令和元年を機に篠山市から「丹波篠山市」へと改称することを決め、実施した。市の名称を変更するだけでも結構お金のかかる大変な作業となる。JR西日本の駅名表示も直そうとするが、金銭的な折り合いがつかないまま今日に至っているという[12]。

合併した自治体の多くは、国の優遇措置を有意義に活用して新規事業を計画して推進していった。篠山市の場合も同様で、20億円で斎場、80億円でゴミ焼却場を建設した。篠山市が利用できる特例債の上限は230億円と算定された。25億円で市民センター、15億円で温泉施設、15億円で温水プール、19億円で図書館、そして18億円で「太古の生き物館」(2017年開館) 自然史博物館を丹波並木道中央公園内に建設した。これらを合算するとおよそ200億円の建設事業費に対して合併特例債によって大部分を国が保証するが、3割の60億円程度は自治体負担となった。すなわち4万人の市民が返済することになる。この借金のために市は財政難に陥ってしまっているのが現状である[13]。

平成の大合併はバブル崩壊後、急激な財政危機に陥った自治体の救済策として国主導で打ち出された施策である。合併特例債という優遇策は、新市の自治体の事業計画推進の上では大きな制度である。博物館に限定すれば、老朽化した旧町の資料館を収蔵庫として改修再利用し、市の博物館を大型展覧会や講演・講座などの普及活動を実施するなどセンター機能に特化する方向性が取られることが模索される。

さらに、新たな博物館施設を旧町に建設する場合、図書館や公民館や博物館の複合施設として大型施設を建設することが想定される。老朽化した施設の建て替えや改修に際して、複合施設の新規建設は、町から市への発展を地域住民に目に見える形で意識させるには効果的である。

145

一方でこうしたハコモノ行政がもたらす新たな維持費や人件費、運営方法など課題も多く生まれることになる。とりわけ運営面では自治体直営から指定管理者制度の導入が話題になる。ただ、博物館の運営問題は、資料の保管や所有権をめぐって十分な議論をしないと芦屋市立美術博物館（1991 年開館）[14]のような過去の事案もあるように、首長の決定で計画に乗せるのではなく、資料を寄贈したり寄託したりした所蔵者、博物館を管轄する役所の部課長、現場の学芸員、運営主題の指定管理者などと十分な協議を経ながら、資料の保存活用、博物館の運営、地域住民との連携などについてきめ細かく決めていかなければならない。でなければ合併によって新たに市となった地域であっても、地域の文化拠点、生涯学習の学びの拠点として機能させていくという青写真は、絵に描いた餅になってしまうに違いない。

　　追記　今回、平成の大合併に伴う博物館を取り巻く事情について、宮崎県都城市、山口県萩市など各所で現地調査を行った。関係職員の実名は控えさせていただきました。また知りえた情報の全ては記載していませんが、誤認等は筆者の責任です。インタビュー等に応じていただいた関係者の皆様に感謝申し上げます。

註

1) NHK ニュースおはよう日本「博物館の"危機"いま何が…」（2017 年 5 月 18 日放送）http://www.nhk.or.jp/ohayou/digest/2017/0518.hyml（2019 年 4 月 15 日確認）

2) 合併特例債とは市町村合併に伴って必要とする建設計画等の事業費について、特例として起債できる地方債のことをいう。合併年度とそれに続く 15 年（東日本大震災被災地は合併年度及びそれに続く 20 年）に限って事業費の 95％に充当できる破格の優遇措置。

3) 総務省「市町村合併に係る地方財政措置について」（平成 22 年 4 月 23 日付事務連絡）

4) 総務省「市町村数の変遷と明治・昭和の大合併の特徴」http://www.soumu.go.jp/gapei/gapei2.html（2019 年 5 月 31 日閲覧）

5) 前掲註 4 に同じ。

6) 社団法人日本博物館協会　1968「博物館の新設計画に対する助言」『博物館ニュース』3-4、社団法人日本博物館協会、p.3。

7) 総務省ホームページ http://www.soumu.go.jp/main_content/000392044.

pdf（2019 年 6 月 19 日確認）

8）DOCOMOMO Japan の DOCOMOMO は、International Working Party for Documentation and Conservation of buildings, sites and neighborhods of the Modern Movement の略称。
1988 年に設立された近代建築の記録と保存を目的とする国際学術組織。日本では 1998 年に日本建築学会の歴史意匠委員会内に設けられた。

9）毎日新聞「旧市民会館は解体へ　市長が方針表明　民間から活用提案なし」（2019 年 2 月 6 日）https://mainichi.jp/articles/20100206/ddl/k45/010/463000c（2019 年 6 月 2 日確認）

10）「須佐歴史民俗資料館「みこと館」特別学芸員に重田麻紀さん」http://www.city.hagi.lg.jp（2019 年 7 月 27 日確認）

11）朝日新聞「博物館統合、展示への影響じわり」（2006 年 4 月 11 日）http://www.shutoken.net.jp/2006/04/060413_2asahi.html（2019 年 7 月 1 日確認）

12）NEWS ポストセブン「平成終了とともに改名　大合併の優等生だった篠山市の事情」（2019 年 3 月 17 日）http://www.news_postseven.com/archives/20100317_1328811.html/2（2019 年 5 月 31 日確認）

13）Jcast テレビウォッチ「「平成の大合併」甘い餌に群がった新自治体いまや借金まみれ！財政強化のはずが破綻の危機」（2014 年 5 月 2 日）http://www.j-cast.com/tv/2014/05/02203816.html?p=all（2019 年 6 月 2 日確認）

14）阪神・淡路大震災以降の芦屋市の財政難で行財政改革計画の中で休館の危機が発表されたことに端を発する存続問題。市直営を基本に NPO に一部業務を委託するという変則的な運営が行われ、2011 年から指定管理者制度を導入し、2014 年から小学館集英社プロダクション共同体が指定管理者となっている。

〈参考文献〉

市川清崇　2011「「昭和の大合併」と「平成の大合併」」『同志社法学』63-1

東国原英夫　2003「地方分権時代における地方の活性化と市町村合併問題―宮崎県都城市・北諸県郡の場合―」早稲田大学卒業論文

森川　洋　2012「九州における「平成の大合併」の比較考察（下）」『自治総研』405

横道清孝　2007「平成の大合併の経過、結果および課題～「市」を中心した市町村体制へ」『地方政策』22

5 所管選択制がもたらす
博物館の崩壊

大貫英明

はじめに

　公立博物館は博物館法で「当該博物館を設置する地方公共団体の教育委員会の所管に属する」とされていた。ところが2019（令和元）年6月の法改正により、自治体が博物館を「特定社会教育機関」と条例で定めれば、博物館に関する職務権限を首長が持つことができるとされた[1]。私はこの改正を改悪であると考えている。

　教育基本法第16条が「教育は、不当な支配に服することなく」とするにもかかわらず、ポピュリズムの傾向を持つ首長が教育機関に職務権限を及ぼす道筋をつけてしまった。これまで歴代政権は、一般行政からの独立を旨とした教育委員会制度を、公選制から任命制へ変え、さらには2015（平成27）年には「地方教育行政の組織及び運営に関する法律の一部を改正する法律」により教育長の任命権を首長が握り、首長と教育委員会が教育政策を話し合う総合教育会議の設置を自治体に課してきた。

　教育行政を主管する文部科学省は2015年の改正では概要説明として「教育の政治的中立性、継続性・安定性を確保しつつ、地方教育行政における責任の明確化、迅速な危機管理体制の構築、首長との連携強化を図るとともに、地方に対する国の関与の見直しを図る」とした。総合教育会議の設置では「予算や条例提案等に加え、保育や福祉等の首長の権限に関わる事項等について、協議し調整を行うほか、教育委員会のみの権限に属する事項についても協議（＝自由な意見交換）を行うことが想定されています。なお、教科書の採択や個別の教職員の人事については、特に政治的中立性の要請が高い事項であり、総合教育会議の協議題として取り上げるべきではありません」とする（文部科学省2014）。

学校教育の教材（教科書）選定は「特に政治的中立性の要請が高い事項」とする一方で、社会教育施設博物館が行う教育事業に対し首長が職務権限を直接及ぼす道を開いてしまったのである。

1　博物館法の改悪の道筋

博物館法の改悪は、「地域の自主性及び自立性を高めるための改革の推進を図るための関係法律の整備に関する法律案」（第9次地方分権一括法案）として、2019（平成31）年3月8日に閣議決定され衆議院に送付受理された。3月25日には地方創生に関する特別委員会に付託され、26日の委員会では片山国務（内閣府特命担当）大臣が次の提案説明を行っている。

　　地方分権改革は、地域がみずからの発想と創意工夫により課題解決を図るための基盤となるものであり、地方創生における極めて重要なテーマです。本法案は、昨年十二月に閣議決定した、平成三十年の地方からの提案等に関する対応方針を踏まえ、都道府県から中核市への事務、権限の移譲、義務づけ、枠づけの見直し等を行うものであります。

4月25日には委員会質疑を経て可決、5月10日には衆議院、5月31日には参議院本会議でそれぞれ議決され、6月7日に公布された。昨年の2018年6月には、文化財保護の所管選択を認める「文化財保護法及び地方文化財行政の組織及び運営に関する法律の一部を改正する法律案」が公布されている[2]。

これら政治的中立性、継続性、安定性を旨とする文化・教育行政をポピュリズムの傾向を持つ首長が掌握することができるとしたのである。これら制度の新設は、いずれも地方公共団体の提案に応じるとする形で内閣府が実現させている。劇場型政治を踏襲した、現政権ならではの政策と言える。

内閣府はHPで、「地方分権改革とは、住民に身近な行政は、できる限り地方公共団体が担い、その自主性を発揮するとともに、地域住民が地方行政に参画し、共同していくことを目指す改革」とする[3]。

博物館法改悪の端緒は、2017 年 12 月 26 日の閣議決定「平成 29 年の地方からの提案等に関する対応方針」「地方創生・まちづくり—魅力ある地域の創造—」【文化・観光】の「文化財保護を地方公共団体の選択により、教育委員会から首長部局への移管を可能とする規制緩和（公立博物館も同様の検討）」であった。そして 2018 年には「文化財保護法及び地方文化財行政の組織及び運営に関する法律の一部を改正する法律」を公布施行し、「同様の検討」とされた公立博物館は、2018 年 12 月 25 日の閣議決定で「公立博物館等について地方公共団体の選択により、教育委員会から首長部局への移管を可能とする見直し」とされ法案が提出されるに至ったのである（内閣府 2018・2019）。

こうした経過を注視すると、真の発端は 2017 年 4 月 16 日の山本幸三地方創生担当大臣の「学芸員はガン」発言にあったのではと勘繰りたくもなる。観光振興にとって文化財保護や博物館で働く学芸員の存在は「ガン」とする発言は、滋賀県大津市で開かれた地方創生セミナーでのことであった。この発言に対するマスコミや識者などの批判に対する応酬と言えば、言い過ぎであろうか。観光財源を当てにする地方分権策は博物館を教育機関から地域活性のアイテムに、首長の政策実現のアイテムと化す法の改悪は、良識ある人々の忠告をあざ笑うかのように実現された。

2　所管選択と博物館の崩壊

指定管理者制度が博物館を崩壊させることは第Ⅰ章でみてきた。取り上げた川崎市市民ミュージアム（以下「市民ミュージアム」）の指定管理者制度移行は、2007（平成 19）年に改正（悪）された地方教育行政の組織及び運営に関する法律の施行により、それまで教育委員会が所管してきたスポーツ、文化に関する事務を首長が管理執行できるとされたことを切掛けとしている。

2009 年の川崎市議会第 4 回定例会で川崎市教育長は、地方教育行政の組織及び運営に関する法律の改正に伴い文化に関する事務を市長が管理執行できることになったとして、市民ミュージアムや岡本太郎美術館

は市長が所管し、民家園や青少年科学館は、博物館法の登録博物館であることから教育委員会が引き続き所管するとした。そして総務委員会において歴史博物館としての市民ミュージアムの方向性について議員から問われると、市民ミュージアムは条例上の設置目的や事業等の変更を行うものではなく、今後とも教育委員会との連携を図りながら、本市の歴史博物館としての位置づけも踏まえ運営すると答弁する。

さらに2011年第1回定例市議会の自由民主党川崎市議団の代表質問に対し、新たに所管部局となった市民・こども局長は、市民文化の伝承と創造の発信拠点、地域の活性化に貢献できる拠点を目指し博物館改革を進めると答弁した。川崎市は市民ミュージアムを、公教育を支える社会教育施設から地域活性化施設へ性格転換したと議会で表明したのである。

市民ミュージアムの事例は、教育委員会から市長部局へ所管替えすることをもって指定管理者制度移行への布石としたのである。教育機関としての位置づけを失わせしめ、指定管理者制度移行を容易にさせたのである。

その背景には、2008年の「社会教育法等の一部を改正する法律案」審議に際し、衆参両院が全会一致で決議した「公民館、図書館及び博物館等の社会教育施設における人材確保及びその在り方について、指定管理者制度の導入による弊害についても十分配慮し、検討する」とする付帯決議が無視できなかったものと思われる。一方で社会教育施設に対する指定管理者制度の導入には弊害があるとする国会の付帯決議は、所管替えによりその道を開くことになったともいえる[4]。

3 法の改正（悪）に中央教育審議会はどう機能したか

文部科学大臣の諮問に応じ、我が国の教育振興や生涯学習の機会の整備推進に関する重要事項を調査審議し、文部科学大臣に意見を述べるとされた中央教育審議会が、今回の法の改悪にどう加担したかを検証したい。林芳正文部科学大臣は2018（平成30）年3月、第9期中央教育審議会にたいし「人口減少時代の新しい地域づくりに向けた社会教育の振興方策について」を諮問した。別紙理由の後段には「特に博物館について

は、「平成29年の地方からの提案等に関する対応方針」（平成29年12月26日閣議決定）において、「公立博物館については、まちづくり行政、観光行政等の他の行政分野との一体的な取組をより一層推進するため、地方公共団体の判断で条例により地方公共団体の長が所管することを可能とすることについて検討し、平成30年中に結論を得る。」とされていることも踏まえ御検討くださるよう、お願いします」としている。

これを受けた中央教育審議会は2018年12月に「今後の社会教育施設には、学習と活動の拠点としてのみならず、住民主体の地域づくり、持続可能な共生社会の構築に向けた取組の拠点としての役割も求められる。その上で、地方公共団体からの意見も踏まえ、地方公共団体の長が公立社会教育施設を所管できることとする特例について、社会教育の適切な実施の確保に関する制度的担保が行われることを条件に可とすべきとした」と答申した。

本件に関する具体的な調査と審議は、中央教育審議会生涯学習分科会が担当したが、注目すべきは文部科学大臣からの諮問を受ける前、2018年2月9日の第88回中央教育審議会生涯学習分科会において議題2として「人口減少時代の新しい地域づくりに向けた学習・活動の振興方策について」があげられ、さらに議題3では「公立社会教育施設の所管の在り方等に関するワーキンググループの設置について」が諮られている。

加計学園問題に絡んだ2017年1月の前川喜平事務次官退任後の文部科学省の内閣府に対する忖度の表れかと疑いたくなる手回しの良さである。中央教育審議会が文部科学大臣から諮問を受け調査審議に入るとするのは建前であり、閣議決定を忖度し生涯学習分科会は博物館の所管選択制の議論を始めているのである。

答申の基となった中央教育審議会生涯学習分科会「公立社会教育施設の所管の在り方等に関する生涯学習分科会における審議のまとめ」をみると、「公立博物館をはじめとする公立社会教育施設について、地方公共団体の判断で条例により地方公共団体の長が所管することを可能とすること等に関して、専門的な見地から検討を行うため、平成30年2月、

中央教育審議会生涯学習分科会の下に「公立社会教育施設の所管の在り方等に関するワーキンググループ（以下「WG」という。）を設置した」とある（文部科学省 2018c）。

WG では、2018 年 3 月に文部科学大臣から中央教育審議会に対して行われた諮問も踏まえ、5 月までの間に、6 回の会議を開催し、17 の関係機関から表明された意見も踏まえつつ、論点整理を行ったとする。参考としてヒアリング実施団体・機関の一覧を次のとおり示している。

3 月 5 日　公益財団法人日本博物館協会・全国科学博物館協会・公益社団法人日本動物園水族館協会・鹿児島県霧島アートの森

3 月 26 日　東北歴史博物館・三重県・三重県教育委員会・全国都道府県教育長協議会・北海道（全国知事会推薦）・全国町村教育長会・岡山県鏡野町（全国町村会推薦）・全国都市教育長協議会・福島県いわき市（全国市長会推薦）

4 月 16 日　公益社団法人日本図書館協会・公益社団法人　全国公民館連合会・郡山市教育委員会・枚方市・荒川区

注目すべき質疑は、3 月 5 日第 2 回 WG の日本博物館協会と 4 月 16 日第 4 回 WG の日本図書館協会である。

日本博物館協会半田昌之専務理事は「公立博物館の所管の在り方に対して、教育委員会に限定せず首長部局が所管できるという可能性が検討されることにつきましては、博物館全般につきまして、より現実に沿った柔軟な運営を望む現場の期待も踏まえ、有意義な方向に行っていると考えているところでございます」と陳述する。

そして金山喜昭委員（筆者注：法政大学キャリアデザイン学部教授）の「博物館法や地教行法に博物館は教育機関であるということが明記されているにもかかわらず、所管を首長部局との選択制にするということは、法的に問題があるのではないかという指摘もあったと思います。その辺のところについて、博物館協会のお立場から、もう少し踏み込んだ形で御意見が頂ければと思います」とするのに対して半田氏は、「多様な役割を果たしていけるような制度的基盤を整備しようとすると、どうしても

今の教育基本法、社会教育法、博物館法とひも付けられている法律体系の下にある制度であるとか、地教行法との兼ね合いであるとか、様々な面で技術的にも整備していかなくてはいけない課題というものが潜在して、明らかに現場の運営とは大きく乖離している部分がございますので、登録制度一つとっても、首長部局所管の公立博物館は登録博物館としての申請要件を持っていないとか、そういったところも含めて、今後、全体の博物館を支える制度が全体の博物館の振興に資するような制度として発展していくために、法制度の改革というのは是非必要だと思っているところです。」と答えている。（下線は筆者）

これに対し日本図書館協会森茜理事長は「公立図書館が住民一人一人の資料要求に対する個別対応を基本とし、住民の公平な利用の観点から、全ての住民に公平に基本的なサービスを保障することを目的とし、住民の生活、職業、生存と精神的自由に深く関わる教育機関であるということから、公立図書館は教育委員会の所管とし、基本的には、図書館のありようは各自治体の主体性に委ねられるものであるということでございます。」と陳述した後、次の注目すべき質疑が行われている。

【横尾委員】（筆者注：佐賀県多久市長）ありがとうございます。細かい確認になるかもしれませんけれども、先ほど最初にお尋ねがあった5ページのことです。教育委員会に所管をするけれども、基本的在り方については各自治体の自主性に委ねるということは、つまり自治体の自主性に委ねるということは首長の判断なのですね。最終的には首長がどうするかなのですね。そうすると、その手前では教育委員会といって首長を外しておいて、でも、在り方は首長次第よというのは、ちょっと理解が難しいのですが。もう少し詳しく聞けませんか。

【日本図書館協会】先ほども申し上げましたように、現行の制度の中で住民の意見をくみ上げて首長が判断するものというふうに理解しております。

【横尾委員】場合によったら、少しニュースとかで話題になっていますが、一気に民営化とか、いろいろなことを首長サイドが考えて

いくと、それで走っちゃう可能性があるのですね。それでもよしということですね。

【日本図書館協会】　よしとは申し上げておりません。

【横尾委員】　でも、実質的にはそうなってしまうのではないですか、この言い方だと。

【日本図書館協会】　このワーキンググループでしっかり御議論いただいて、私どもが申し上げた意見が十分に反映されて、その上で地域住民がしっかりと議論していくべきことと理解しております。

【横尾委員】　私は、どっちかに行けと言っているわけじゃないのです。ただ、これまでのヒアリングで出てきているのは、「首長は政治的に偏っているので外しておいた方がいいよ」という視点が大変多いということです。首長の一人として、その都度、私は、そういうことは必ずしもありませんよという説明だけさせていただいています。別にそれは、それで援護したりとか何かじゃないのです。結果としては、最後におっしゃったように、実は首長はみんなに選挙で選ばれているわけです。民主主義なのですから。選挙の手続きで最多数票を取った人が首長になることになっているので、なかなかこの辺は、国会でも、思いやりか忖度か、いろいろ表現が難しいように、くみ取りが難しいところですけれども、要は、理念とか、ユネスコ憲章にも謳っていらっしゃるように、次の世代、あるいは今の世代のために、学びの場として図書館は非常に重要だとみんな感じていると思うのです。そういうことです。（下線は筆者）（文部科学省 2018a・b）

　会議録は突然の明石座長（筆者注：千葉敬愛短期大学学長、中央教育審議会生涯学習分科会長）の「御丁寧な御回答、どうもありがとうございました。では、引き続きまして、全国公民館連合会さん、お願いいたします。」で打ち切られている。

　博物館協会と図書館協会の施設振興に対する理念の相違は、別稿（大貫2017b）で述べているが、ここにも明確に表れている。観光振興と文化財、博物館の問題が図書館に飛び火したといえる事態にもかかわらず、

こうした博物館側（一部研究者と業界団体）の対応に対して我々は冷静に内省しなくてはならない。

まとめ

博物館の所管選択が博物館を崩壊に招く原因は、まさに WG での横尾委員の発言「実は首長はみんなに選挙で選ばれているわけです。民主主義なのですから。選挙の手続きで最多数票を取った人が首長になることになっているので」に表れている。

二宮厚美が『公務員制度の変質と公務労働』（二宮 2005）で指摘しているが、21 世紀以降のマニフェスト政治の流行、いわゆるポピュリスト専横の傾向がある政治の流行が、教育機関としての博物館を崩壊に招く可能性を秘めていると言わざるを得ない。「当選した政治家は、このマニフェストを忠実に具体化することこそが自らの使命となる。選挙のあとで、議会がどういおうと、住民が何を申し立てようと」、「地域社会の共同利益や民主主義的人権の保障といった自治体に問われる公共性とはかけ離れたところで行政効率化を進める政治」（二宮 2005、pp.47-49）をすすめるのが「マニフェスト提示型選挙によって当選する首長」であり、「大衆動員・迎合型のいわゆるポピュリストである」（二宮 2005、p.51）であるからに他ならない。

橋下徹大阪府知事による博物館施設廃止・移管の方針決定などはその象徴であり（一瀬 2012）、近年では小池百合子東京都知事は江戸東京博物館の指定管理期間 10 年を 2020 年の東京オリンピック、パラリンピック大会に向けた文化プログラムの取組を着実に進めるためとして突如 4 年間に短縮させたことも記憶に新しい（大貫 2017a）。

こうした首長や劇場型政治とそれを引き継ぐ現政権が、閣議決定を振りかざし、憲法が保障する国民の教育権や教育基本法が示す教育の理念を踏みにじる自己流の改革、その際たるものが博物館の所管選択制であり、教育機関としての博物館を崩壊に導こうとしている。

註

1) 「公立博物館は、当該博物館を設置する地方公共団体の教育委員会（地方教育行政の組織及び運営に関する法律（昭和31年法律第162号）第23条第1項の条例の定めるところにより地方公共団体の長がその設置、管理及び廃止に関する事務を管理し、及び執行することとされた博物館にあつては、当該地方公共団体の長。第21条において同じ。）の所管に属する。」とされた。

2) 衆議院公式HP「地域の自主性及び自立性を高めるための改革の推進を図るための関係法律の整備に関する法律案」http://www.shugiin.go.jp/internet/itdb_gian.nsf/html/gian/honbun/g19809037.htm（2019年6月17日確認）

3) 内閣府公式HP「地方分権改革」https://www.cao.go.jp/bunken-suishin/index.html（2019年6月17日確認）

4) 詳細は、大貫2017a。

〈参考文献〉

一瀬和夫　2012「2010年に起こった日本博物館事情―大阪　掘立博物館群　尾存続をめぐって―」『博物館危機の時代』雄山閣

大貫英明　2017a「公立博物館と指定管理制度」『國學院雑誌』118-11

大貫英明　2017b「昭和時代」『博物館学史研究辞典』雄山閣

内閣府　2018「平成29年の地方からの提案等に関する対応方針」（平成29年12月26日閣議決定）https://www.cao.go.jp/bunken-suishin/doc/k_tb29_honbun.pdf（2019年6月17日確認）

内閣府　2019「平成30年の地方からの提案等に関する対応方針」（平成30年12月25日閣議決定）https://www.cao.go.jp/bunken-suishin/doc/k_tb30_honbun.pdf（2019年6月17日確認）

二宮厚美　2005「構造改革とNPMのなかの公務労働」二宮厚美・晴山一穂編著『公務員制度の変質と公務労働―シリーズ「地方自治構造改革を問う』』自治体研究社

文部科学省　2014「地方教育行政の組織及び運営に関する法律の一部を改正する法律（概要）」http://www.mext.go.jp/b_menu/houan/an/detail/_icsFiles/afieldfile/2014/04/04/1346352_01.pdf（2019年6月17日確認）

文部科学省　2018a「公立社会教育施設の所管の在り方等に関するワーキンググループ（第2回）議事録」http://www.mext.go.jp/b_menu/shingi/chukyo/chukyo2/012/siryou/1410975.htm（2019年6月17日確認）

文部科学省　2018b「公立社会教育施設の所管の在り方等に関するワーキンググループ（第4回）議事録」http://www.mext.go.jp/b_menu/shingi/

chukyo/chukyo2/012/siryou/1411139.htm（2019 年 6 月 17 日確認）

文部科学省　2018c「公立社会教育施設の所管の在り方等に関する生涯学習分科会における審議のまとめ」http://www.mext.go.jp/b_menu/shingi/chukyo/chukyo2/toushin/1414209.htm（2019 年 6 月 17 日確認）

第Ⅳ章　博物館の使命―収集と収蔵品管理―

1　歴史資料の保存と活用

辻　秀人

はじめに

　博物館法第2条（定義）で「資料を収集し、保管（育成を含む。以下同じ。）し、展示して教育的配慮の下に一般公衆の利用に供」すると記載されている。また、第3条（博物館の事業）では、「資料に関する専門的、技術的な調査研究」と「博物館資料の保管及び展示等に関する技術的研究」を行うことが定められている。

　本節では、博物館法に定められた資料の保存と公開に関わる問題と在るべき姿を考えてみたい。

1　文化財の価値

(1)　文化財を守るのは日本人の気持ち

　日本人には忘れられない悲しい記憶がある。それは、1949（昭和24）年1月26日、国宝法隆寺金堂壁画が火災のため焼損したことである。当時から法隆寺金堂壁画は世界的に高い評価を受けており、日本人にとって大切な宝物だった。新聞各紙は焼損してしまったことに厳しい批判を展開した。法隆寺金堂を焼くような国は文化国家ではないとまで断罪したのだ。この悲惨な事件をうけて文化財保護法が制定され、文化財防火デーが法隆寺金堂が焼失した1月26日に定められた。この日に文化財の消火訓練等の行事が行われていることは今もニュースで伝えられる。

　この日を境に日本人は文化財を保護するために最大限の努力を行うことを決め、実行に移していったのである。

　国宝法隆寺金堂壁画焼損事件は日本人にとって大きな喪失感をもたらせたと同時に文化財の存在は普段意識していなくても、人々にとって誇

161

りであり、精神的なよりどころであったことを深く認識させることになった。3.11大災害後の人々の文化財への思いや、熊本地震で大きく被災した熊本城の再建に向ける熱情は、現代においても文化財は人々の誇りであり、精神のよりどころであり続けていることを明瞭に物語っている。日本人は文化財が生み出すお金にではなく、自らのよりどころとしての文化財に大きな価値を感じ、大切にしているのだ。

　本稿執筆中に、フランスノートルダム大聖堂の悲惨な火災が起きた。テレビ越しに見た尖塔が焼け落ちる瞬間に深い悲しみを覚えたのは私だけではないだろう。とりわけ、フランス国民、パリ市民が燃える大聖堂を見上げ、涙を流し、賛美歌を歌う姿は、彼ら自身の歴史と歴史を体現する大聖堂を失った悲しみに満ちたものだった。この大惨事を通じて文化財は私達自身を物語る何物にも代え難い宝物であることをあらためて教えられた思いである。

(2) 文化財の存在意義

　日本人には歴史好きが多いように感じる一方、歴史なんか何の役に立つんだ、歴史なんか金にならないから不要だと言う人々もいる。私が考古学を志望したときに「物好きだね」「浮世離れしてるね」などとよく言われた。それは歴史は実際の役に立たないという感じ方から発せられた言葉だった。

　しかし、そうなのだろうか。

　確かに、歴史は日々の暮らしに直接は役立たない。歴史から食べ物やお金を取り出すことはできない。しかし、自分自身の問題、社会の問題を考えるときに歴史を知ることは不可欠だ。

　例えば、個人の場合、将来を考えるためには自分のこれまでの歴史を振り返る必要がある。これまでに身につけてきた知識、技量、人間関係、考え方が自分の未来の可能性を導くことになるからだ。自分の過去とまったく関係のない未来をつくることは不可能だ。そして自らの履歴を証明する物、写真、家、記憶はこのために大変重要な意味をもつことになる。

これを社会に置き換えても構図は変わらない。

社会が新たな選択を迫られたとき、歴史が重要な意味を持つ。社会は
これまでの歩みと全くつながらない選択はできないからだ。これまでの
歴史が社会の未来を規定することになる。未来を考えるための重要な証
拠、それが文化財、資料なのだ。文化財をないがしろにすることはその
まま自らの歴史を損なうことと同じことになる。

文化財は一度壊されると二度と戻らない。無形文化財ならなおさらだ
ろう。文化財は社会にとってかけがえのない財産であり、経済価値、金
に換えることができないものだ。世界の中で文化財を大切にしない国が
尊敬されることはない。そういった意味でも我が日本は歴史を大切にそ
して文化財を大切にする国であるべきだ。

今原稿を書いているのは2019（平成31）年4月2日である。「令和」
が新元号として発表されてから1日たった今日も社会の人々が沸きたっ
ている。普段は特に思わなくても、いかに日本人が歴史を尊び、大切に
思っているかを目の前で見せつけられる思いだ。

歴史、そして歴史を語る文化財は、未来のためにも大切にしなければ
ならないものなのだ。

2　文化財、資料の保存は博物館の使命

博物館が成立するまでの江戸時代以前、日本の文化財は多く寺社や有
力者達に保護されてきた。意識的に文化財を収集し、保存する西欧型の
博物館が成立し、広がるのは明治時代以降のことである。明治以降も博
物館の活動の展開は緩やかで、本格化するのは1949（昭和24）年博物館
法の成立以降のことである。博物館法によって資料の収集保存が博物館の
使命として明確化され、今日の博物館活動の基盤が整備されたのである。

前項で述べたように文化財、資料は社会にとってかけがえのない財産
である。私は、博物館の最大の使命は文化財、資料を次世代にできる
だけそのままの状態で、困難な物は損傷を最小限にとどめて伝えること
にあると考える。次世代に伝えるのは最小限の義務であって、できれば
多くの世代を超えて伝えていきたい。間違っても活用という言葉に隠れ

第Ⅳ章 博物館の使命―収集と収蔵品管理―

て貴重な文化財、資料を私達の世代で「金を稼ぐため」に使って損傷を
与えてはならないのである。

太平洋戦争中に戦火による文化財の毀損を恐れて東京国立博物館は所
蔵する文化財を奈良をはじめ各地に疎開させ、職員は文化財の維持のた
めに疎開先に赴任して警護にあたったという[1]。これこそが博物館の在
るべき姿である。そのお陰で今私達は東京国立博物館所蔵の素晴らしい
文化財を見、学ぶことができている。

博物館の第1の使命は、社会にとって大切な文化財、資料を保存する
ことにある。これは多くの人の意見が一致するところだろう。

3 文化財の活用と学芸員の役割

(1) 活用の前に

第1の使命、資料の保存を確保した上で、博物館には活用という第2
の使命がある。展示、普及活動などが主な活用方法だが、その活動をす
る前に重要な学芸員の役割がある。それは、資料から情報を読み取り、
情報を総合して、一定のストーリーを組み立てることだ。そのために学
芸員にはまず資料から情報を読み取る技量が必要になる。

考古学担当学芸員の場合を考えてみよう。例えば、お椀のような形、
大きさの土器が1個あったとする。一般の人から見れば昔の土器がある
だけだが、学芸員は違う。考古学を専門とする学芸員の頭には日本列島
の時代ごとの土器の特徴、地域的な変化が頭に入っているから、この
土器は今から約1,500年ほど前、古墳時代中期の土器だと判断する。そ
して学芸員は古墳時代中期は仁徳天皇が河内平野に巨大な前方後円墳を
築き、朝鮮半島から新たな技術をたくさん受け入れた時代なので、この
土器は朝鮮半島の文化や技術を受け入れたことを示すものというストー
リーを組み立てる。ここにお伝えすべきストーリーが誕生し、展示や普
及に活用される。これは考古学に限らず全ての分野で必要な作業であ
る。学芸員には活用の前提となる資料を読み解き、ストーリーを組み立
てる技量が求められるのである。

（2）公開の工夫

　資料の保存と活用は、原則的に矛盾した行為である。活用のため資料を公開すれば、程度の差はあれ、劣化する。学芸員は劣化を最低限に押さえながら公開するための工夫をしなければならない。

　公開の最も一般的な形はなんといっても展示であろう。博物館学芸員とっては、公開と保存を両立させる腕のふるいどころでこれまでも多くの工夫が行われてきた。

　日本の展示には大きく二つの方向がある。一つは国立民族学博物館に代表される露出展示であり、もう一つは伝統的なケース内展示である。

　筆者は、毎年国立民族学博物館展示室を訪れる機会があるが、そのたびに資料の存在感に圧倒される。膨大な収蔵資料を持つ国立民族学博物館では、資料に触られるなどの一定のリスクを覚悟の上で露出展示に踏み切っている。このため、展示されている資料は入館者のすぐ身近に置かれ、圧倒的な存在感を放っている。一般にケース内展示に比べて露出展示は訴える力が強い。一方で、触られる可能性があるため破損や汚損、盗難の恐れがある。

　一方、伝統的なケース内展示は、東京国立博物館をはじめとして多くの博物館で行われてきた。ケース内の温湿度、照明の明るさをコントロールできれば、資料の保存には適した方法である。ただし、資料の質感、迫力など資料の魅力を伝えるには不向きという問題がある。観覧者にとってケース内は別世界と感じられることも多いのだろう。

　学芸員は展示作成にあたって、この両者のいずれかを採用するか、あるいは併用するかの選択を迫られることになる。選択は展示効果と資料の保存とを勘案し、保存のための条件を崩さず、展示効果を上げることが求められる。資料の種類、状態によるバランスのとれた選択ができるか否か、学芸員の技量が問われることになる。

（3）収蔵資料の公開

　博物館には一般の入館者は入れないスペースが多くある。収蔵庫または資料を動かすために必要な空間が備えられている。一般入館者を入れ

第Ⅳ章　博物館の使命―収集と収蔵品管理―

ない理由は、資料の安全を図るためだ。しかし、一方で膨大な収蔵資料を公開せずに収蔵庫にしまっておいていいかという意見もしばしば耳にする。

そこで、これまでいくつかの博物館で収蔵資料の一部公開が試みられている。今後、収蔵資料を良好な状態に保ちながらいかにして公開し、利用に供することができるのか、博物館の一つの課題である。

収蔵資料公開をネット上で行う方法がある。すでに兵庫県立人と自然の博物館では、先駆的に収蔵資料の一部を「ひとはく収蔵品検索システム」でデータベースを公開している。この方法は在宅でもデータベースにアクセスして必要な情報を入手可能できる利点がある。今後資料保存に影響を与えない資料公開方法として検討すべきだろう。ただし、この方法を実現するには、収蔵資料のデータ化とデータベースの構築が必要である。膨大な手間と予算が必要で、その確保が今後の大きな課題となるだろう。

(4) 二次資料の公開

博物館には膨大な二次資料がある。土器や石器、文書、化石など資料そのもの、実物資料を一次資料と呼び、資料に関わる写真、図、複製、情報、関連資料などを二次資料と呼ぶ。つまり資料に関連するもの全体が二次資料にあたる。

じつは、博物館には運営してきた時間が長いほど、二次資料が蓄積する。常設展の作成や展示替え、企画展の実施に際して学芸員が資料に関わる資料、情報を収集するからだ。

公立博物館であれば、実物資料はもちろん学芸員が収集した二次資料もすべて公有である。従ってすべて公開されるべきであるが、実際にはほどんどが未公開である。

私は現実的には全ての二次資料を公開することは難しいことは理解している。しかし、是非とも公開すべきと考える二次資料がある。それは図書資料である。

多くの博物館には膨大な図書資料が収蔵されている。かつて勤務した

福島県立博物館では10万冊を収蔵できる図書室があり、ほぼ満杯だった。約30年前の話だから、今はそれをはるかに凌ぐ量の図書が収蔵されていることは想像に難くない。10万冊といえば地域の図書館の持つ本とくらべても遜色がない量である。しかも、これらの本はすべて福島県の歴史に関わるもので、専門的な貴重本も多量に含まれている。福島の歴史に関心のある人々にとっては垂涎の貴重なコレクションなのだ。

　残念ながら、この貴重なコレクションを利用できるのは今のところ学芸員だけだ。図書整理が十分にはできておらず、本の管理、貸し出しを行える体制が整えられていないからだ。

　博物館所蔵図書を利用したいという要望はしばしば寄せられる。私も勤務していたころ、研究者に所蔵本の利用を依頼されることがあった。私は図書を貸し出す制度がないから、必要最小限の該当部分コピーを提供するにとどめざるを得なかった。

　全国の博物館でも同様のことが起きている。各地で活動する博物館には、それぞれの専門とする領域の図書コレクションが日々増えつつある。

　これらは意図を持って集められた特徴ある、専門性を持ったきわめて貴重なコレクション群である。例えば福島県立博物館に所蔵されている福島県の歴史のあらゆる分野にわたるコレクションは、地域の人々にとっても、研究者にとっても利用価値はきわめて高い。

　博物館が社会の人々に有用性を実感してもらうためにも、博物館に本を整理し、貸し出す体制を整えることが必要である。

4　博物館の危機と文化財、資料の保存

　博物館そして博物館の活動を担う学芸員にとって、文化財、資料の保存、次世代以降への継承が最大の使命であることは本節冒頭で述べた通りだ。しかし、この使命果たすための環境が年々厳しさを増している。

　かつて私が博物館の危機を訴えるために編んだ『博物館危機の時代』（辻編2012）を雄山閣から刊行して7年たった。私はこの中で指定管理者制度のもとで学芸員が厳しい状況にあり、より入館者を増やすべく奔走

すること要求されていることの問題を指摘した。学芸員本来の資料保存に関わる業務に十分に時間を割くことができない状況に大きな危機感を抱いたからだ。この7年間に指定管理者制度の導入は増え続ける一方で、正規職員としての学芸員は減っている。つまり、この間に状況は悪化しているのだ。職員数は減らされ、予算も減らされる中、期間を限られながら、学芸員は入館者の増加にむけて各種イベントの実施に走りまわっている実態がある。

　そこに新たな事態が起きた。安倍晋三内閣による文化財を経済活動のために活用する政策の登場である。この問題については序章で述べているので、再論はひかえるが、文化財保存を使命とする学芸員の観点で問題を指摘しておきたい。

　2013年に発表された『日本再興戦略』（日本経済再生本部2013）の中で「文化芸術資源を活用した経済活性化」が謳われ、その実行のために「学芸員や文化財保護担当者等に対する文化財を活用した観光振興に関する講座の新設等による博物館の機能強化、質の高いHeritage Manager等の養成と配置」が示された。

　要は、文化財や芸術作品を観光資源にして経済活性化（金儲け）をするという目的がある。そのために既存の博物館に勤務する学芸員や教育委員会で文化財の保護にあたっている文化財保護担当者を観光をテーマとする講座で再教育（山本幸三元地方創生担当大臣の言う観光マインドを注入）して動員するということだ。聞き慣れないHeritage Managerという横文字は訳せば、遺産管理者という程度の意味だが、ここでの文脈では遺産を観光に使うための仕事をする人という意味になるのだろう。

　博物館学芸員（文化財保護担当者もそうだが）先に述べたように大変厳しい状況にある。自らの博物館でも文化財、資料の保存に十分な時間を割けない実態がある。それに新たな仕事、それも大変難しく、労力の必要な仕事をさせようというのだ。これでは、学芸員はたまったものではない。そもそも誰がどんな立場で観光をテーマとする講座を担当するというのか。

　もし、この政策を進めるとすれば、まず第一に学芸員を多数養成し、

博物館等に雇用するすることから始めなければならない（学芸員養成を減らすなどという一部の議論は、このような事態では全く逆効果になる）。何しろ博物館は人手不足で悩んでいるのだから。

　ただ、来年 2020 年に東京オリンピック、パラリンピック開催をひかえ、安倍内閣は強力にこの政策を進めるに違いない。観光に学芸員を動員したいというなら、せめて、学芸員養成と配置を進める政策を合わせて進めて欲しい。そうでなければ日本の博物館は壊れてしまう。

　註
　1）東京国立博物館公式 HP「復興本館　戦時下の博物館」https://www.tnm.jp/modules/r_free_page/index.php?id=153（2019 年 7 月 22 日確認）

〈参考文献〉
　辻　秀人編　2012『博物館危機の時代』雄山閣
　日本経済再生本部　2013『日本再興戦略―JAPAN is BACK―』

2 民具の収集理念と保存

大貫英明

1 譲渡と除籍を目的とした民俗資料展

　鳥取県中部東伯郡の北栄町は、漫画名探偵コナンの作者青山剛昌氏の出身地（旧大栄町）であり「コナンの町」としても知られている。その北栄町が2018（平成30）年7月の『広報北栄』で「民具資料のお別れ展示」を報じた（北栄町2018a）。開催の主旨は次のとおりである。図1は、続報の『広報北栄』8月号である（北栄町2018b）。

　私達が暮らす北栄町を形づくってきた先人の記録・資料である文化的財産を適正に整理・保存し、地域の歴史や特色を後世に伝えていくため、平成29年度から鳥取県ミュージアム・ネットワークの博物館資料アドバイザー派遣事業[1]を活用して民具資料の再整理・再保存を実施しています。所蔵する民具資料は特に明治以降のものが多く、産業や暮らしの技術革新等を確認することができます。

　このたび北栄町の歴史を振り返るとともに、限りあ

図1　『広報北栄』8月号（北栄町2018bより転載）

る収蔵施設の有効利用のために整理した民具資料を皆さまに公開展示して、寄贈のものも含め重複等による除籍予定資料を偲びます。また、除籍予定資料は引き取り希望の申し出があれば展示終了後にお譲りします（註は筆者）。

「展示終了後にお譲りします」とした展示会は、マスコミの関心も高く「朝日新聞デジタル」は、「糸車ほしい…民具の処分告知に希望者殺到鳥取の資料館」（鈴木 2018）として次のように報じている。

　鳥取県中部に伝わる民具などを収集・展示する同県北栄町の町立資料館「北栄みらい伝承館」。増えすぎた収集品の処分を前提にした「お別れ展示」を開催し、希望者には譲り渡すと告知したところ、全国から応募が殺到。展示品の8割が引き取られることになった。譲渡は珍しい試みで、収集品の増加に悩む小規模な博物館や資料館にも、ヒントになりそうだ。

　お別れ展示の終了まであと2日となった8月24日、展示会場の北栄町役場旧北条庁舎。江戸時代のおけや乗り物・駕籠（かご）のほか、昭和の蓄音機やひな人形などが所狭しと置かれていた。なかには高さ1・5メートルほどの神輿（みこし）もあり、処分対象の約580点すべてがずらりと並んでいた。従来の企画展では来場者は主に地元住民。だが今回は全国から訪れたといい、担当者は「譲渡の効果がこれほどとは……」と驚いていた。

「お別れ展示」の開催を協議した北栄町歴史民俗資料館運営委員会（2018年5月16日）の議事録、「協議事項（2）収蔵品保存整理について」では次の記録を確認できる。

　事務局の主幹の「今現在保管場所が点在し、点数もたくさんある。TMN（鳥取県ミュージアムネットワーク）アドバイザーを30年度も活用していきたい。保管場所は伝承館を中心にまとめていきたい。」（括弧は筆者）との発言を受け、N委員が「除籍に関して。競売？ 焼却処分？」と質問する。主幹は「引取り、活用される方があれば譲渡します。」と答え、課長は「除籍の周知としてお別れ展示を実施する。状態の良いものは残す。部品取りのものも残す。展示して希望があれば譲渡。残ったも

のは除籍になる。」とある。

　展示会終了後の同運営委員会（2018年11月29日）の議事録には次の報告記録を確認できる（北栄町歴史民俗資料館運営委員会 2018a）。

　主幹は「再整理として次につなげるをテーマに、他の教育関係機関で活用できそうなものや展示に耐えることができないものの資料展示と譲渡を行った。テレビ、新聞など報道の効果が大きく、除籍予定資料の84.3％も引取り申し出があった。譲渡後、どのような使用をしているかという報告アンケートを義務付けたが、本来の使い方ではなくとも、オブジェなど新たな活用方法を見出した。」と発言する。課長は「民俗資料の整理に関して、台帳と突き合わせてはいますが、不明なものも多数あり、合併以前のものも多くある。そのため不明のまま除籍になってしまうものもあるということをご理解ください。全国的にも、新たな収蔵場所をつくることができない現実の中、収蔵をどう考えていくのかが問題である。今回のお別れ展示・譲渡に対して、東京大学大学院の学生からフォーラムに参加していただけないかという依頼がありました。東京で発表してくるという報告をさせていただきます。」とある。

　2019年2月、東京大学大学院人文社会系研究科文化資源学研究室は、北栄町の課長らを招いて文化資源学研究室フォーラム（以下「東大フォーラム」）「コレクションを手放す―譲渡・売却・廃棄」を開催した。開催趣旨は次のとおりである[2]。

　　2018年8月、鳥取県北栄町の北栄みらい伝承館（北条歴史民俗資料館）では、収蔵品の民具562点の処分または希望者への譲渡を前提に「お別れ展示」を開催し、473点を譲渡した。収蔵庫がいっぱいで、新たに収集できなくなっていたというのがその理由だった。現在、同様の「収蔵庫問題」は歴史・民俗系だけでなく美術・自然系博物館も含めた博物館共通の課題である。

　　「収蔵庫問題」に限らず、2018年は作品の廃棄やコレクションの譲渡・売却にまつわるニュースが各方面で物議を醸した年だった。東京大学中央食堂に展示されていた宇佐美圭司の絵画《きずな》の廃棄や「リーディング・ミュージアム」構想の報道などを契機に、

第Ⅳ章　博物館の使命―収集と収蔵品管理―

　博物館におけるコレクションの意義や公共性に関する議論は今もなお続いている。

　　そこで、本フォーラムでは「コレクションを手放す」をテーマに、こうした譲渡・売却・廃棄を巡る問題を考察し、これからのコレクションのあり方を問う。

　東大フォーラムの後、課長は北栄町文化財保護委員会（2019年3月4日）で次の報告をした。「委員のみなさんにお世話になり実施した「お別れ展示」について、2月17日に東京大学大学院主催のフォーラムで発表をした。博物館資料のあり方は、全国的に財政や少子高齢化の課題もあり今後考えていかなければならない問題。「お別れ展示」はタブーに手を付けた取り組みだと評価された。3月6日にはTCC（筆者注：鳥取中央有線放送、鳥取県東伯郡琴浦町・北栄町・湯梨浜町をエリアとするケーブルテレビ局）で特集番組が放映される。」これを受け、N委員は「タブーに手を付けたとは、どういうことか。」と質問する。課長は「公立の博物館が資料を公開する形で堂々と手放し、処分したこと。」と答え、N委員は「資料のその後のフォローは？」と再質問する。課長は「譲渡者アンケートにより把握している。転売を禁止し、発覚した場合には資料返却を求めている。」とする。さらにN委員は「資料がどこに渡ったのか分かるようにしておいてほしい。」と要望し、これに対して室長は「譲渡された情報を残すようなデータ整理をしている。」と答えている（北栄町文化財保護委員会2019）。

　収蔵資料の保存を協議する歴史民俗資料館運営委員会も、町の文化財保護について審議し意見を述べる文化財保護委員会も、これまで保存してきた文化財をここにきて除籍・譲渡する理由を質すわけでもなく、代替え措置を求めることもなく協議や審議を終了している。行政の良き理解者、協力者としてのいわゆる大人の対応がみられる。コレクションの意義や公共財として取るべき自治体の対応を求めるなど本件に対する本質的議論は見られなかった。

　次に文化財保護と社会教育（博物館など）を所管し、レイマンとしてのコントロール（生活者としての声）が期待される、町教育委員会での議論

174

を議事録に求めた。「平成30年第9回教育委員会定例会　会議録」(2018年9月26日) には次の記録が確認できただけであった。

　教育長の質疑を促す発言の後、ＴＮ委員は「民俗資料譲渡の公的機関には、どんな所があり、遠方では、どこから来られたのでしょうか。」と事務局を質す。事務局は「譲渡した公共機関で、一番数が多いのは倉吉博物館です。倉吉干歯については、全部と太一車の一部を。次に多いのが、わらべ館です。一番遠いところは、福井県の若狭歴史館で、若狭塗りにまつわる物があったようです。あとは、松江の城西公民館など公民館関係が多かったです。」と答える。ＴＮ委員はさらに求められた理由を尋ね、事務局は倉吉博物館やわらべ館などの資料収集方針などを答える。ＴＯ委員は「また、たくさん集まれば今回のように譲渡されますか。」と質問する。事務局は「話題にあがったのは、整理をする事が画期的な取組だったということです。北栄町では、整理をして収蔵方針を決めました。重複しているものは、より良いものを残し、北栄町に関わるものを選んで集めていく方針ですので、今後はないと考えています。」と答え質疑は終了している (北栄町文化財保護委員会2018)。

　重複しているとはいえ、寄贈物品として収納し保存してきた一点一点を、個性をもつ手作りの民具を選別して処分した視点や、良いものと良くないものを分ける視点を問うなど生活者としての質問は見られなかった。民俗資料の学術的意義や公共財を保存する意義を問う意見もなかった。善意に議事録の行間を読み解くのであれば、委員諸氏や関係職員のTMN (鳥取県ミュージアム・ネットワーク) アドバイザーに対する信頼と依存がみられるのみであった。専門職の不在の文化財保護行政の限界を知る出来事と言えよう。

　展示会終了後の運営委員会での課長の報告に「合併以前のものも多くある。そのため不明のまま除籍になってしまうものもある」とする発言からは、旧北条町歴史民俗資料館と旧大栄歴史文化学習館の旧蔵資料を整理統合しなければならない、つまりは現地保存・現地活用を継続できない町の財政事情が背景にあるものと理解される。

2 民俗資料室の3分の1が処分された

　マスコミや研究者の注目を浴びた北栄町の民具処分も、全国的にみるなら氷山の一角にすぎない。2011（平成23）年9月に神奈川大学で実施された「第134回日本民具学会の研究報告」では、宮本八恵子の「飯能市・名栗民俗資料室の民具の保存活用について〜これまでの経過と今後の課題〜」が『民具研究』第145号に報告されている（宮本2012）。

　飯能市名栗民俗資料室の老朽化は資料の移転を余儀なくし、施設の新設もかなわず移転先も定まらない、とする苦闘状況は次のように記されている。

　　すべての民具を移転させ収蔵することが叶わない。そこで、民具を仕分けし、点数を三分の二に縮小せざるを得なくなった。飯能市は、飯能市郷土館を担当部署とし、学識経験者・学校関係者・自治会連合会名栗支部長・名栗地区まちづくり推進委員会会長をメンバーに「名栗民俗資料室資料保存活用検討委員会」を設置して民具の仕分けや保存、活用の検討を同会に託した。

　　仕分けの結果、民具は670点のうち約35％にあたる233点が保存対象外となり、このうち旧所有者が判明している民具については旧所有者の意向を聞いて返却されるか、あるいは処分されることとなる。処分とは、すなわち建物解体と同時につぶされ、捨てられるということである。こうする以外に、少しでもベターな選択肢はないものか。研究会での発表には、そのアドバイスを求める意味も多いにあった。

　その後、宮本は『民具研究』第149号に続編「飯能市名栗民俗資料室の民具の保存と活用〜収蔵展示室取り壊しに揺れた民具のその後〜」を報告している（宮本2014）。

　　当面は旧名栗森林組合事務所の建物を保管庫とし、展示室を名栗地区の公共施設あるいは空き民家に求めることとなった。旧名栗森林組合事務所の建物は昭和20年代後期の建築であり、既に飯能市へ移管されている。しかし、耐震基準に満たず防火設備も整っていないことから展示室として見学者を入れることはできず、用途は保

管庫に限られ、展示室と保管庫は分割されることとなったのである。展示室には、地元の空き民家を利用する案も出されたが、交渉の結果、その利用は叶わず、名栗地区行政センター2階の旧名栗村史編さん事務室の半分と廊下などの移動空間を展示スペースに充てることとなった。（中略）

　名栗地区の民具は、その3分の1が処分（廃棄）される結果となった。しかし、救われた民具は今、新たな場と方法で保存活用への道を歩み始めている。民具の規模を縮小せざるを得ない、処分せざるを得ない、新たな民具の収集が難しいなど民具の保存活用に関する課題を抱える地域博物館・資料館は各所にある。そうした同じ悩みを持つ者同士で情報交換をし、民具のできる限り健全な保存活用方法を模索していきたいと願っている。

　名栗民俗資料室を所有し管理して来た名栗村は、2005年に飯能市に編入合併されている。編入され村の民俗資料室コレクション行方の一例といえる。

　一方、こうした平成の合併により民具の処分を迫られたケースとは別に、私立博物館の廃館がコレクションを破壊しその価値を失わせた例もある。加藤友子は『民具マンスリー』第48巻12号の「編集室から」で次のように記している（加藤2016）。

　博物館の閉館は近年珍しくなく、開館後死蔵され廃棄を待つような民具をどのように保存活用するのかは、大きな問題となっています。今回は、平成21年に閉館した渋沢敬三にもゆかりのある小川原湖民俗博物館の民具を、市文化財、県立博物館、大学等のそれぞれの立場から、生の現場の取り組みをご報告していただきました。文化財指定を受ける重要性と1点でも多く民具を残したいという熱意が、今回の活動につながったことがわかります。同じような境遇の資料館・博物館への指南になるのではないでしょうか。

　なお、小川原湖民俗博物館コレクションの行方などの詳細は、「民具の保存管理の現状と課題―小川原湖民俗博物館旧蔵資料をめぐる活動―」（長尾ほか2016）に譲る。重要有形民俗文化財「南部のさしこ仕事着

コレクション」64点ほか、県有形民俗文化財「泊の丸木舟」、市指定有形民俗文化財「上北地方の紡織用具及び麻布」、「上北地方の食生活用具」などは、三沢市をはじめ上北郡六ヶ所村、青森県立郷土館、八戸市埋蔵文化財センター是川縄文館などに分散され保存されている。残された約3,000点については、新所有者である会社と県文化財保護課、県立郷土館、三沢市教育委員会が協議を重ねたが廃棄せざるを得ない状況にある。

　宮本馨太郎は、「民具研究の歩み」で「文化財保護委員会（筆者注：現文化庁）では1965年11月に『民俗資料調査収集の手びき』を作成・刊行して、これを地方公共団体・国公私立大学・公私立博物館に配布するとともに、この手びきをテキストとして講習会を東京と大阪で開催した。このような文化財保護委員会の施策に対して、地方公共団体の教育委員会と地元研究者はよく協力して緊急調査を実施し、その成果として、続々、報告書が刊行され、収集された民具の収蔵庫あるいは民俗博物館が各地に建設されようとしている。」とした（宮本1973）。

　日髙真吾は、「民俗資料の保存を考える」で、宮本常一や岩井宏實等によるバイブル的な図書の刊行もあり民俗資料群の保存活動もはじまったとし、現状は「民俗資料そのものについての注目度が薄れ、さらには博物館施設などでも維持することすら難しくなって放置されてしまう実態がある」とし、その要因をとして「民俗資料は従来、製作者や使用者、代替となる資料が多く残っていたことから、資料を後世に残す必要性についてはあまり議論されてこなかったこと」「不況のなか、文化財の保存活動に関する予算措置がなかなか行われないということ」「大量であるが故に、また生活に密着したものであるが故に文化財的な価値も低くみられがちになるということ」も考えられるとする（日髙2010）。

3　民具はなぜ保存されねばならないのか

　民俗資料としての民具コレクションは、保存と活用の理念の確立や法的制度と活用施策が定まらぬまま、経済不況と市町村合併の犠牲となっている。いずれも博物館法の規定を受けた博物館の収蔵資料ではなく、

博物館がテーマを定めて計画的に調査収集したコレクションでもない。しかしこれらは文化財行政や民具コレクターが、我が国の経済成長期に生活の変化を目の当たりにし収集したコレクションには相違ない。いずれも我が国の生活文化の推移を窺うに足る貴重なコレクションである。その学術資料としての可能性と意義は極めて大きなものがある。

　埋蔵文化財と称され、開発と共に行政発掘されて収集保存される膨大な量の考古資料は、日高が民具は「大量であるが故に」と危惧する数十倍もの量で全国各地の埋蔵文化財センターや地域博物館に保存されている。だからと言って民俗文化財保護行政の無策を避難するだけでは、地域の文化遺産の保存と活用を図る博物館人としては、住民からの無能のそしりを免れることはできまい。飯能市の郷土館職員や青森県の文化財保護課や郷土館、三沢市教育委員会職員をはじめボランティアの努力と苦闘が実ることを信じたい。

　こうした苦闘を生んだ原因の一つに平成の合併があることは確かである。ナショナルミニマムを放棄し、すべて地方の自主性に任せるとした新自由主義に基づく政権の地方改革がその元凶である。全国町村会の『「平成の合併」をめぐる実態と評価』は、「合併をしなかった町村の可能性」の「[2]問題は、地方財政の行く末」で「むしろ財政力指数の低い小規模な町村においてこそ、住民納得度の高い、効率的な行財政運営が行われている。もちろん財政力指数の低い町村では歳入の多くを地方交付税が占めており、地方交付税制度の行く末次第で行財政運営が大きく左右されるのも事実である。しかし、そもそも地方交付税は、教育や福祉などナショナルミニマムを維持するための各種行政サービス、国土保全を担っている地域を支える財源保障機能、地域間の歳入格差を調整する財源調整機能を併せ持った、地方固有の財源である。」とする（全国町村会 2008）。

　宇波弘貴編著『図説 日本の財政』の「地方財政」は、国と地方の財政状況について国の債務残高は地方の債務残高よりはるかに多く「平成29年度の国のプライマリー・バランスは▲ 20.8 兆円の赤字である一方、地方は 22 兆円の黒字である。」として国の方が極めて厳しい財政状況

第Ⅳ章　博物館の使命—収集と収蔵品管理—

図2　文化庁が示す新しい文化財保護
（岡野2019より転載）

にあるとする（宇波編著2017）。にもかかわらず総務省はHPで「地方財政の健全化」として「不要不急の経費について徹底した節減合理化の道標を示す」として国の無策を顧みず一方的に地方に節減を求めている[3]。

　文化庁は、2019（平成31）年1月の文化財行政担当者連絡会議で「明日の日本を支える観光ビジョン—世界が訪れたくなる日本へ—」を示し、「文化財」を「保存優先」から観光客目線での「理解促進」、そして「活用」へとし、文化財を核とする観光拠点整備などを示し上のスライド（図2）を示している（岡本2019）。持続可能な文化財保護は、観光を通じて自前の予算で行えと言わんばかりの図は、自前の予算が確保できない町や村は文化財は守れないともとれるのである。

　民具コレクションが地域博物館の資料として収集保存されなくてはならない理由は、地域[4]の人々が地域の自然に育まれた地域社会で生きるため生み出した「生きざまを語る資料」であり、地域に生きていく者のアイデンティティの源であるからに他ならない。観光拠点の文化で、多様な民俗文化を平準化し、何処にも属さない生活感のない文化観、歴史観を作り出す政策に博物館が加担してはならない。同形（型）と分類される民具であっても一つひとつが相異を示す民具群としてのコレクションは、多様な自然と社会に生きた地域固有の生活文化と価値観を、現代そして将来に生きる人びとに気づかせてくれるに違いない。坪井洋文が民俗伝承を「ムラを超えて類型的、普遍的であったというのはあくまで仮説であって、文化の基層的部分で次元の異なる等価値の文化の存在を認めようとしない信念の次元の問題としかいいようがない」のである（坪井1979）。市町村合併と同様に広域民俗文化圏をつくりあげ、民具を類型化して観光資源におとしめることに組みしてはならない。一人ひとりの

人生や生活を大切する心を育てる糧が、民具コレクションに他ならなのだから。

　追記　本稿をまとめるに当たって相模原市立博物館学芸員加藤隆志氏に有用なアドバイスをいただいた。

註
1) db.pref.tottori.jp　鳥取県ミュージアム・ネットワーク（T.M.N.）は、鳥取県が県内の博物館、美術館、歴史民俗資料館、考古資料館等が相互連携を密にし、各館の運営や事業の発展と向上を図ることを目的として平成15年12月に設立した組織。事務局は県立博物館で、平成29年6月末時点で51館が加盟。
「博物館資料アドバイザー派遣事業」は、地域の貴重な古文書や民具等は、当該地域での保存活用することが好ましいが、歴史民俗資料館等の中には十分な対応ができていない所もあるため、「T.M.N.」が、博物館勤務経験者等をアドバイザーに委嘱し、支援を希望する取組館に派遣して、歴史・民俗資料の整理・保管・展示等の改善に関する助言・指導等を実施している。
2) 東京大学大学院人文社会系研究科文化資源学研究専攻HP「第18回文化資源学フォーラム「コレクションを手放す―譲渡・売却・廃棄」http://www.l.u-tokyo.ac.jp/CR/forum/forum18.html（2019年7月18日確認）
3) 総務省HP「地方財政の健全化」http://www.soumu.go.jp/iken/jokyo_chousa.html（2019年7月18日確認）
4) ここでいう地域とは、市区町村などの行政区域ではなく、近世村あるいは集落などの生活域のことである。

〈参考文献〉
宇波弘貴編著　2017「地方財政」『図説　日本の財政』、p.255
岡本公秀　2019「文化財保存活用地域計画の概要～歴史文化基本構想の事例をもとに～」（文化財行政担当者連絡会議資料）、p.68　http://www.bunka.go.jp/seisaku/bunkazai/pdf/r1414902_03.pdf（2019年7月18日確認）
加藤友子　2016「編集室から」『民具マンスリー』48−12
北栄町　2018a『広報北栄』7月、p.5　http://www.e-hokuei.net/secure/7223/2018_07.pdf（2019年7月18日確認）
北栄町　2018b『広報北栄』8月、p.2　http://www.e-hokuei.net/secure/7223/2018_08.pdf（2019年7月18日確認）

北栄町教育委員会　2018「平成 30 年　第 9 回　教育委員会定例会　会議録」
　　　http://www.e-hokuei.net/secure/7757/9kiroku.pdf（2019 年 7 月 18
　　　日確認）
北栄町文化財保護委員会　2019「平成 30（2018）年度　第 3 回　北栄町文化
財保護委員会」http://www.e-hokuei.net/secure/7643/third%20bunkaizai
　　　kaigiroku.pdf（2019 年 7 月 18 日確認）
北栄町歴史民俗資料館運営委員会　2018a「平成 30 年度　第 1 回　北栄町歴
　　　史民俗資料館運営委員会　議事録」http://www.e-hokuei.net/secure/
　　　7644/1rekiminn.pdf（2019 年 7 月 18 日確認）
北栄町歴史民俗資料館運営委員会　2018b「平成 30 年度　第 2 回　北栄町歴
　　　史民俗資料館運営委員会　議事録」http://www.e-hokuei.net/secure/
　　　7644/second%20rekiminunnei.pdf（2019 年 7 月 18 日確認）
鈴木　峻　2018「糸車ほしい…民具の告知処分に希望者殺到　鳥取の資料
　　　館」（朝日新聞デジタル）https://www.asahi.com/articles/ASL8W5
　　　VH1L8WPUUB00C.html（2019 年 7 月 18 日確認）
全国町村会「道州制と町村に関する研究会」　2008『「平成の合併」をめぐ
　　　る 実 態 と 評 価』、pp.99-102　www.zck.or.jp/teigen/gappei-ma.pdf
　　　（2019 年 7 月 18 日確認）
坪井洋文　1979『イモと日本人―民俗文化論の課題―』未来社、p.162
長尾正義・古川実・山田巌夫・小島孝夫　2016「民具の保存管理の現状と
　　　課題―小川原湖民俗博物館旧蔵資料をめぐる活動―」『民具マンス
　　　リー』48－12
日髙真吾　2010「民俗資料の保存を考える（共同研究●民俗資料保存論の
　　　構築と素材に応じた保存処理法の開発（2007-2010））」『民博通信』
　　　129、p.14
宮本馨太郎　1973「民具研究の歩み」『民具入門』慶友社、pp.209-210
宮本八恵子　2012「飯能市・名栗民俗資料室の民具の保存活用について～
　　　これまでの経過と今後の課題～」『民具研究』145、pp.80-81
宮本八恵子　2014「飯能市名栗民俗資料室の民具の保存と活用～収蔵展示
　　　室取り壊しに揺れた民具のその後～」『民具研究』149、pp.49-50

3 リーディング・ミュージアム
構想への批判

菅根幸裕

はじめに

「平成30年度文化庁予算の概要」の表紙には以下の文言が総表の上に大きく書かれている（文化庁 2018）。

◇社会的・経済的価値をはぐくむ文化政策への転換◇

〜新・文化庁元年　創設50年・文化庁は変わります〜

ここでいう経済価値とは、本文には明確にされていないが「文化財で稼ぐ」ということであろう。そして、2018（平成30）年10月から、「稼ぐ」文化庁の傘下に入った博物館にもこの「稼ぐ」が適用されることになるであろう。博物館、特に地域博物館の疲弊が叫ばれてから長い年月がたっている。地域の人口が少なくなれば当然税収も減る。地方行政の改革は当然のことで、それはかつて税収の好調な時に、いたずらに建築してしまったハコモノの整理が第1とならざるを得ない。よって博物館が犠牲となる。現実的に地域の博物館や文化財は人を直截的に幸福にしてくれないが、インフラ整備や福祉は確実に地域住民に幸せを約束するものであり、そちらの方が優先的に展開される。

近年博物館をとりまく環境は大きく変化した。「観光立国」と「地方創生」が推進され、博物館の観光施設化と指定管理者制度を基軸とした自己採算が強く求められるようになった。その結果、博物館学芸員の業務は激増したが、自治体の前例維持の原則から予算は増加せず、もちろん学芸員が増員されるわけではない。そのため学芸員の職務環境は悪化する一方となった。言い換えれば、逆境の中でも学芸員はより良い展示を追求し、地道な普及活動に努力しているのに、自治体はそうしたソフトの面を理解せず、ハードのランニングコストばかりを気にして予算削

第Ⅳ章 博物館の使命─収集と収蔵品管理─

減を繰り返しているのである。しかも、上記の一連の流れから、費用対
効果を求めるべき施設でないにもかかわらず、展示を中心とする教育・
普及活動の増加を命じ、入館者数のみが正義となっているのが現状で
ある。

そうした中、2018年5月19日の「YOMIURI ONLINE」に、リー
ディング・ミュージアム（先進美術館）の記事が掲載され大きな波紋を呼
んだ。

以下は記事の抜粋である（讀賣新聞2018）。

　　リーディング・ミュージアムに指定された美術館や博物館には
　国から補助金を交付し、学芸員を増やすなどして体制を強化する。
　これにより、所蔵する美術品などを価値付けし、残すべき作品を判
　断しながら、投資を呼び込むために市場に売却する作品を増やす。
　コレクターの購買意欲を高め、アート市場の活性化を促す狙いが
　ある。

　　国内の美術館や博物館からは、学芸員の絶対数が少なく組織体制
　が脆弱なことから、市場に売却してもよい美術品の判断や現代美術
　品の評価者としての役割まで担うのは難しいと指摘されていた。新
　制度は、こうした問題に対応し、国内各地の美術品のネットワーク
　作りの中核拠点としての役割を目指すもの。国内外のコレクターの
　関心を高める展覧会を積極的に開催し、日本美術の国際的な価値向
　上も図る（下線は筆者）。

すなわち、美術館や博物館の一部を「リーディング・ミュージアム」
として指定し、価値付けられた作品をオークションなどで売却する、と
いった内容で、この「売却」が注目を浴びたのである。

1　未来投資会議構造改革徹底推進会合における文化庁の説明

「YOMIURI ONLINE」の記事は「売却」に注目したものであるが、
元来は、2018（平成30）年4月に文化庁によって提示された経済効果を
最優先するための「リーディング・ミュージアム」構想のことである。
この構想の背景には様々な国策の構造がある。そのあたりの事情を見て

184

みたい。

　まず押さえておかなければいけないのは、その根本にある2013年1月に設置された「日本経済再生本部」である。その冒頭には以下の通り書かれている。

　　　我が国経済の再生に向けて、経済財政諮問会議との連携の下、必要な経済対策の実施や成長戦略の実現のための司令塔として日本経済再生本部を設置しています[1]。

　　　また、日本経済再生本部の下、「未来への投資」の拡大に向けた成長戦略と構造改革の加速化について審議するため、未来投資会議を開催しています。

　この日本経済再生本部は内閣総理大臣を本部長とした閣僚で構成され、経済戦略について策定している。

(1) 世界のアート市場と日本の経済

　日本経済再生本部の中に未来投資会議構造改革徹底推進会合が設置され、会議が重ねられてきた。2018年4月17日の政府の未来投資会議構造改革徹底推進会合「地域経済・インフラ」第4回会合のテーマは「1.観光立国ショーケースの形成の推進」「2.スタジアム・アリーナ改革」「3.アート市場の活性化」があげられた[2]。文化庁はこの「3.アート市場活性化に向けて」の発表の中でリーディング・ミュージアムの検討を明らかにしたのである。以下、その時の配布資料に沿ってリーディング・ミュージアムの構造を見てみたい[3]。

　まず、文化庁は、世界のアート市場における日本について説明する。すなわち、世界で最も大きなアートフェア「Art Basel」とスイスの銀行 UBS グループが2017年3月に発表したレポート「The Art Market 2018」では、世界の美術品市場の状況は、2014年に過去最高の682億ドルに達し、2016年度までに2年連続減少傾向にあったが、2017年は約12%も回復して637億ドル（約6兆7,500億円）となった。

　ところがこの6兆7,500億円に対し、日本のアート（美術品）市場規模は2,437億円で、一般社団法人アート東京の「日本のアート産業に関

する市場調査 2017」によれば、①美術品市場（画廊・ギャラリー、百貨店、アートフェア、ミュージアムショップ、インターネットサイト、作家からの直接購入）＋②美術関連品市場（著名な絵画を複製したポスター・ポストカード、展覧会の図録・カタログ等の美術書、著名な絵画・彫刻をモチーフとしたグッズ）＋③美術関連サービス（美術館・博物館への訪問に係る入場料の支払い、主要なアートプロジェクトへの訪問に係る消費）の合計で 3,270 億円と推計している。この場合消費者は国内在住者に限られ、美術品とは日本画・洋画・彫刻・現代美術・写真・映像作品・陶芸・工芸・書・掛軸・屏風を指すという。

　筆者は、この分類が大雑把な点と入場料を徴収する施設として「博物館」を含めている点などに問題があると考える。これを基準に文化庁は以下のように分析している。1 ドル＝103 円で計算すると、世界のアート市場の規模は前述のとおり 637 億ドル（約 6.75 兆円）になる。その中で日本の市場シェアは 2,437 億円に留まり、これは市場全体 3,6％程度に過ぎない。「The Art Market 2018」によれば、国別のシェアでは、米国 2.84 兆円（42％）。中国 1.42 兆円（21％）英国 1.35 兆円（20％）となっている。この市場シェアについて、文化庁は GDB 及び富裕層人数から以下のように推測している。日本の GDB（国内総生産）はアメリカ（18.6 兆ドル）中国（11.2 兆ドル）に次いで第 3 位（4.9 兆ドル）であり、富裕層の数も 2017 年では 269 万 3,000 人であることから、「日本のアート市場」は成長の余地があると考えられる、としている。

　この推計について、筆者は随分強引な数値操作であると批判したい。まず、GDB であるがこれはアメリカの 26％でしかなく、また富裕層人数も同じくアメリカの 1,535 万 6,000 人には遠く及ばず、日本の世界アート市場シェア 3.6％は妥当な数字で、決して成長は期待できないと考えるのである。

(2) 文化経済戦略

　文化庁の資料は続いて、2017 年 12 月 21 日に策定された「文化経済戦略」をあげている。すなわち

①国際社会における文化…国のプレゼンスを高める要素として文化

の意義や重要性が向上

②我が国の文化…世界に誇るべき多様で豊かな文化芸術資源が存在、

③経済における文化…産業競争力を決定づける“新たな価値の創出”を文化が牽引

の3点をあげ「文化政策が歴史的転換期を迎える中、「新・文化庁」として前例なき改革を断行」することを表明している。冒頭で紹介した「稼ぐ文化」への変換である。

この認識のもと、国家戦略の策定・実行として以下の条項があげられている。

①国・地方自治体・企業・個人が文化への戦略的投資を拡大

②文化を起点に他分野と連携した創造的活動を通じて新たな価値を創出

③新たな価値が文化に再投資され持続的な発展に繋がる好循環を構築

また、これを踏まえ、文化経済戦略が目指す将来像としても、以下の3点が掲げられた。

①花開く文化：未来に向けた「文化の着実な継承」、「次代を担う文化創造の担い手」の育成、「次世代の文化財」の新たな創造

②創造する産業：「文化芸術資源を活かした新産業・イノベーション」の創出、「文化芸術を企業価値につなげる企業経営」の推進

③ときめく社会：「文化を知り、文化を愛し、文化を支える国民層」の形成、「国民文化力」の醸成による「文化芸術立国」への飛躍

これらを活用し、文化を紹介する拠点としての美術館・博物館が考えられるのである。

(3) リーディング・ミュージアムの原型―アート産業の循環回路の現状 (イメージ)

特に注目すべきは、文化庁が示した図1の世界のアート市場の概念図である。中心に存在するのは「コレクター」であり、アートマーケットの原動力であるとの認識のもと、アートフェアやディーラーを一次流通、オークションを二次流通としている。そして、ミュージアムに

第Ⅳ章　博物館の使命―収集と収蔵品管理―

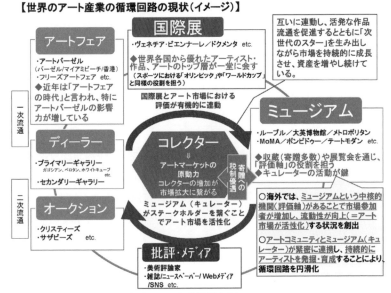

図1　世界のアート市場概念図（註3より転載）

ついては「ミュージアム（キュレーター）がステークホルダーを繋ぐことで市場を活性化できる」と位置付けている。そしてミュージアムとは「収蔵（寄贈多数）や展覧会を通じ「評価軸」の役割を担う」ものでキュレーターの活動が鍵となるとしている。ミュージアム（キュレーター）とアートコミュニティの緊密な連携して、持続的にアーティストを発掘・育成することにより、アート市場の循環回路が円滑化するというものである。これがリーディング・ミュージアムの原型である。ミュージアム（キュレーター）の「評価」を重視し、その「評価」によりアート市場の活性化がはかられるというものである。日本では「ミュージアム（キュレーター）が評価し、アートの流通に寄与する」ことに違和感があるが、文化庁は海外では通常のこととして判断している。

　そして、日本のアート市場の現状（指摘されている課題）のトップに
　「ミュージアム　収集予算が少なく購入力が極めて弱い／優遇税制が弱く寄贈も少ない　学芸員の絶対数が少なく、組織体制が脆弱／市場との関係性も希薄」であることがあげられている。これらは的確な指摘であ

ると考える。

さらに参考として「博物館・美術館の国際比較」があげられている。これによると、ルーブル美術館・大英博物館はそれぞれ約6万平米前後の面積を持つのに、日本は4つの国立博物館と5つの国立美術館を合わせてやっと6.5万平米となり、美術館の職員数もルーブル美術館の2,106人に対して日本は9館合わせても305人しかいないとしている。特に問題は収蔵品で、大英博物館の800万点、中国国家博物館が106万点なのに対し、日本は9館合計でも26万点にしか過ぎないとしている。

(4) リーディング・ミュージアムの位置

文化庁は以上の背景から、アート市場の目指すべき方向性として「優れた美術品がミュージアムに集まる仕組みを構築し、美術品の二次流通の促進、アートコレクター数の増、日本美術の国際的な価値向上を図るとともに、国内に残すべき作品についての方策を検討し、アート市場活性化と文化財防衛を両立させ、インバウンドの益々の増に繋げる。」とし、今後考えられる施策として

① <u>リーディング・ミュージアムの形成・学芸員等体制の強化・全国のミュージアム・コレクションのネットワーク化・ミュージアム・コレクションを持続的に充実させる仕組みづくり</u>

② アートに係るインフラ整備・<u>美術品がミュージアムに集まることを促す税制の検討</u>・「データベース」「アーカイブ」「トレーサビリティ（来歴情報）」の整備

③ 世界のトップ層を呼べるアートイベントの実現

④ 日本美術に関する情報の積極的海外発信（翻訳支援等）

の4点をあげている。ここで初めてリーディング・ミュージアムが出て来たのであって、日本の文化経済戦略の一つであるアート市場の活性化の中心として位置づけられたのである。

また②の税制の検討については、文化財保護法の改正を前提に、改正法に基づく保存活用計画を策定し、国による認定を受け、美術館等に寄託・公開された「国宝・重要文化財・登録有形文化財（美術工芸品）」

第Ⅳ章　博物館の使命―収集と収蔵品管理―

について、相続税の納税猶予の特例を創設する。これにより、美術品・文化財の次世代への確実な継承と、公開・活用を促進するとしている。

(5) リーディング・ミュージアムの仕組み

　もう一度、リーディング・ミュージアムの仕組みを確認したい。図2のようにリーディング・ミュージアムに指定されると、そのミュージアムは、まずアートフェアなどで作品を購入する。あるいはコレクターから作品の寄贈を受ける。その際にはコレクターには税制優遇措置がされる。その作品の中から一定数をオークションなどで売却し、アート市場を活性化しようとするものである。言い換えれば、ミュージアムが美術品の売買に関与することで、アート市場の創出ができると見ることができる。端的に表現すれば、リーディング・ミュージアム作品を購入して国内に残すべきものの方針を検討した上で、作品売却するというもの

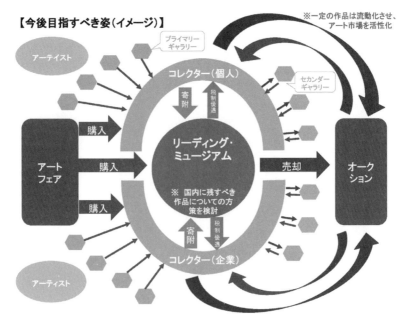

図2　リーディング・ミュージアムの構造 (註3より転載)

である。よって、学芸員などのスタッフは、この選別にあたることになり、展覧会などにより積極的な発信を行い、それはコレクターの関心を喚起するようなものであることが必要であるということになる。

2 リーディング・ミュージアムへの美術界からの批判

これに対し、全国389の国公私立美術館で構成する全国美術館会議は、2018（平成30）年6月19日「美術館と美術市場の関係について」声明を発表し、「美術館が直接アート市場への関与をすべきではない」と批判した（以下、下線は筆者）。

以下はその声明である（全国美術館会議2018）。

> 美術館はすべての人々に開かれた非営利の社会教育機関である。美術館における作品収集や展覧会などの活動が、結果として美術市場に影響を及ぼすことがありうるとしても、美術館が自ら直接的に市場への関与を目的とした活動を行うべきではない。

まず、美術館は社会教育機関であることを確認し、美術館が主体的にアート市場に関与すべきでないことを強調している。さらに、美術館とは何かについて言及している。

> 美術館による作品収集活動はそれぞれの館が自らの使命として掲げた収集方針に基づいて体系的に行われるべきものである。美術作品を良好な状態で保持、公開し、次世代へと伝えることが美術館に課せられた本来的な役割であり、収集に当たっては投資的な目的とは明確な一線を画さなければならない。なお、収集活動は購入ばかりではなく寄贈も大きな比重を占めている。将来にわたって美術館が信頼すべき寄贈先と見なされるためにも、この基本方針は重要な意味を持つものである。

実は、この声明は、『美術館の原則と美術館関係者の行動指針』（全国美術館会議2017）のうち、以下のコレクション形成・保存に関する以下の原則6と行動指針6に基づいている。これは2017年に同会議が総会で策定したもので、全国の美術館の活動の指針として支持されてきた。

美術館の原則6

　美術館は、体系的にコレクションを形成し、良好な状態で保存して次世代に引き継ぐ。

美術館関係者の行動指針6：収集・保存の責務

　美術館に携わる者は、作品・資料を過去から現在、未来へ橋渡しすることを社会から託された責務として自覚し、収集・保存に取り組む。美術館の定める方針や計画に従い、正当な手続きによって、体系的にコレクションを形成する。

としている。

　永瀬恭一は、リーディング・ミュージアムについて以下のように分析している[4]。

　　アートフェアは世界との差が大きく、ディーラーは経営基盤が弱く海外顧客頼みで、オークションは規模が小さい。これらの改善を、アートマーケットが独自にすることをせずにミュージアムに代替させ解決しようというのが「リーディング・ミュージアム」である。簡単に言えば、ここでは悪質なクラス、あるいはカテゴリーの混濁が行われている。

　永瀬の他にも、多くの批判があるが、要はミュージアムが市場経済に取り込まれること、その中で学芸員が作品を評価し、ミュージアムに残すべきではないとした作品を「売却」することに対しての反対である。

3　リーディング・ミュージアムの背景にあるもの

　2017（平成29）年6月22日、文化庁で「これからの国宝・重要文化財（美術工芸品）等の保存と活用の在り方等に関するワーキンググループ」が持たれ、その中で「美術館・博物館の役割」として「社会・地域において経済的な役割を担いうることや、収入を生む活動に貢献しうることを認識することが重要である。観光、経済活動に関係して、地域社会や地方の質の高い豊かな生活に貢献するような取組が行われるよう、これまでの文化財に係る保存・継承に係る政策と関連分野と緊密に連携しな

がら総合的に推進する必要がある」という議論がなされた（文化庁 2017）。

　国は、このように「文化財で稼ぐ」をひたすら推進しているのである。しかも性急に、そして強引に、なぜであろうか。この裏には政府に独自の「観光立国」論を提言し続けているデービット・アトキンソンの影響がある。経済アナリストであるアトキンソンは、少子高齢化が進む日本の財政改善には、インバウンドによる観光立国こそが有効な手段であるのに、観光の環境が不備であること、文化財の活用ができていないことを非難する。故国イギリスの文化財政策を賞賛し、日本の博物館には「体感」が無いことを指摘している（アトキンソン 2016・2017）。

　確かに日本政府観光局（JNTO）によると、世界各国・地域への外国人訪問者数（2014 年上位 40 位）で、日本は世界で 22 位、アジアで 7 位と、世界で 1 位のフランスに大きく差がついている。こうした状況について、具体的な数値を並べ「伝統文化を守る金は伝統文化で稼ぐ」という彼の提言に誰も反論できていないのである。確かに経済学の立場から見ればアトキンソンの指摘は的確な部分も少なくないし、営利を優先することだけに終始して、インバウンドに「とにかく公開する」ことを求めるという極端な理論は、政府の方針と見事に合致する。経済効果を求めるだけなら、日本型観光はインバウンドには通用しないかもしれないが、開帳と巡礼、そして名所と名物はそれも日本の伝統文化なのである。アトキンソンのいう「ボロボロな建物」も、神社なら遷宮して建て替えればよいことで、伝えることと伝えなくても良いことを日本人は自分で判断してきたのである。他国文化を受容しながら自国文化として組み直し、すぐに変化する。それでよいのである。一方で、明治以前には各地に個々の文化があり、言語があったものを近代以降西欧化して一元化したことは事実だし、現代の文化財行政が腐敗した補助金主義であることも間違いない。だが文化財である前にそれぞれの存在の意味があり、ただ観せることがそぐわない材質もあるがために秘仏や秘宝物の観念が文化として成立していたのである。インバウンドにはそれも含めて日本文化を体感してもらいたいと考えるものである。

おわりに

　2018（平成30）年3月、林芳正文部科学大臣（当時）は、中央教育審議会に公民館・図書館・博物館の所轄を教育委員会から首長部局への移転の可能性について諮問した。中央教育審議会は同年7月9日、特例としてこれを認めるとする答申を行った。一方2018年10月1日、文部科学省設置法の一部を改正する法律により「これまで一部を文部科学省本省が所管していた博物館に関する事務を文化庁が一括して所管することにより、博物館の更なる振興と行政の効率化を図る」としている（文部科学省2018）。そして、改正文化芸術基本法（平成29年6月23日最終改正）により冒頭で述べた「稼ぐ」文化庁の傘下で厳しい改革を迫られることになるであろう。また、2019年4月1日に施行される、地方教育行政の組織及び運営に関する法律の一部改正により、地方公共団体における文化財保護の事務は教育委員会の所管とされていたものを、条例により地方公共団体の長が担当できるようになる。これは何を意図したものであろうか。それはまず文化財の活用であり、首長部局、おそらく観光関係部署が担当することにより「観せて稼ぐ」ことへの転換である。

　その場として美術館・博物館が選ばれることは必至である。こうした流れでリーディング・ミュージアムは構想されたのであり、図1で見せた世界のアート市場の構図を日本にも取り入れようとしたものであろう。

　どのように努力を重ねても、美術館や博物館が単体で収支を黒字にすることは不可能に近い。そのため公立の美術館・博物館の運営には税金の投入が不可欠である。たとえ赤字でも、美術館・博物館の存在意義を地域住民が理解していれば問題はない。しかし、多くの美術館が、著名なコレクションやアニメの巡回展の時だけ観覧者が押し寄せ、その他の時期は入館者はまばらである。そうした中で美術館・博物館が「公共の財産」「文化の発信施設」と認識されているとは言い難い。

　しかし、一番の問題は美術館・博物館の「資料」である。これを等閑視して物事が進んでいる。最後に残るのは「資料」の力であることは間違いない。その資料を市場の活性化のために利用し、売却するのは本末転倒であるし、その中に寄贈品を含めていることはあってはならないこ

とである。

　リーディング・ミュージアムは経済優先の文化庁と博物館法をもとに
社会教育施設を強調する美術館・博物館の乖離を表現している。つま
りアート市場と美術館・博物館の原理を混同させた産物であると言わざ
るを得ない。そして、何といっても、文化庁の担当者が果たして博物館
法を参照しているとは思えないのである。平成30年度予算で、文化庁
は「アート活性化事業」として新規に5,000万円を獲得した。その獲得
ための努力説明のために利用されたとも考えられなくもない。

　2018年10月30日、パシフィコ横浜で開催されたアートミュージア
ム・アンヌアーレで、文化庁企画調整課長榎本剛は「新・文化庁のこれ
から」というタイトルで報告を行った。会場からは、当然リーディン
グ・ミュージアムについての質問があったが、その答えは「リーディン
グ・ミュージアムという構想はない」という驚くものであった。では半
年にわたる議論は何であったのか？自らが提出した資料を否定するので
あろうか？後味の悪い終わり方でリーディング・ミュージアム論争は集
結したが、こうした構想を一時的にも博物館を所管する文化庁が持った
ことが問題で、これからも予断を許さない状況が続くことは間違いない。

註
1) 首相官邸政策会議公式HP（日本経済再生本部）https://www.kantei.go.
jp/jp/singi/keizaisaisei/（2019年3月13日確認）
2) 首相官邸政策会議公式HP（構造改革徹底推進会合（H29.9～））https://
www.kantei.go.jp/jp/singi/keizaisaisei/miraitoshikaigi/suishinkaigo2018/
index.html（2019年3月18日確認）
3) 未来投資会議　構造改革徹底推進会合「地域経済・インフラ」会合（中
小企業・観光・スポーツ・文化等）第4回配布資料（資料7 文化庁提出
資料「アート市場の活性化に向けて」2018/04/17）https://www.kantei.
go.jp/jp/singi/keizaisaisei/miraitoshikaigi/suishinkaigo2018/chusho/
dai4/siryou7.pdf（2019年3月13日確認）
4) note　一人組立（永瀬恭一）2018/05/21 15:38「リーディング・ミュー
ジアムの問題点」https://note.mu/nagasek/n/n913f60bbc915（2019年
3月20日確認）

〈参考文献〉

ART-Storms「日本の将来のアート戦略」（2018.05.20）https://art-storms.com/日本の将来のアート戦略/（2019年3月18日確認）

全国美術館会議　2017『美術館の原則と美術館関係者の行動指針』

全国美術館会議　2018「美術館と美術資料の関係について（声明）」http://www.zenbi.jp/data_list.php?g=91&d=579（2019年3月20日確認）

デービット・アトキンソン　2016『新観光立国論』東洋経済新報社

デービット・アトキンソン　2017『国宝消滅　イギリス人アナリストが警告する「文化」と「経済」の危機』東洋経済新報社

美術手帖「政府案の「リーディング・ミュージアム（先進美術館）」（NEWS/HEADRINE-2018.5.21）とは何か？文化庁「確定事項は何もなく検討中」」bijutsutecho.com/magazine/news/headline/15569（2019年3月15日確認）

美術手帖「文化庁に聞く「リーディング・ミュージアム（先進美術館）」の真意。作品売却は否定」（INTERVIEW-2018.6.3）bijutsutecho.com/magazine/interview/16085（2019年3月20日確認）

文化庁　2017「文化審議会文化財分科会企画調査会中間まとめの取りまとめ及び意見募集の実施について」http://www.bunka.go.jp/koho_hodo_oshirase/hodohappyo/2017083101（2017年9月1日確認）

文化庁　2018「平成30年度文化庁予算の概要」http://www.bunka.go.jp/seisaku/bunka_gyosei/yosan/index.htm（2018年7月8日確認）

文部科学省　2018「文部科学省設置法の一部を改正する法律の概要」www.mext.go.jp/b_menu/houan/kakutei/detail/1405567.htm（2019年3月19日確認）

讀賣新聞（YOMIURI ONLINE）　2018「アート市場活性化へ「先進美術館」創設検討」http://www.yomiuri.co.jp/culture/20180519-OYT1T50070.html?from=tw（2018年5月30日確認）

結章　博物館の再生を目指して

1　求められる新博物館法の要件

栗原祐司

はじめに

　我が国の博物館法は戦後新たに制定されたものだが、当初は総合的な博物館法制度を志向していた。しかしながら、1950（昭和25）年に法隆寺金堂の焼失という未曽有の事件を受けて制定された文化財保護法に基づき、国立博物館が文化財保護委員会（現在の文化庁）の所管下に置かれたことによってその対象から外れるなど、制定当初からある意味「不完全」な状態に置かれ続けてきた。また、公立博物館については、社会教育施設であるがゆえに教育委員会の所管であることを前提としたことから、その後の時代の推移に伴い、首長（都道府県知事、市町村長）部局が所管する公立博物館が増加したにも関わらず、それらが登録博物館になれないという状態が続いている。施設整備費補助金の廃止をはじめ登録のメリットが減少したことともあいまって、登録博物館制度そのものが形骸化しているのが現状である。もとより、登録の更新期限が設けられていないなど制度的な欠陥もあり、本来であれば適時適切な法制度の見直しをしなければならなかったにも関わらず、1955年の改正を除けば、大きな法改正が行われてこなかったのである。このことは、行政の不作為であると国に責任を転嫁するのは簡単だが、国に強く働きかけてこなかった博物館界にも問題があるだろう。しかしながら、最近文化行政が大きく変動する中で、ようやく博物館法を抜本的に改正することが現実のものとなり始めている。本稿では、現状において求められる新博物館法の要件について私見を述べることとしたい。

197

結章　博物館の再生を目指して

1　登録博物制度の課題

　博物館法は、1949（昭和24）年に制定された社会教育法の特別法として、1951年12月に公布、翌3月に施行された。博物館法が社会教育法の特別法であるとする根拠は、社会教育法第9条で「図育館及び博物館は、社会教育のための機関とする。」と規定し、同条第2項で「図書館及び博物館に関し必要な事項は、別に法律をもつて定める。」と規定していることからも明らかであり、それゆえ図書館法及び博物館法では、いずれも第1条において「社会教育法の精神に基き、」と明記している。また、教育基本法第12条第2項において、「国及び地方公共団体は、図書館、博物館、公民館その他の社会教育施設の設置、学校の施設の利用、学習の機会及び情報の提供その他の適当な方法によって社会教育の振興に努めなければならない。」と規定し、我が国の法制度上、博物館は社会教育施設であるとの位置づけが明確になされている。

　博物館法は、これまで26回に及ぶ改正を行ってきているが、そのほとんどが行財政改革や地方分権等に伴う一括法による改正であり、これ以外の改正はほとんど条文を削除される一方の改正であったと言っていい。筆者も関わった2008（平成20）年の法改正は、教育基本法の改正を受けたもので、およそ半世紀ぶりに新たな条項を新設したが、最大の課題であった登録制度を見直すまでには至らず、関係者からは期待外れとの指摘を受けた。2008年改正のバックボーンとなったこれからの博物館の在り方に関する検討協力者会議の報告書『新しい時代の博物館制度の在り方について』では、登録の設置主体の限定撤廃や博物館相当施設の指定制度を登録博物館制度に一本化することなどを提言したが、その後の博物館法改正において、それが実現しなかったのは、まさに博物館が法体系上、社会教育施設と位置付けられているからである。すなわち、博物館法第19条では、「公立博物館は、当該博物館を設置する地方公共団体の教育委員会の所管に属する。」と規定している。また、地方教育行政の組織及び運営に関する法律（以下「地教行法」という。）第23条第12号により「社会教育に関すること」は教育委員会の職務権限であるとされていることから、社会教育施設である博物館は、2つの法律

によって教育委員会所管であることを規定されていることになる。した
がって、博物館法だけでなく地教行法も改正しない限り、首長部局所管
の博物館を登録博物館の対象とすることはできないのである。

　そもそも、なぜ社会教育施設が教育委員会の所管とされているのかと
言えば、教育の政治的中立性、継続性・安定性の要請によると説明さ
れてきた。しかしながら、地方分権の観点から行われた 2007 年の地教
行法改正においては、教育委員会の職務権限の特例を定めた第 24 条の
2 が追加され（現第 23 条）、地方公共団体の判断により、スポーツに関す
ること（学校における体育に関することを除く。）及び文化に関すること（文
化財の保護に関することを除く。）は、首長部局において管理、執行するこ
とができることとされた。問題は、この改正に際して博物館法制度を
厳密に検討することなく「文化施設」だけを職務権限の特例としたこと
で、「社会教育施設」である博物館は、教育委員会の職務権限の特例の
対象とならなかったのである。しかるに、そのすぐ翌年に生涯学習政策
局が博物館を特例に追加しようと働きかけても、地教行法を担当する初
等中等教育局が決着済みの話に耳を貸すことはなく、結局文部科学省内
において博物館法の抜本的改正は見送られることとなったのであった。

　ところが、その後 10 年を経て、文化行政は大きく変容した。政府は
インバウンドを中心とする観光政策を重点的に打ち出し、2016 年 9 月
から国立博物館・美術館で夜間開館や多言語化の推進などが、なかば費
用対効果や博物館学を考慮しないまま急速に進められ、さらに翌 2017
年には文化審議会に「これからの文化財の保存と活用の在り方につい
て」諮問がなされた。既に同年 3 月から文化庁庁舎内に内閣官房の「文
化経済戦略特別チーム」が設置され、「稼ぐ」文化への展開が進められ
ており、こうした一連の動向から文化を「新たな有望成長市場」と位置
付けた政府の方針は明らかであった。同年 12 月に文化審議会が取りま
とめた第一次答申は、文化財の活用を大きく打ち出す内容となり、同
答申を踏まえ、文化財保護法及び地教行法の改正が行われた。その結
果、10 年前は文部科学省・文化庁が完全に否定していた文化財保護に
関する事務についても、首長が担当することができるようになったので

ある。また、同時に文部科学省設置法の改正も行われ、2018年10月から博物館行政は文化庁に一元化され、従来文部科学省生涯学習政策局が所管していた博物館法は文化庁の所管となり、独立行政法人国立科学博物館もその所管となった。そして、文化庁は、2021年度中の京都移転を見据え、文化部や文化財部を廃止し、分野別タテ割りから機能を重視した大きな組織改編を行った。これにより、法制度及び自然史系博物館は生涯学習政策局、美術館・歴史博物館は文化庁の所管であるなど、一体的・総合的な博物館行政が行われていなかった長年の博物館行政の課題はひとまず解消された。問題は、法制度上は依然として博物館は「社会教育施設」となっているねじれ現象をどうするかである。極論を言えば、教育基本法を改正し、博物館法を廃止する一方で、文化芸術基本法の下で新たな博物館振興法を制定するという方法もあり、日本学術会議が2017年7月20日にまとめた提言「21世紀の博物館・美術館のあるべき姿―博物館法の改正へ向けて」では、文化財保護法と博物館法の一元化を検討すべき課題として挙げている。いずれにせよ、根本的な問題として、「社会教育施設」であることを堅持すべきかどうかということは、改めて慎重な検討を行うべきであろう。

　さて、文化財保護に関する事務を首長が担当できるのであれば、もはや博物館を担当できないとする理由は見出しにくい。社会教育施設に関しては、2017年12月26日に「平成29年の地方からの提案等に関する対応方針」が閣議決定され、「公立博物館については、まちづくり行政、観光行政等の他の行政分野との一体的な取組をより一層推進するため、地方公共団体の判断で条例により地方公共団体の長が所管することを可能とすることについて検討し、平成30年中に結論を得る。」とされた。これを受けて、中央教育審議会生涯学習分科会に「公立社会教育施設の所管の在り方に関するワーキンググループ」を設けて議論を行い、最終的に2018年12月21日、中央教育審議会答申「人口減少時代の新しい地域づくりに向けた社会教育の振興方策について」において、「社会教育に関する事務については今後とも教育委員会が所管することを基本とすべきであるが、公立社会教育施設の所管については、当該地方の実

情等を踏まえ、当該地方にとってより効果的と判断される場合には、地方公共団体の判断により地方公共団体の長が公立社会教育施設を所管することができることとする特例を設けることについて、（中略）社会教育の適切な実施の確保に関する担保措置が講じられることを条件に、可とすべきと考える。」とされた。こうして、教育委員会が所管することとなっている博物館、図書館、公民館などの公立社会教育施設について、地方公共団体の判断により首長部局へ移管することを可能とする地教行法の改正を含む「地域の自主性及び自立性を高めるための改革の推進を図るための関係法律の整備に関する法律」（第9次地方分権一括法）が2019（令和元）年5月31日に可決され、6月7日に公布・施行されたのである。

　長年の課題であった教育委員会所管の法的課題も解決した。後は登録博物館制度をどう見直すかである。すでに2017年3月に日本博物館協会が『「博物館登録制度の在り方に関する調査研究」報告書』をまとめているが、登録制度を継続するのであれば、国立博物館・美術館や大学博物館、さらには地方独立行政法人や社会福祉法人等、全ての設置形態の博物館に登録申請を行う資格を与えるべきだろう。その上で、更新規定等を設け、外形的観点の審査ではなく、社会に求められる博物館として実質的な活動の量・質を審査する仕組みとする必要があるだろう。

　また、博物館法第29条に基づく博物館相当施設は、当初は教育委員会所管の施設のみに指定の対象を限定していたが、1998年4月17日の生涯学習局長通知「博物館に相当する施設の指定の取扱いについて」によって、首長部局所管の施設についても指定の対象とする運用がなされている。博物館相当施設は、もともと学芸員の暫定資格を広く与えるための緊急措置として、登録博物館の対象外である施設を法律上規定する必要から設けたという経緯があり、筆者は前述の地教行法の関係から考えれば、局長通知のみをもって運用を改めたことは必ずしも適切ではなかったと考えている。博物館相当施設の要件は、登録博物館と大きな違いはなく、一般国民に対する指標やステイタス、使命感の醸成等のインセンティブを付与する観点から、設置主体の限定がある登録制度を補完するための制度であると考えても、その位置づけは極めてあいまいなも

のであり、登録制度の見直しに際しては一本化するべきであろう。

　次に、登録事務に関しては、1999年の地方自治法改正によって機関委任事務が廃止されたことに伴い、各都道府県教育委員会の自治事務とされたが、文部科学省が1997年に行った調査によれば、約6割以上の都道府県教育委員会が1952年の文部省社会教育局長通達で示された「博物館の登録審査基準要項」を今なお参考にしていた。また、博物館法第12条に基づき、博物館資料（実物資料が原則）、学芸員その他の職員、建物及び土地を有していることを登録博物館の必要要件とし、1年を通じて150日以上開館していることを最低条件としているが、書類上の事務的な審査にとどまっている都道府県すらあるのが実態である。前述の協力者会議の報告では、全国の博物館に対する博物館登録審査業務、学芸員に対する一定の資格の付与業務及び関係資格の認証業務を一元的に行う第三者機関の設立を提言しており、例えば日本博物館協会がそれらの事務を行うことについても、改めて検討するべきであろう。さらには、登録制度に拘泥せず、米英のような博物館協会による認証（Accreditation）制度とすることも検討すべきである。ただし、登録であれ、認証であれ、重要なのは、それに伴うメリットがなければ意味がないということである。新たな制度では、予算や税制、規制緩和等の優遇措置だけでなく、運営や学術面での指導助言的な内容も含まれるべきで、近視眼的な数値目標等に基づく評価基準で判断するのではなく、真に博物館再生に向けた総合的な観点からのメリットが付与されなければ、再び形骸化の道を歩むことになるであろう。折しも、2019年9月のICOM京都大会では、ICOM規約の「Museum」の定義が見直されることが予定されており、これを踏まえて日本での博物館法改正の議論が本格化すると思われる。拙速に結論を急ぐのではなく、博物館関係者の叡智を絞って、登録制度の在り方も含め、よりよい博物館法制度を実現しなければならない。

2　学芸員制度の課題

　博物館の専門的職員である学芸員は、「博物館資料の収集、保管、展

示及び調査研究その他これと関連する事業についての専門的事項をつかさどる」（博物館法第4条第4項）こととされ、法令上博物館は社会教育施設という位置づけであることから、学芸員も教育従事者としての立場を有することになる。そして、その資格を取得するために必要な単位等の要件については、博物館法施行規則で詳細に定めており、2009（平成21）年4月にその改正を行い、養成課程の充実が図られた（2012年4月1日施行）。

　ただし、大学における「博物館に関する科目」の単位の修得については、各大学で開講している科目を国が個々に課程認定を行うことを法的に義務付けていないため、自ずからその質や内容については差が生じることになる。したがって、学芸員資格の“質の保証”という観点から養成制度の抜本的な改善を図るためには、教員養成と同様に課程認定制度を導入するなり、国家試験を必須とすることなどを検討することが求められる。

　日本の学芸員は、欧米のキュレーターに比べてその社会的地位は低く、その職掌は法令上、博物館法の対象範囲内に限られる。しかし、いわゆる資料蓄積型の社会教育・文化・学術施設において、資料に関する専門的な研究を行い、その知識をもって展示・保管業務を行う国家資格は学芸員しか存在しないため、結果的に“学芸員有資格者”が博物館以外の施設で学芸業務を行う場合も「学芸員」を名乗ることが多い。地方公共団体において埋蔵文化財担当職員に「学芸員」発令をしている例などは、その典型であろう。同様に、教育委員会事務局や文化ホール、図書館、公文書館等で学芸業務に従事している者が学芸員として発令されていたり、自ら名刺に資格名を書いている例なども散見されるが、もとより博物館法が想定していた用例でないことは言うまでもない。

　欧米のキュレーターは、博物館における資料の収集、保存、研究等に携わり、専門知識をもって業務にあたる点では日本の学芸員に類似しているが、一般に日本の学芸員よりも高い権限を有し、大学の教授職に相当する存在である。そもそも、館長職に専門性を持たない行政官が充てられることは欧米ではほとんどなく、専門家でないのであれば外部資金

結章　博物館の再生を目指して

を調達するなどのマネージメントに長けていることが必須であり、何より尊敬と信頼を得ることのできる人材であることが求められている。多くの博物館が人員不足から少人数で研究活動は勿論のこと、資料の収集、保存、展示の企画立案、貸借、保険、図録用の写真撮影、執筆、編集、そして実際の展示造作や照明、広報、教育普及事業まで行っていることが多い。一見、一人で何役もこなすスーパーマンのように見えるかもしれないが、複数の専門家がチームを組んで作業をしたほうが、質的にも量的にも優れた業務を遂行できることは言うまでもない。一人一人の能力は優れていても、少ない人数でこなせることの限界はあり、欧米の体制だけを真似ても優れた運営はできない。それが日本の博物館の現実であれば、少ない人数で相互に複数の職務を分担し合い、外部の研究者や業者等と連携・協働しつつよりよい運営を目指すことが、日本型の学芸員のあるべき姿であろう。それ以前に、学芸員の社会的地位が低いことこそ、早期に改善されなければならないが、理想は高く掲げつつも、現実に置かれている状況の中で最善の対応を考えていく必要がある。

　我が国で学芸員養成課程を有する大学は今なお300校あるが、実は博物館学の専任教員は全国で数えるほどしかいないのが実態である。その多くは考古学や美術史等他の分野を専門とする教員であり、学生もまた主専攻のかたわら学芸員養成課程を履修している場合がほとんどである。また、大学を卒業して修士課程で博物館学を学ぼうとしても、今度は博物館学関連の研究科を開設している大学院はわずかしか存在しないというのが実態である。毎年およそ1万人の有資格者が誕生していながら、実際に博物館等に学芸員として就職できるのは数％であるということがよく喧伝されるが、実は、本格的に博物館学について学ぶ高度専門職業人養成の場そのものが、極めて限られていることも問題であろう。前述の協力者会議報告書では、いわゆる上級学芸員制度の創設や館種別の学芸員制度とすることなどの提案がなされているが、まずはハイレベルな現職研修を行うことも可能な大学院制度を充実させることが急務である。世界的に見れば、博物館の専門職員について国家資格を設けている国は少数でしかないが、我が国が早くも1951（昭和26）年に学芸員資

格制度を設けたことは、日本の博物館の発展のための人材育成に大きな効果があったことは間違いない。問題は、その後の半世紀に時代の変化に応じた検証や見直しが十分に行われてこなかったことにある。アメリカのように資格をなくすか、イギリスのように博物館協会等の任意資格とするか、韓国のようにより段階的な制度とするか、あるいはフランスのコンセルヴァトゥール（Conservateur）のように行政官としての専門職を養成するか、選択肢は様々あったはずである。前述の日本学術会議提言「21世紀の博物館・美術館のあるべき姿──博物館法の改正へ向けて」では、学芸員養成課程の学部から大学院カリキュラムへの格上げや、学芸員を研究者として認知する必要性を明記しながらも、学芸員養成課程や学芸員資格制度の見直しまで踏み込んでおらず、さらなる議論が必要である。

　今や学芸員制度そのものが、グローバル社会の中で大きな変革を求められており、単なる社会教育施設の職員ではなく、博物館の総合的なマネージメントを行う高度職業人材としての育成が必要とされている。学芸員にとって必要とされる基本的な素養は、専門性だけではなく、豊富な教養と語学力、コミュニケーション能力、知的好奇心等であり、さらには健全な体力なども求められる。国際的な文化発信の観点からも、博物館を支える人材の養成の検討が急務である。

3　関連法令との連携

　博物館に関連する法令としては、近年文化行政における検討が積極的に進められてきた。1998（平成10）年に相続税における美術品の物納を可能とする「美術品の美術館における公開の促進に関する法律」、2011年に展覧会の主催者が海外から借り受けた美術品に損害が生じた場合に、政府が当該損害を補償する「展覧会における美術品損害の補償に関する法律」（いわゆる「美術品国家補償法」）、同年に海外の美術品等の我が国における公開の促進を図るため、海外の美術品等に対する強制執行、仮差押え及び仮処分を禁止する「海外の美術品等の我が国における公開の促進に関する法律」（いわゆる「海外美術品等公開促進法」）が、それぞれ

結章　博物館の再生を目指して

制定され、博物館政策の発展に寄与している。

　また、館種に応じて、国宝・重要文化財を所有または展示する場合には「文化財保護法」、銃砲刀剣類を所有または展示する場合には「銃砲刀剣類所持等取締法」、美術品の展示公開等に関しては「著作権法」、動物園・水族館の運営に関しては「動物の愛護及び管理に関する法律」、植物園等の展示に関しては「絶滅のおそれのある野生動植物の種の保存に関する法律」(いわゆる「種の保存法」)等が密接に関連してくる。しかしながら、例えば文化財保護法では「公開承認施設」という制度があり、同法第53条に基づき所有者以外の者が国宝・重要文化財を公開する場合、原則として文化庁長官の許可を必要とするものの、あらかじめ文化庁長官の承認を受けた博物館等は事後の届出で足りることとされている。この承認基準は、文化財の取扱いに習熟している専任の学芸員等が2名以上置かれていることや、博物館の施設全体の防犯及び防火体制の体制が確立していること等を要件とし、その効力は5年間で、承認に際してもその申請前5年間に国宝・重要文化財の公開を適切に3回以上行った実績が求められている(「重要文化財の所有者及び管理団体以外の者による公開に係る博物館その他の施設の承認に関する規程(平成8年文化庁告示第9号)」)。この承認基準自体、かなり厳しい要件を課しているが、各館にとっては国宝・重要文化財を公開するためには必要なことであり、毎年ほぼ120施設程度が公開承認施設になっている。この中には博物館類似施設も一定数含まれており、これらの館は博物館相当施設の申請資格を有していながら、あえて申請していないのはそのメリットがないからであろう。「美術品国家補償法」の制定に伴い、いくつかの大型館が博物館相当施設の指定申請を行ったのは、まさにメリットができたからにほかならない。本来、登録博物館もこの承認基準と同様の要件を課してしかるべきであり、少なくとも登録博物館であることを承認の要件とすることが理想だと思われるが、博物館法では博物館の事業について規定した第3条第1項第8号に「当該博物館の所在地又はその周辺にある文化財保護法の適用を受ける文化財について、解説書又は目録を作成する等一般公衆の当該文化財の利用の便を図ること」とあるだけで、登録博

206

物館制度や学芸員制度と文化財保護法はリンクしていない。博物館法が文化庁に移管された今こそ、再考するべきであろう。また、文部科学省は、近年動物園・水族館や植物園に対して積極的に関与してこなかった。例えば、日本動物園水族館協会では、「国立動物園」の設置や「動物園水族館法」の制定を要望し、環境省において2013年10月に「動植物園等公的機能推進方策のあり方検討会」を発足させたが、総合的な博物館法制度を構築する発想はなく、環境省所管による新法の制定が小規模動物園等を切り捨てることになる懸念等から新たな立法は見送られている。動物園・水族館や植物園に対して登録博物館のメリットを拡充するのであれば、環境省や国土交通省、経済産業省、農林水産省等他省庁所管の制度も視野に入れなければならない。動物の愛護及び管理に関する法律において、動物園・水族館はペットショップ等と同列の扱いとされ、動物取扱業を営む者としての登録を受けなければならないが、環境省は、動物園・水族館法等の法的規制が無い現状においては、動物取扱業の「展示」業の枠から外すための基準の設定が困難であるとの主張を譲らない。その基準を新たな博物館法で規定することはできないものだろうか。また、2017年の種の保存法改正によって、希少種の保護増殖に関して一定の基準を満たす動植物園等を環境大臣が認定する「認定希少種保全動植物園等」制度が創設された。これによって希少野生動植物種の譲渡等の規制が原則として適用されなくなり、繁殖等に向けた他園館との円滑な個体移動や、多くの来園者に対する環境教育の促進が期待されている。同制度と登録博物館制度をリンクさせることはできないものだろうか。

　さらに、絶滅のおそれのある野生動植物の種の国際取引に関する条約（いわゆる「ワシントン条約」）において認められている「科学施設」の認定が日本では行われていないため、ラン等の輸出入が事実上不可能になっていたが、2019年4月に経済産業省の検討会議が必要な制度整備を行うべきとの方針をまとめた。こうした「科学施設」の対象には、博物館法に基づく登録博物館及び博物館相当施設も含まれており、今後積極的に連携を図るべきであろう。2018年10月から施行された文部科学省設

置法において、文化庁は「文化に関する基本的な政策の企画及び立案並びに推進に関すること」と「文化に関する関係行政機関の事務の調整に関すること」（第4条第1項第77・78号）が新たな所掌事務とされた。博物館法が文化行政に移管された今こそ、新たな博物館法を定めるチャンスであり、すべての博物館関係者は望ましい博物館制度の構築に向けて全力で取り組まなければならないだろう。

〈参考文献〉

環境省動植物園等公的機能推進方策のあり方検討会　2014『動植物園等の公的機能推進方策のあり方について　平成25年度報告書』

栗原祐司　2014「我が国の博物館法制度の現状と課題」『國學院雑誌』115-8

これからの博物館の在り方に関する検討協力者会議　2007『新しい時代の博物館制度の在り方について』（報告書）

中央教育審議会　2013「今後の地方教育行政の在り方について」（答申）

中央教育審議会　2018「人口減少時代の新しい地域づくりに向けた社会教育の振興方策について」（答申）

日本学術会議　2017「21世紀の博物館・美術館のあるべき姿―博物館法の改正へ向けて」（提言）

日本博物館協会　2017『「博物館登録制度の在り方に関する調査研究」報告書』

文化審議会　2017「文化財の確実な継承に向けたこれからの時代にふさわしい保存と活用の在り方について」（第一次答申）

ワシントン条約第7条第6項に基づく研究施設登録の制度構築に関する検討会議　2019「ワシントン条約第7条第6項に基づく研究施設登録の制度構築に関する検討会議報告」

2 歴史系博物館の存在意義

二葉俊弥

はじめに

　我が国における歴史系博物館の歴史は、近代に博物館という概念が輸入され、博物館の一部の区間に歴史系の展示を行うことから始まった。その後、特定の分野を専門に展示を行う専門博物館が各地に設立され、そうした流れの中で歴史を専門的に扱う博物館も戦前から少数ながら存在した。戦後も専門博物館設置の流れは変わることなく、多種多様な専門博物館が全国各地に設置された。歴史系博物館も例外ではなく、特に戦後になると全国各地に歴史系博物館が整備された。我が国の歴史を通史的に扱う大型の博物館や地域・地方の歴史を専門に扱う郷土博物館、地域博物館が多くの市町村に設置され、今日、十分な数が整備されている。

　昨今さまざまな場で歴史教育について議論が活発に行われている。歴史教育は、学校教育と社会教育が密接に関わることで高度な教育を行うことが出来るものの、博物館が歴史教育の分野で学校教育に貢献することには限りがある。しかしながら社会教育の分野で博物館が果たすべき役割は大きいといえる。本稿では、歴史系博物館とはいかなる存在なのか、歴史系博物館の資料について、歴史系博物館の果たすべき責務などについて論じていく。

1　歴史系博物館とは

　歴史系博物館は、一般に主な収集や研究、展示の対象を歴史的な資料に求めている館について該当すると考えられる。広義的な意味で歴史系博物館を捉えた場合、人類の誕生以来のあらゆる歩みや足跡について

209

広範にその対象を求める館であるといえる。もちろん、資料は単純に見世物としてではなく、学術的・歴史学的解釈を加えたものである必要はある。こうした広義における歴史系博物館は、国立博物館や一部の県立博物館など比較規模の大きな博物館に見られる。東京国立博物館や国立歴史民俗博物館などがその代表例である。狭義的に歴史系博物館の範疇を考えた場合、日本史などの比較的広範な分野を扱うものではなく、考古学や地域史、特定の期間について扱った博物館などがその範疇である。つまり、広義に・狭義に関わらず歴史系博物館を定義した場合、考古学や地域史を扱うことが多いが、それぞれ考古博物館や郷土博物館がその範疇に入ると考えられる。実際に歴史博物館と冠する博物館であっても、当該地域の歴史を中心に扱っている場合や一部の史跡について考古学的に扱った博物館である場合が多い。つまり、歴史系博物館という分類は、大きな区分であって、その中には更に細分化された博物館が存在することになる。もっとも、どの程度まで細分化を許容するかは論者によって異なっていることが多い。歴史に関する博物館は全て歴史系博物館と分類する論者や通史的な歴史を扱った館のみを歴史系博物館とする論者も存在する。一例として、歴史系博物館の範囲を広範に捉えた安高啓明の論を以下に引用する。

> 企業が博物館を創設するようになると、そこでは社史を取り扱うようになり、大学でも自校史をカリキュラム化するにあわせて学内に歴史博物館がつくられていき、設立主体の裾野が広がった。歴史博物館では古代から現代に至る通史展示が一般的だったが、その地域の特徴に特化した展示がおこなわれ、工夫やオリジナリティもみられるようになってきている（安高 2017、p.165）。

　安高の引用からは、歴史系博物館の範囲を限定していたものの、昨今の情勢を鑑みると郷土・地域を対象とした館も含めていることがわかる。安高の論は、近年の歴史系博物館の範囲規定ではスタンダードな規定であるといえる。

　次に博物館の果たすべき責務に目をむけると、博物館の数ある業務のなかで、その主たる責務は博物館法第2・3条にある様に、保存・収

集・研究・展示であると一般に考えられている。一部の例外を除き、ほとんどの博物館（資料館　以下博物館に統合）は、その責務を果たすべく日々努力を重ねているのが今日の博物館の状況である。歴史系博物館も当然その範疇にあり、基本的な責務という点にあっては、他の博物館と同様である。そもそも博物館は、社会教育施設の一種であり学校教育では賄い切れない社会教育の一翼を担っている施設である。こうした議論は、戦前から多くの研究者によってなされているものである。その一例として荒木貞夫の論を以下に引用する。

> 博物舘は元來政治經濟文化其他各般一切の資料を蒐集勸覽に供し之を基礎とし一般の教育慈に研究に祭し、一方一國文化を誇るべきものを永遠に保存し其發達を助け國民智德の向上と其自尊心研究心を興ふる使命を有するものでありまして、社會教育上の特殊機關として學校教育の及ぶ能はざる所を補ふ重要なる任務を負ふものであります（荒木1940）。

荒木の論は、歴史系博物館について特に論じたものではないが、博物館全般について論じたものである。博物館はあらゆる資料を収集し、教育機関として国家国民にその成果を還元するべく使命を負った機関であると看取できる。しかし、博物館であってもその収集理念や研究方針には論争があり、なんでも集めて収集展示すれば良いという事はない。そうした誤解について棚橋源太郎が論じたものの一部を以下に紹介する。

> 博物舘は會ては珍稀な品物の保存所、骨董品の陳列所のやうに考へられ、物數奇や專門家の爲めに設けられて居るものとされて居たが、博物舘の使命は決してそんな無意味なものではない。圖書舘などと共に廣く之れを民衆に開放し、誰にも一目でわかるやうに陳列方法を改め、講演室や圖書舘を附設し、有益な印刷物を刊行し、教育に經驗のある説明者を置いて專ら民衆を教育し、常識の養成に努めなければならないのである。
> （中略）市内に一箇の博物舘を持つて居れば、多數の學校は其の設備を少なからず省略することが出來て、經濟上にも非常な利益が得ら

れるのである。今日の博物館は社會教育や、學校教育に對して有要なばかりでなく、同時にまた、各種專門家に對しても必要缺くべからざる研究の機關となつた（棚橋1928）。

棚橋の論は、広く国家国民の為に博物館があるべきであるとする点や学校教育で賄えない部分を補うという点において荒木の論と同様である部分が多い。また、棚橋は博物館の責務が広く国民に開かれているべきとする反面、専門家や研究者に対しても有益な機関でなくてはならないとしている。

本稿における主題は、歴史系博物館であるから、上記の荒木や棚橋の論を歴史博物館に援用して考察すると、博物館は広く国家国民に開かれているべきであるという点においては歴史系博物館もその範疇にあると考えられる。また、棚橋が述べたように博物館は専門家に対しても開かれた博物館であるべきである。しかし、一般的な来館者が求める程度の水準で博物館を運営した場合は、専門家にとっては不足であるといえ、その逆もまた同様である。これは、二元展示と呼ばれる博物館の利用者を二つの対象に分けることで対応する方法が取られている。その点において歴史系博物館は、他の博物館よりも高度な二元展示を行うことが必要になると考えられる。何故なら一口に歴史系といってもその分野は非常に広く、その個々についても専門的な知識を必要とする。また、その多種多様な資料を如何に展示することで来館者のニーズに応えられるかを博物館毎に検討する必要がある。博物館側のみの運営方針では、独りよがりの展示となりやすく、来館者の興味関心を惹くことは困難で、寧ろ縁遠いものと感じてしまい、学習意欲をそぐ結果になりかねない。つまり、特に歴史系博物館は他の博物館よりも多種多様で専門的な資料を扱う為に、高度で困難な展示を行う必要がある。しかし、裏を返せばそういった高度で専門性を有する博物館は、その困難な立場故にそれそのものが必要性の証明となっており、代替の利かない存在たらしめているのである。つまり、社会教育の範疇においてではあるが、歴史を教育するという国家としての基礎や国体を形成する極めて重要な任務を仰せつかっている歴史系博物館は、その特性上の困難を乗り切り、もっ

て国民に知識を提供する場である必要があるといえる。

2 歴史系博物館の資料保存について

　歴史系博物館の重要な役割としては、1章でも挙げたように国民に歴史を知る場を提供することや、学校教育で対応できない部分の教育を担当する社会教育施設の一つである。また、貴重な歴史資料を収集・保存・展示・研究を行う上で重要な施設であることは周知の事実である。これは、必ずしも歴史系博物館のみが行うことではないが、今日の博物館界を鑑みると、博物館は一部の総合博物館などを除き、各博物館が歴史、科学、民俗、郷土など各分野を専門として扱う専門博物館が数多く設立されており、多くの場合は各館が各分野について業務を行っている。

　歴史系博物館は、歴史を専門に扱う専門博物館であるが、一概に歴史系博物館と定義した場合でもいくつかの種類があることは1章でも述べている。広義の歴史系博物館に分類され、人類史や日本史全般を扱う総合博物館や大型の歴史博物館、郷土や一部を対象とした歴史を扱う博物館などがあるが、その博物館に共通することはその範囲に差異はあるものの、歴史資料を扱うという意味では同じ方向性を備えている。取り分け歴史資料は数や種類が多いことがよく知られている上に、その扱い方や保存・修復などの資料を良好な状態に保ち続けるには、不断の努力を要する資料である。

　歴史系博物館の最も重要な責務の一つに、先に述べた資料の保存がある。我が国は、四季による気温の変化、湿度の変化、多種多用な虫害などによって常に資料は危険と隣り合わせであり、汚損や損壊の危機に晒されている。人的な資料の損壊では高松塚古墳壁画の例が広く知られている。当該古墳は、壁画を損壊する以前から貴重な資料であることは周知の事実であった。それにも関わらず保存方法の難しさや保存・修復に関する知識の浅さが原因で激しく壁画を損壊させた。また、自然災害によって歴史資料が汚損・損壊する例もあり、先の東日本大震災に伴う津波の被害で数多くの歴史資料を含む博物館資料が被害を受けた。また、

歴史系博物館に収蔵されている資料であっても、その館の運営や学芸員の日々のチェックやメンテナンスが十分になされていない場合でも資料は被害を受ける場合がある。収蔵庫（あるいは保管庫）に資料を収蔵していた場合でも、温度や湿度の管理がなされていなければ資料は日々劣化し、最終的には損壊することになる。また、資料を展示するに当たっても、適切な管理がなされていないと、当然に資料は劣化する。確かに資料というものは、一部の環境変化に敏感なものを除けば1日や1年、あるいは10年程度では杜撰な管理であっても劣化や損壊することがないものが多い。しかし、100年、1,000年の単位で考えれば極めて厳重に管理した場合でも劣化や損壊せずに保存し続けるのは困難である。実際に我が国に現存する1,000年前の資料が極めて貴重であることを考えれば100年、1,000年後に今ある資料を保存し後世に伝えていくことが歴史系博物館における資料保存の責務である。

　歴史資料を単純に保存し続けることのみをおこなうのであれば、必ずしも歴史系博物館である必要は無い。しかし、貴重な資料をいわゆる「死蔵」の状態にしておくことは好ましくない。そこで社会教育施設である博物館は、資料を保存・収集することとは別に研究・展示を行うのである。博物館の基本的な機能については、戦前から広く叫ばれている。以下は博物館学の父と称される棚橋源太郎の論の引用である。

　　　博物館は藝術的作品や自然科學參考品を陳列して誰にも縱覽出來るやうになつて居るばかりでなく、その以外に數多の參考品、重複品の研究資料を貯藏してゐて、學生や特別の研究者、専門家の使用に供して居ります。圖書舘に行けば、數多の圖書がよく分類されて系統的に貯藏されて居り、そしてそれが研究者の任意使用に供されるやうに、博物館に於てもそれが文學、文章の代りに、實物でもつて研究者の要求を滿すようになつて居るのであります（棚橋1924）。

棚橋の論から、博物館は資料を収集して保管しておくだけではその責務を果たせていないということが理解できる。これは、前述の後世に資料を伝えるということにも合致する上に当世の学生や研究者にも利するところ大であることも言うまでもない。

資料を保存するという観点において、歴史系博物館の必要性は、保管・収集などや前述の様に研究や展示を柔然にかつ安全に行うことに最適化された施設であると考えられる。一方で、生物や鉱物・科学技術を扱う科学館などの博物館では、歴史資料をあまり扱うことはない。何故なら科学館などで収集や展示されている資料は比較的新しいものが多く、歴史系博物館に多く存在する古文書や環境変化に弱い漆器などと比較すれば管理は容易なものが多い。もちろん、科学館にも古い資料や貴重な資料が存在しているが、歴史系博物館ほどの厳密さをもって扱う必要がない場合が多い。つまり、歴史系博物館の資料は脆弱なものが多く、管理に最新の注意を要する資料も少なくない。数多く存在する専門性をもった博物館の中でも、歴史系博物館は特異な位置を占めている博物館であると言える。

3　学校教育と歴史教育の変化

現在、我が国の学習指導要領は2011（平成23）年に改訂された要領を更に2018年に一部改訂したものが用いられている。もっとも、2018年の改定は主に「道徳」の科目について改訂したものであり、本稿に関連するものではない。2011年に改訂された要領には、2020年には戦後9度目となる学習指導要領の改訂が予定されている。小・中学校などの歴史教育は、特筆すべき変更はないが高等学校における歴史教育の在り方は大きく変更が加えられている。従来は日本史・世界史の選択制であったが、2020年の改訂における文部科学省学習指導要領では「歴史総合」という名の科目が設けられている。当該科目の目標としては要領内では以下の様に述べられている。

　　　社会事象の歴史的な見方・考え方を働かせ、課題を追究したり解決したりする活動を通じて、広い視野に立ち、グローバル化する国際社会に主体的に生きる平和で民主的な国家及び社会の有為な衛生者に必要な公民としての資質・能力を次のとおり育成することを目指す（文部科学省 2018）。

引用部や他の歴史総合の項目をみると理解できるが、内容としては広

く浅く歴史という分野について基礎的な部分を固めることに重点を置いていると看取できる。その上で「日本史探求」「世界史探求」「地理探求」などの発展的な科目を選択することでより高度な公民教育を行うものとするとしている。しかし、ここで問題となるのは、2018年の改訂において地理歴史の範囲内では「世界史A」または「世界史B」から1科目、「日本史A」「日本史B」「地理A」「地理B」から1科目履修することとなっている。つまりは世界史と日本史若しくは地理を履修することになっていた。また、「平成30年度大学入試センター試験実施結果の概要」（独立行政法人大学入試センター）からも世界史は約23％、日本史は約42％、地理は約35％が選択されている。上記から2018年の学習指導要領では、地理歴史が程よく分散して履修されていることが看取できる。これは、世界史や日本史・地理が必修として履修することと規定されていることが大きな要因であると考えられる。もちろん、この大学入試センター試験の選択科目の受験率が必ずしも高等学校における履修と完全に一致するものではないが、学生の興味関心、また実際に身につく知識として考えた場合、非常に重要なデータであることは間違いない。しかし、2020年に改訂される学習指導要領では、「日本史探求」、「世界史探求」「地理探求」といった専門的な教科を設けることでより専門的な知識を身につけるとされているものの、選択制であって、場合によっては歴史総合の1科目を履修したのみで「日本史探求」「世界史探求」を履修しないことも考えられる。その場合、高等学校における歴史教育は極めて脆弱なものとなる可能性があり、我が国における歴史教育の重要性が軽視されていると危険視すべき状況となっている。

　我が国は、昨今のグローバル化・国際競争が盛んに叫ばれる情勢にあって、外国語教育や理学教育が強化される傾向にある。こうした傾向自体は、昨今の時流を鑑みればある意味では当然の流れであるとも考えられる。しかし、自国の歴史や他国の歴史を知らずしてグローバリゼーションを謳うのは、あまりに無理があるといえる。教育に向けられる時間は限られてはいるものの、歴史教育軽視の傾向は将来の我が国の国体を考えたとき、非常に憂慮すべき事態であると考えられる。

4　日本史に果たすべき歴史系博物館の役割

　歴史系博物館は、あくまで博物館という社会教育施設の範疇にある施設である。その中で歴史系に特化した分野を扱うものが歴史博物館と規定される。その設置経緯や意義については前述したが、改めて本章でその役割や意義について改めて考察する。

　歴史系博物館は、広範に歴史系の資料を扱う博物館の総称である。具体的に分類すると、地域史を中心に扱った郷土博物館・地域博物館、広義の日本史を通史的に扱う歴史博物館が存在する。両者の違いについては、引用を交えつつ以下に簡単に纏める。

　郷土博物館は、ある一定の地域について範囲を限定して専門に扱う博物館のことであり、扱う資料は歴史系の資料がそのほとんどを占めている。棚橋も郷土博物館について以下の様に述べている。

> 　即ちこの地方に産出する動、植、鑛物やその製品、その地方から發掘される先住民の遺物、その地方に關係ある歴史的遺物、殊に地方が産んだ偉人の肖像や遺物及び藝術的作品等を陳列したものであります（棚橋 1929）。

棚橋の引用から、郷土博物館はその地方に存在する動植物・鉱物・遺物などの資料を対象とした博物館であるとことがわかる。これは、郷土博物館のみならず地域博物館（歴史博物館と称する館も含む）もその範疇にある。一方で、日本史を通史的に扱う博物館もまた歴史系博物館であるといえる。これはその専門領域が極めて広範にわたる為、県や市町村レベルの郷土博物館・地域博物館では、通史的に日本史について博物館としての体裁を保ちつつ十分にその博物館たるの責務を果たすことは困難である。したがって、そうした通史的に歴史を扱う博物館は、国立歴史民俗博物館などの組織として規模が大型のものがそのほとんどである。もっとも、我が国の歴史を扱った博物館であるという点ではどちらも歴史系博物館であることには変わりはなく、どちらか一方が存在すればよいといった存在ではない。郷土博物館や地域博物館は、地域史を中心に扱った博物館であって、その地域住民やその地方を研究・調査しようとするものにとって非常に重要なものであると言える。歴史系博物館

は、その責務を果たすために不断の努力をし続けることが必要である。具体的には、歴史を扱うということは非常に重い責任が博物館にはのしかかり、来館者に誤った知識を伝えることを厳重に注意しなければならないのである。つまり、現段階での最新の正しい情報に更新していうことが必須である。そうした点については冨加見泰彦が以下の様に述べている。

　　歴史分野の研究は日進月歩であり、従来の学説と真逆の考えとなることや、引用されている資料の解釈に齟齬や誤りが指摘されることもある。例えば考古学分野では、従来確認されていなかった事実が調査によって明らかにされ、あるいは新しい自然科学的な手法の開発、応用によって従来の年代観など学説を見直す必要が出てくることもある。そうした新しい研究成果を博物館の展示にどう反映させるかは、各博物館に委ねられている（冨多見 2016）。

歴史系博物館は、来館者に歴史という国家・国体の教育を担う重要な責務がある一方、その展示や構成を最新かつ無誤謬性が求められるのである。また、常に最新かつ正しい展示や研究を行う必要がある一方、歴史系博物館はその性質上、一度失われてしまうと再建は極めて困難である。収集した資料は散逸し、専門的な知識を持った学芸員も失われる。この懸念については安高啓明が以下の様に論じている。

　　歴史学は一朝一夕では明らかにできない中長期的な調査を要する学問であり、時世に揺るがない体制のなかで成果をうみだすものである。また、博物館は利益を追求する施設ではなく、不朽の社会教育施設であり先人たちもそう望んでいた（安高 2017、p.165）。

上記の様に博物館のなかで特に歴史博物館は、その社会教育施設としての責務は極めて重要であるにもかかわらず、その維持や恒久的な発展には困難が伴い、弛まぬ努力を常に必要とする施設である。とはいえ、歴史教育という国家・国民にとって極めて重要な教育の一翼を担う施設である為、その努力に見合った価値をもつ施設でもあると言える。

おわりに

本論では、歴史系博物館とはいかなるものであるのか、また、その存在意義について論じたが、歴史系博物館については戦前・戦後ともに数多くの有識者によってその存在意義や社会的な責務について論じられてきた。結果的に現在多くの歴史系博物館が各地に設置されており、学校教育と協力しつつ歴史教育を社会教育施設という立場から推進してきた。しかし、学校教育で行える歴史教育には限りがあり、日々社会教育施設たる博物館の責務は重要になってきている。博物館側はそういった状況を正しく理解し、より高度で分かりやすい教育を行っていく必要があり、また博物館は非営利団体であることから、行政も博物館や教育施設に対して十分な支援を行う必要がある。

今後、社会におけるグローバル化やノーマライゼーションは推進されていく傾向にある。そうした状況の中で、国家や国籍の基盤となる歴史に対する知識は必ず必要となってくる。人々が歴史について関心や知識を持たず、また必要としなくなったときに国家は衰退する。時間的に制約のある学校教育と協力し、その社会教育施設としての歴史系博物館が果たすべき役割は極めて大きいものであると言える。

〈参考文献〉

荒木貞夫　1940「國家の興隆と博物舘の重要使命」『自然科學と博物館』11‒131、p.1

棚橋源太郎　1924「博物館と教育」『教育時論』1421、p.1

棚橋源太郎　1928「地方博物舘問題」『斯民』23‒11、中央報徳會、p.1

棚橋源太郎　1929「農村と博物舘問題」『農村教育研究』2‒1、pp.1-2

独立行政法人大学入試センター　2018「平成30年度大学入試センター試験実施結果の概要」https://www.dnc.ac.jp/albums/abm00011434.pdf（2019年5月31日確認）

冨加見泰彦著　2016「歴史博物館」中村　浩・青木　豊編『観光資源としての博物館』p.56、芙蓉書房出版

文部科学省　2018『高等学校学習指導要領（平成30年公示）』p.58　http://www.mext.go.jp/component/a_menu/education/micro_detail/_icsFiles/afieldfile/2018/07/11/1384661_6_1_2.pdf（2019年5月31日確認）

結章　博物館の再生を目指して

安高啓明　2017「歴史博物館論史」青木　豊・鷹野光行編『博物館学史研究辞典』雄山閣、p.165

3　養成学芸員の資質の向上

青木　豊

はじめに

　2008（平成20）年2月に出された、中央教育審議会答申「新しい時代を切り拓く生涯学習の振興方策について」には、学芸員の養成に関して次のごとく記されている。

　　　学芸員及び学芸員補については、大学等における養成課程等において、専門的な知識・能力に加え、より実践的な能力を身に付けるための教育を行うことが必要である。（中略）大学等における養成課程等において履修すべき科目、単位に付いて具体的な見直しを含め、今後そのあり方について検討が必要である。（下線は筆者）

　さらに、2008年7月1日の閣議決定による「教育振興基本計画」には、やはり学芸員養成の改善の必要性が下記のとおり記されている。

　　　地域住民の参画を得ながら、地域の自然、歴史、文化等に関する質の高い博物館・美術館活動が行われるよう、（中略）　学芸員の資質向上を図るため、その履修すべき科目の見直し等養成課程の改善を図る。（下線は筆者）

　これらの提言等により、学芸員養成科目数と単位数が増強され、2012年度の入学生から適用されたことは周知のとおりである。

　下表のごとく、科目数・単位数の増加により充実は果たしているものの、未だ博物館学の体系的科目構成には至っていないのが現状である。抑々「博物館概論」にしても、未だ「博物館学概論」ではないのである。この件に関しては今後期を見て記すこととする。

　また、当然のことながら博物館教育の効果が結果として現場である博物館に現れるのは、おおむね四半世紀を必要とすると予想される。した

がって、より良き博物館を求める為の基本方策としてのさらなる養成科目の決定は、一刻も速く成されなければならないと考える次第である。

1 日本学術会議史学委員会　博物館・美術館の組織運営に関する分科会の提言に対する大いなる疑問

　以上の、学芸員養成科目と単位数の増加に関して、2017（平成29）年7月20日付で日本学術会議史学委員会　博物館・美術館の組織運営に関する分科会から、提言「21世紀の博物館・美術館のあるべき姿—博物館法学芸員養成科目推移表の改正へむけて」の中の、要旨　2現状及び問題点（4）には以下の文面が記されている（日本学術会議2017）。

　　　　（4）改正学芸員科目の施行により、学芸員資格要件の科目・単位数が増加により、①関連科目開講大学数が減少した。加えて、学芸員資格の求める要件と現職学芸員に求められる②学術的専門性・実務能力との間に乖離を生じさせるような経緯があったため、③多数の博物館が博物館法第4条4項に掲げる職務を貫徹できないような状況になった（下線は筆者）。

　下線①の“関連科目開講大学数が減少した”、つまり博物館学講座開講大学数に関しては、全国大学博物館学講座協議会に於いても当初より十分予想していたことであり、養成大学の減少が我が国の博物館学芸員の資質の低減や学芸員不足に陥る原因となるなどの不都合は全く無いと考えていた。現時点でもこの考えに変わりはなく、また現に当該点に関しても不都合も発生していないのが事実であろう。文部科学省によると、2007年4月1日時点での博物館学課程・講座開講大学は、大学・短期大学を合わせて331大学であったのに対し、2013年4月1日には300大学とされている。

　確かに、31大学が減じたことになるが、全国大学博物館学講座協議会加盟大学では加盟大学188大学中2大学であった。閉講理由は、大学／短期大学の閉校・学部の改組・担当教員の退職などがあげられている。

　なお、残る110余の大学は、全国大学博物館学講座協議会に未加盟大学であることも事実である。

下線②の"学術的専門性・実務能力との間に乖離を生じさせるような経緯があった"という部分については、行間を読んでも真意は理解し難く、ここで言う"乖離"とは如何なる乖離なのかも具体的には示されていない。この点に関する詳細は、同提言の「(3)学芸員資格制度の問題と学芸員の位置づけ」の10頁で説明しているようであるが、指摘のある養成学芸員の科目・単位数の増加との関係はやはり不明である。

　博物館における学術的専門性の必要性は、否定する者はいないであろう。しかし、この点は文部省令による「博物館法施行規則」(昭和30年文部省令第16号) が、文部科学省が定める養成理念と科目と単位数の埒外であることは確認するまでもなく、科目・単位数の増加と何らの関係は無いものと考えている。

　次いで、下線③の"多数の博物館が博物館法に掲げる第4条4項の職務を貫徹できないような状況になった"と記された法第4条4項には、「学芸員は、博物館資料の収集、保管、展示及び調査研究その他これと関連する事業についての専門的事項をつかさどる。」と明記されており、専門的事項の完遂が貫徹できないと記している。ここでも、"職務を貫徹できない"とあるが、具体的にどう貫徹できないのかが抜け落ちているから不明である。

　さらに、大学での科目と単位数の変更は、2012度からの入学生からであるから1年生から開講している大学では2015年度、2年生からの開講大学であれば2016年度となる訳であるから、新課程修了者で博物館に勤務する学芸員は果たして何名いるのだろうか。ますます不可解である。1951 (昭和26) 年から今日に至るまでを想定しているのであろうか。

　そもそも文部科学省令による、9科目19単位への科目と単位数の増加の目的は、養成学芸員の資質の向上であることは再度確認するまでもない。

　当該、日本学術会議史学委員会の提言における論点の齟齬は、鷹野光行が指摘する (鷹野 2018) とおり、日本学術会議史学委員会の構成委員には博物館学研究者は含まれていないところから、上記の点に限らず

結章　博物館の再生を目指して

表1　新たな養成科目の提唱

（2012 年 4 月施行現行科目）				（提唱科目）	
No	科　目　名	単位数		科　目　名	単位数
1	生涯学習概論	2 単位	⇒	生涯学習概論	2 単位
2	博物館概論	2 単位	⇒	博物館概論	2 単位
3	博物館経営論	2 単位	⇒	博物館経営論	2 単位
4	博物館資料論	2 単位	⇒	博物館資料論	2 単位
5	博物館資料保存論	2 単位	⇒	博物館資料保存論	2 単位
6	博物館展示論	2 単位	⇒	博物館展示論	2 単位
7	博物館情報・メディア論	削除	新設科目	博物館学史・博物館史	2 単位
8	博物館教育論	2 単位	⇒	博物館教育論	2 単位
9	−	−	新設科目	博物館設置論	2 単位
10	−	−	新設科目	地域博物館論	2 単位
11	−	−	新設科目	博物館資源論	2 単位
12	博物館実習	3 単位	⇒	博物館実習	3 単位
	（9 科目 19 単位）			（12 科目 25 単位）	

多くの誤認が表出したものと看取され、極めて遺憾である。

　学術会議は、「人類文化の未来に貢献する独創的な研究にも従事でき
る」学芸員の必要性を提言していることは正鵠を射たものと賛同する
が、我が国の地域博物館においては、ほど遠い展望であることには違い
がないのである。

2　新たな養成科目の提唱

　本章で、新たに提唱する新設科目は、①「博物館学史・博物館史」(2 単
位)、②「博物館設置論」(2 単位)、③「地域博物館論」(2 単位)、④「博物館
資源論」(2 単位) の 4 科目 8 単位である。

　拠って、新たに提唱する科目は、12 科目 25 単位で、科目の詳細内容
については下記のごとくである。

3　削除を提案する科目

　また、逆に削除を提唱する科目は、「博物館情報・メディア論」(2 単
位) 1 科目である。削除理由は、"博物館情報"はすべての科目に底通す

表2　提唱課目の要旨

「博物館学史・博物館史」 （2単位）	○　欧米博物館論史
	○　日本博物館論史
	○　明治時代博物館学史
	○　大正・昭和時代前期博物館学史
	○　昭和時代後期博物館学史
「博物館設置論」 （2単位）	○　基礎調査論
	○　展示構想論
	○　博物館建築論
	○　博物館設備論
	○　展示工学論
「地域博物館論」 （2単位）	○　郷土論史・郷土博物館論史
	○　地域博物館論史・地域博物館論
	○　観光博物館論
	○　地域創生論
	○　地域社会連携論
「博物館資源論」 （2単位）	○　自然・文化資源論
	○　地域文化財保存活用論
	○　博物館社会資源論
	○　博物館観光資源論
	○　野外博物館論

る内容であることと、中でも「博物館資料論」「博物館展示論」「博物館教育論」「博物館経営論」等と内容が多々重複する点であることは確認するまでもない。

4　障がい者支援科目について

　上記を目的とする科目については、教職課程においては「特別支援教科」1単位以上を必修とすることが決定されたことは周知の通りであり、図書館学課程では「図書館サービス論」のなかに障害者サービスが設置されていることも厳然たる事実である。

　したがって、博物館養成科目においてもバリアフリー論・ユニバーサルデザイン論を含めた「障がい者特別支援」を、設けなければならない事は確認するまでも無く、これらは新設提唱科目の「博物館設置論」の

なかでの建築論・設備論の中で、また従来の科目である博物館教育論・博物館経営論内での確保が可能であると予想されるところから実施しなければならない授業項目であると考えられる。

5　大学院での学芸員養成

　学芸員公募書類を見た場合、応募条件として「大学院修了者もしくは同等以上」とする条件が明記されている点が近年一般的となっている。当該趣旨は、専門性に秀でた優秀な学芸員もしくは学芸員経験者の雇用を目的としているのであろう点は、充分に理解できると同時にそうあらねばならないと筆者は考えている。理由は、前者はより高度な専門知識を有する人材の確保を、後者の同等以上は主として博物館経験者を目的とするのであろうから、即戦力となる人材の確保を目的としていると推定される。

　しかし、再度考えなければならない点は、学芸員資格はあくまで学士の資格であることは博物館法に準拠する厳然たる事実である点であり、決して修士の資格ではないのである。したがって、国家資格である学芸員資格を有する者、もしくは取得予定者に、受験資格が無いこと自体が極めて異なことであると指摘せねばならないが、これが社会的要請であるとして直視する必要がある。

　すなわち、大学院においての博物館学研究者の養成は、我が国の博物館が同時にまた社会が必要としている点を、養成側である大学も十分理解せねばならない要件なのである。

　2007（平成19）年6月に纏められた『新しい時代の博物館制度の在り方について』（これからの博物館の在り方に関する検討協力者会議2007）には、下記のごとく明記されている。

　　　　今後、大学院に博物館学及び博物館資料等に関する専門的な科目を位置づけ、例えば大学院の各分野の研究成果を、収集・保存、展示、教育普及等の具体的な博物館活動として展開する知識・技術を身に付けられる養成教育を検討する（後略）（下線は筆者）

　さらにまた、2009年2月『学芸員養成の充実方策について（第2次報

告書)』（これからの博物館の在り方に関する検討協力者会議 2009）Ⅳの中でも学芸員養成課程における高度化と実務経験の充実を図るために、大学院における専門教育の必要性が指摘されていたにもかかわらず、実現に至っていないことは極めて残念である。

6　博物館学の専任教員の配置

　専任教員の配置については、『全国大学博物館学講座実態調査報告書』によれば、僅かながら増加傾向が認められることは、学芸員養成の上ではまだまだ不十分ながら喜ばしい限りである（全国大学博物館学講座協議会 2011）。現在、段階の世代とこれに続く教員が定年を迎えていることが遠因であり、2012（平成 24）年度の入学生からの文部科学省令による養成科目数の増加を原因とするものと予想される。さらなる専任教員増加の為にも法定科目の増加を必要とする。"養成学芸員の資質の向上"は、"専任教員の増加""教員の資質の向上""法定科目の増加"の 3 点にあると理解されよう。

　養成学芸員の資質の向上には、博物館学の体系の教授と理解による博物館学知識の涵養の必要性については別稿で記した通りであるが、それにはまず担当教員の専任化が重要である。つまり、非常勤教員は、あくまで担当科目に限っての責任であるところから、学生に対し授業以外で接して指導する機会はまず無く、すべての面で限界があることは確認するまでも無かろう。

　したがって、学芸員養成教育には全体を見渡し、常に履修学生が必要に応じて接触することの出来る専任教員が必要であることは、他の講座・課程をみるまでも無い。この問題は、図書館学課程では 2 人の専任教員の配置が文部科学省より義務付けられているにも拘らず、博物館学課程では 0 人であることに端を発する大きな疑問から発生する問題である。

　この件に関しても筆者は、「学芸員の養成に関するワーキンググループ」委員として、再三専任教員の必置義務に関する明文化を求めてきたが、2009 年 2 月に出された『学芸員養成の充実方策について（第 2 次報

告書）』では、「Ⅱ、大学において習得すべき『博物館に関する科目』の見直し」の「6、各大学における取組の充実」で、残念ながら下記の通り記されるに留まった（これからの博物館の在り方に関する検討協力者会議 2009）。

　　また、学芸員養成課程を開講する各大学においては、「博物館に関する科目」に係る専任教員の確保・配置に努めることが必要不可欠である。大学設置基準等においては、各大学は教育内容等の改善のための組織的な研修等を行うものとされており、大学における博物館に関する科目についても実施されることが望ましい。（下線は筆者）

したがって、この専任教員の配置がまず重要であり、大学における博物館学芸員養成の充実は、ここから開始されなければならないと考える次第である。

この件は、前述した科目数と単位数の増加が実現すれば、文部科学省においてもより現実的に捉えられるであろうし、現場である開講大学でも非常勤のみでは運営が不可能と思われる故に、この点からも科目数の増加を急がねばならないと考える。

7　大学教員の博物館学的知識の向上

まず、筆者を含めた大学教員の博物館学知識の向上が基本的要件であることは明白である。この件に関しては、何度も述べているところであるが、明治大学元教授の倉田公裕は、その著『博物館学』の中で次のごとく記している（倉田 1979）。

　　その教授或いは講師に、過去博物館に勤務していたという人などを迎え、その人の過去の博物館での体験を博物館学とか、博物館概論と称しているのではないか、（中略）これで果たして良いものであろうか。もちろん、中には優れた探求と業績をあげられている人も少なくないが、それにしても博物館学に関する研究発表の少ないことをどう説明するのであろうか。博物館学とはそんな狭い体験やほんの片手間にできる浅薄なものであろうか。

倉田は、上述のごとく厳しい視座で博物館学の将来を杞憂し、各大学で博物館学を講ずる大学教員の資質に疑問を投げかけたのであった。昭

和 54 年（1979）のことである。それから凡そ 40 年を経た今日、どれだけ改善されたのだろうか。

全国大学博物館学講座協議会が刊行している『博物館学文献目録』（全国博物館学講座協議会 2007・2018）等によると、各大学で博物館学に関する科目を担当する教員で、博物館学に関する著書・論文等を著している人数は驚くほど少ないことも現実である。

かかる現実を鑑みると、まず博物館学を専門分野に置く専任教員の配置が必須要件であり、急務である。ただ単に、博物館での館長経験や勤務経験、教育委員での文化財担当・生涯学習担当経験者といった実務系教員の審査形態に依るのではなく、担当授業科目と整合性のある業績（論文）審査による教員資格審査を実施することが、直裁に受講生の資質の向上には不可避であろう。

一方で、博物館学は、理論ではなく技術学であるから学芸員の無経験者による授業は、"泳げない者に水泳を習っても、効果なし"なる言葉は、格言のごとく常に言われ続けてきた例えでもあった。

しかし、ここで再度考えなければならないことは、泳げるといっても"犬かき"しか出来ない人に水泳をいくら習っても、上達に限度があることは誰しもが知るところである。博物館学は、技術のみに始終するものでは決して無く、技術は常に理論に裏打ちされていなければならないことも事実なのである。

まとめ

2012（平成 24）年度に開始された学芸員課程新カリキュラムは、2015 年度ですでに完成年度を迎え、3 年目を迎えている。しかし、未だ専任教員の配置なしで、非常勤のみで学芸員養成課程を維持している大学が数多いことは前述のとおりである。

さらには、常に問題視されてきた「博物館実習」の外部実習博物館館・実習施設は各大学の担当者に一任されているところから、博物館はもちろんのこと類似機関ですらなく学芸員資格を有する担当者もいない、教育委員会で実習をおこなっているケースも認められる。そもそも、

当該事例の場合、教育委員会事務局は決して博物館でもなく類似施設ですらないのである。まして、有資格者すら存在しないのであるから論外と言わざるを得ないのである。これらの点も早急な改善が望まれる。

〈参考文献〉
倉田公裕　1973『博物館学』東京堂出版
これからの博物館の在り方に関する検討協力者会議編　2007『新しい時代の博物館制度の在り方について』
これからの博物館の在り方に関する検討協力者会議編　2009『学芸員養成の充実方策について（第2次報告書)』
全国大学博物館学講座協議会編　2007『全国大学博物館学講座協議会五十周年記念　博物館学文献目録』内容分類編・著者名分類編、全国大学博物館学講座協議会
全国大学博物館学講座協議会編　2018『全国大学博物館学講座協議会六十周年記念　改定増補博物館学文献目録』雄山閣
全国大学博物館学講座協議会　2011『全国大学博物館学講座実態調査報告書』
鷹野光行　2018「博物館登録制度の行方―日博協報告書と学術会議提言をめぐって」『東北歴史博物館紀要』19
日本学術会議史学委員会「博物館・美術館等の組織運営に関する分科会」編　2017「提言「21世紀の博物館・美術館のあるべき姿―博物館法の改正へ向けて」」

4　観光立国プロジェクトと博物館

菅根幸裕

はじめに

　現在日本では、「観光立国」と「地方創生」が推進され、博物館の観光施設化と指定管理者制度を基軸とした自己採算が強く求められるようになっている。その結果博物館学芸員の業務は激増したが、さりとて増員されるわけではなく、その職務環境は悪化する一方である。言い換えれば、逆境の中でも学芸員はより良い展示を追求し、地道な普及活動に努力しているにもかかわらず、自治体はそうしたソフトの面を理解せず、ハードのランニングコストばかりを気にして予算削減を繰り返しているのである。それでは自治体にとって整理すべきハコモノである博物館には未来はないのか。

　これまで博物館は「教育」施設として、地域に対する教育普及を充実させたものの、施設のアミューズメント的要素をアップすることには積極的ではなかった。マスコミを中心とした民間企業との共催や協賛には余念がなくそれらを利用した広報活動には熱心であったが、「教育」のスタンスは崩さず、確実な集客をもたらす「観光」業との結合にはネガティブであったと言わざるを得ない。ところが「観光」業側はレジャー施設として博物館や美術館に対しずいぶん前から分析を重ねてきたのである。「観光業」は、「博物館美術館」「動物園」「水族館」に分類し、これらのカテゴリーの中で、各施設の毎年の入館者をデータ化し、ランキングし、それぞれの入館者の増減の要因を研究しながら、マーケティングをしてきたのである。本論はこの「観光」業に着目し、サイトシーイングの対象としての博物館の姿を考察することが目的である。特に公立の地域博物館を再興していくためには、この流れにどのように対応すべ

きなのであろうか。

1 博物館の「集客力」をめぐって

　博物館学の立場から、今までに博物館の集客に本格的に論究した１人に、青木豊がいる。青木は、博物館が営利を目的にしないことを前提とした上での集客でなければならないとし、その根幹は、普及活動ではなく展示であるとする。その展示は、帝室博物館以来の提示型から脱却し、地域に立脚した参加型博物館へ変化しなければならないとしている。青木はこの上で、各地の地域博物館の展示を例示し、問題点と改革点を列記しながら、リピーターの獲得こそ地域博物館を維持する重要な要素としているのである（青木2013）。

　博物館を支えているのは地域の人々であり、その理解が博物館活動を継続させる原動力となることは間違いない。ただし、こうした地域博物館を保有する地方自治体がそのような考えを持っているかどうかが問題なのである。すなわち活動予算を決定する側がどう考えているかであ

表1　入館者を増やすための取り組み（公益財団法人博物館協会 2017 より転載）

（%）

		平成9年 (N=1,891)	平成16年 (N=2,030)	平成20年 (N=2,257)	平成25年 (N=2,258)
取り組んでいること	ある	73.1	78.6	82.5	86.4
	ない	25.8	19.9	13.6	12.2
	無回答	1.1	1.6	3.8	1.4
取り組み あり	取り組みの具体(*1)	(N=1,382)	(N=1,595)	(N=1,863)	(N=1,951)
	友の会活動の活発化	17.4	17.0	18.0	18.1
	広報活動の増強	71.0	69.7	71.8	76.0
	学校との連携の強化	45.7	52.6	58.2	60.4
	各種団体との連携の強化	24.6	23.6	34.8	43.6
	展示の更新(*2)	38.7	37.9	48.5	37.6
	特別展・企画展の積極的開催	62.2	62.2	67.6	61.3
	観光コースへの組み込み	26.3	22.5	30.7	33.5
	招待券や割引券の発行	30.7	27.5	33.0	35.3
	普及活動の積極的実施	45.1	48.4	55.8	59.3
	他館との連携	−	20.5	26.9	36.3
	年間パスポートの発行	−	−	−	17.1
	その他	6.9	7.0	8.3	11.8
	無回答	0.1	2.4	0.8	0.5

注）*1：複数回答
　　*2：平成25年調査；「常設展示の更新」

　　　　　　　　　　　　　　　　　　　4　観光立国プロジェクトと博物館

る。そして、営利を求めないとしながらも、観光立国と地方創生が国策
の中心となっている現在、「観せる」努力、すなわち「感動」と「体験」
を中心とした観光の要素が付加されなければ、地域博物館のみならず、
あらゆる博物館の活動は自治体から理解されないであろう。

　上田篤は、日本が世界的に貢献できるのは大衆文化であり、博物館に
思想性は不必要で、双方向通信を発するミューズランドとして展開され
れば人が来るようになるし、ミューズランドのランドはディズニーラン
ドを意味し、ディズニーランドの観客参加型の博物館が必要だとしてい
る（上田 1989）。

　表1は、日本博物館協会による平成25年度の調査の結果であるが、
集客への取り組みとして、広報活動や企画展、普及活動といったオーソ
ドックスな要素とともに「観光コースへの組み込み」が、1997（平成9
年）年26.3％であったものが、16年後の2013年では33.5％の博物館が
回答していることを示している。すなわち、観光の必要性を認識した博
物館が少しずつ増えているのである（公益財団法人日本博物館協会 2017）。

2　観光立国と博物館

　21世紀に入ると、景気の低迷と円安により「観光」はインバウンド
獲得に傾き、いわゆる小泉純一郎内閣による「観光立国」の時代とな
る。この政策は2009（平成21）年の民主党政権樹立、2012年の自民党政
権再出発となっても引き継がれ、推進されている。政府は、2015年11
月、訪日外国人観光客をさらに増やすための戦略を企画するため、関係
閣僚と民間有識者による「明日の日本を支える観光ビジョン構想会議」
（議長・安倍晋三内閣総理大臣）の初会合を開いた[1]。日本を訪れる外国人旅
行者について、2018年までに年間3,000万人を新たな目標として掲げ、
その増加に向けた具体策を検討した。2017年3月、政府は「観光立国
推進基本計画」を発表し、インバウンドの目標値を2022年度の4,000
万人まで引き上げた[2]。日本政府観光局（JNTO）によると、2015年11
月（推計値）の訪日外客数は、前年同月比と比較し41.0％の増加、1月～
11月の累計で1,796万人に達し過去最高を更新した[3]。この調子で毎年

233

15％前後ずつ増えていけば2022年に4,000万人到達の可能性は見込める。近年の伸び率から見ると、不可能な数字ではないと思われる。その背景として、①円安基調が継続、②LCC航空路線の拡大、③ビザの免除や要件緩和、他様々な好条件（燃油サーチャージの値下がり、消費税免税制度の拡充による買い物等）が相まって、訪日外客数の増加に繋がった。

　一方、政府は国内旅行の増加目標値を2.9％という微増にとどめている。これは国内旅行需要の低下が慢性的なものであり、市場価値として将来性のないものと判断したのであろう。じゃらんリサーチセンターによると、2016年度（2016年4月〜2017年3月）の宿泊旅行実施率は54.8％と、調査開始以来、過去最低であり、延べ宿泊旅行者数は前年度比6.2％減の1億4,358万人、延べ宿泊数は2億5,308万人泊で、前年度比5.9％減、宿泊旅行にかけられた費用総額は約7兆円。前年度比で9.0％減と大きく減少、1回（大人1人あたり）の宿泊旅行にかかった費用は前年度より1,500円減少し、平均4万9,300円であった。国内旅行の衰退が数値となって表れている[4]。以上から、インバウンドが経済成長という視点では絶対必要であることが証明されたが、観光学そして観光業界では博物館をどのように取り扱っているのであろうか？

　須田宏は「学習型」観光の代表的なものとして「ミューゼアム観光」（美術館・博物館観光）をあげている。この「ミューゼアム観光」とはいわゆる「博物館めぐり」をしながら顧客の満足を引き出すものであるとしている（須田2009）。筆者は、こうした考え方では、その博物館のコレクションがツアーの主眼となると考える。つまり、「□□博物館に行って○○を観よう」ではなく「○○を観るために□□博物館に行こう」というもので、一例をあげれば「ミレーの「種まく人」を観るために山梨県立美術館に行こう」というふうに、コレクションにより博物館の評価が決まるというものである。

　古本康之は、観光社会学の立場から「観光における博物館の基本的な役割は、観光形態のひとつである「文化観光」の場として優れた「展示品」の鑑賞・体験を通じて感動を観光者に与えることであり、観光事業のなかでは「集客施設」としてのみ捉えられがちであるが、観光と博

物館・美術館の関係はそれだけではいけない」としている（古本 2014）。ここで重要なのは、鑑賞と体験による「感動」を与えることを根幹としている点で、筆者もこの「体験」と「感動」がこれからの博物館運営で重要なポイントであると考える。古本は「ただし既存観光地においては、観光者を一時的楽しませるための「アミューズメント性」に特化した美術館が、観覧者を獲得する傾向もあり、その結果全国に類似した施設が現れ、その内容も同様のもの（ガラス工芸・オルゴール等）が多く、地域性や独自性が見られないことから、観光地の大衆化に伴う「俗化」の要因として指摘されることがある」としている。ここで重要なのは、観光学では、まず既存の観光地を対象としていることであり、その俗化にアミューズメント性を追求するだけの施設が加担していると批判していることである。博物館学では、前提として博物館に関する法律や規則のもとにある施設を対象とし、類似施設を分析の対象としない姿勢があるが、観光学ではこうした分類は意味のあることではなく、集客と参加者の満足度が重要であるとする。ただし過度のアミューズメント性追求は、観光地の俗化を招くだけであると批判している。以上を踏まえて実際の分析をみてみたい。

3　観光産業の中のレジャー施設「博物館」

　表2は総合ユニコム株式会社が統計した「レジャー・観光集客ランキング 2017」であるが、ミュージアム部門として以下のランキングが発表されている（総合ユニコム 2017）。ここで確認しておくが、「観光」業では博物館と美術館ひとくくりに「博物館」もしくは「ミュージアム」としてカテゴリー化している。表2の博物館名の横にある設立年度を見ると老舗の国立科学博物館と東京国立博物館以外はすべてこの 20 年以内に設置されたものであり、博物館の新陳代謝が看取できる。次の項目は2012（平成 24）年度以降の入館者数があげられその下は前年度比のパーセンテージである。2016 年度には集客数・売上げを減らしたレジャー施設が少なくない。総合ユニコムは、ロケーションビジネスである限り、外的要因に左右される構造は変わらず、ライフスタイルの変化や遊

結章　博物館の再生を目指して

表2　ミュージアム2016年度年間入場者数トップ10（綜合ユニコム2017をもとに作成）

施設名 所在地	開業年月	上段：入場者数　下段：前年度比					12-16CAGR
		2012年度	2013年度	2014年度	2015年度	2016年度	備考
国立新美術館	2007年1月	2,352,141	2,028,064	2,620,350	2,292,230	2,852,477	4.9%
東京都港区		121.0%	86.2%	129.2%	87.5%	124.4%	
金沢21世紀美術館	2004年10月	1,471,487	1,474,209	1,761,324	2,372,821	2,554,157	14.8%
石川県金沢市		98.9%	100.2%	119.5%	134.7%	107.6%	
国立科学博物館	1877年1月	2,144,001	2,365,389	1,735,420	2,219,744	2,472,353	3.6%
東京都台東区		118.9%	110.3%	73.4%	127.9%	111.4%	
東京国立博物館	1872年3月	1,554,554	1,322,288	1,889,040	1,994,508	1,907,647	5.3%
東京都台東区		89.2%	85.1%	142.9%	105.6%	95.6%	
広島平和記念資料館	1955年8月	1,280,297	1,383,129	1,314,091	1,495,065	1,739,986	8.0%
広島市中区		105.5%	108.0%	95.0%	113.8%	116.4%	
名古屋市科学館	1962年	1,303,372	1,436,926	1,394,003	1,382,275	1,379,296	1.4%
名古屋市中区		85.1%	110.2%	97.0%	99.2%	99.8%	
カップヌードルミュージアム	2011年9月	1,004,000	1,021,000	1,010,000	1,059,000	1,078,000	1.8%
横浜市中区		163.8%	101.7%	98.9%	104.9%	101.8%	
日本科学未来館	2001年7月	726,943	857,191	1,466,367	1,150,746	1,075,427	10.3%
東京都江東区		133.4%	117.9%	171.1%	78.5%	93.5%	
九州国立博物館	2005年10月	1,235,018	893,154	932,935	1,024,008	1,067,831	-3.6%
福岡県太宰府市		139.6%	72.3%	104.5%	109.8%	104.3%	
呉市海事歴史科学館 （大和ミュージアム）	2005年4月	849,984	909,318	876,245	1,006,336	955,617	3.0%
広島県呉市		113.6%	107.0%	96.4%	114.8%	95.0%	

CAGR：年平均成長率

びの選択肢の多様化への対応が必要であると結論付けている。そうした中、ミュージアムのトップ10全体では前年度比6.8％増となっており、「観光」業の中では数少ない増収部門として注目されているのである。ミュージアムの多くは常設展の質もさることながら、企画展で集客が左右される傾向が強い。国立新美術館は前年度比124.4％で2,852,447人となり1位に返り咲いている。これは同館が6つの企画展を開催。特に100点を超える貴重な資料を揃えた「オルセー美術館・オランジュリー美術館所蔵　ルノワール展」と、日本では10年ぶりの本格的な回顧展となった「ダリ展」がそれぞれ100万人以上の有料観覧者を得たためである。同様のことは、国立科学博物館の「恐竜博2016」が50万人以上集めたことにも該当する。このように質と話題性が高い企画展が集客力を発揮し、総来館者数に大きく貢献している。2015年度は、金沢21世紀美術館が前年比134.7％と飛躍的な入館者の増加を見せ1位であった。綜合ユニコムはこの原因を北陸新幹線の営業開始の副産物としている。

この年国立新美術館は前年比 87.5％と急落し、2 位になっている。そこから盛り返し、金沢 21 世紀美術館を抜いたのは、ひとえに前述の企画展によるものと考える。

　ところで、このトップ 10 であるが、2012 年度以降の 5 年間で 1～5 位の構成は、順位の前後はあるものの、国立新美術館・金沢 21 世紀美術館・国立科学博物館・東京国立博物館・広島平和記念資料館と不変である。これは「観光」業にとって、コンパクトツアーでは必須の施設であることを証明するものである。ところが 6～10 位は毎年異なる顔ぶれであり、その時の流行（アニメ等）などで変動するものであり、さらなる背景の分析が必要であろう。

　しかし、10 年前の 2008 年のランキングを見ると、構成メンバーは大きく変わっている（綜合ユニコム 2009）。2008 年度では国立新美術館、金沢 21 世紀美術館はまだ設置されておらず、1 位は東京国立博物館が入館者数 2,171,942 人で前年度比 128.8％の激増、2 位は前年度比 84.4％に激減した国立科学博物館、以下 3 位は江戸東京博物館、4 位鉄道博物館（さいたま市）、5 位日本科学未来館、6 位奈良国立博物館、7 位大阪市立長居植物園（自然史博物館）、8 位滋賀県立琵琶湖博物館、9 位ミュージアムパーク茨城自然博物館、10 位福井県立恐竜博物館で、3 位以下はすべて 2017 年度では 10 位以内に入っていない。この業界の浮沈の激しさを物語っている。しかも美術館が一つも入っていない。参考までにこの年の東京国立博物館の入館者はレジャー施設中で 13 位で、国立科学博物館は 22 位で、6 位の奈良国立博物館は 79 位、大阪市立長居植物公園（自然博物館）は 92 位、8 位以下は 100 位にも入っていない。これが「観光業」界の博物館に対する分析結果である。これは何によるものかを博物館側から分析するべきであろう。

　ところで、2017 年度のデータに対して三浦直子は集客施策においてインターネット上の情報発信が伸長したことが重要で、予約サイトの属性が大きな要因としている（三浦 2017）。表 3 のように三浦は業態カテゴリーとして「博物館」が入っており、掲載率は 100％、今後の掲載の検討も 50％と高い。すなわち、博物館は「じゃらん」や「トリップアド

237

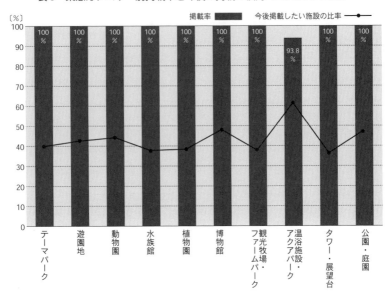

表3 業態カテゴリー別掲載率と今後の掲載の検討（三浦 2017 より作成）

バイザー」などのいわゆるクチコミサイトを中心に予約サイトすべてに掲載され、半分の博物館がさらに他のサイトへの検討していることになる。博物館による集客のためには、こうしたインターネット情報サイトによるセールスが必要であることは間違いない。

インバウンド対策はどうであろうか？　日本政府観光局（JNTO）が2017年7月19日にリリースした「訪日外国人客数（2017年6月推計値）」によると2017年6月のインバウンドの総数は2,347,000人であり、前年同月の実に18.9％増である。その76.9％が中国・台湾・韓国からの訪問者である[5]。早野洋子は日本にとって最大のインバウンド消費者である中国からの旅行者について、学歴が高くグローバルな感覚を持ったいわゆる「高アンテナ」タイプがイノベーターとなり、その次にアーリーアダプターからフォロワー層に普及しており、この「高アンテナ」タイプへのセールスの有効性を主張している[6]。早野のリサーチでは「高アンテナ」の「38.6％が日本の歴史や文化に日本人に説明してもらいたい」とし、買い物などの消費活動よりも数値が高い。この「高アンテナ」は

やがてリピーターとなる確率が高く、博物館が食い込む機会があることを示唆しているかのようにみえる。

2017年8月10日、筆者が上野駅前にある三井ガーデンホテル上野の元フロントスタッフにリサーチインタビューをしたところ、周辺の様々な観光情報をインバウンド中心に与えているが、東京国立博物館をはじめとする上野地区の博物館を自主的に紹介したことは皆無であるし、思いついたこともないという。また、聞かれることも少なく、聞かれるのは、スカイツリー、ディズニーランド、上野動物園であるという。世界遺産としての国立西洋美術館についての話も、1年間に2〜3回聞かれる程度であったという。博物館への認識はまだまだ低いと言わざるを得ない。

こうした分析に対して、博物館学では意味がないという批判もあるであろう。このトップ10には常連の施設しか登場せず、それらは、マスコミや大企業と結び、膨大な予算を駆使した企画展を連続して開催している。すなわちこの分析結果は「入れば良い」と言う前提にたったものである。博物館学が今考察しなければならないのは、老朽化し、財政が逼迫している地域博物館であり、よって観光学的視角は、こうした地域博物館の問題を解決するのに何の参考にならない、というものであろう。確かにトップ10はすでにイベント会場化しており、そのままそのスタイルを博物館として認めることには首肯できない。しかし、営業改善にはマーケティングが必須で、博物館全体の再興に観光の要素を切実に考えるなら、観光学の視角を学び、観光産業の2017年度での博物館への考えを知ることは有意義ではないかと考える。博物館学は博物館のことだけを考えているだけでよいのであろうか。

4　観光と地域博物館

実は、博物館学が中心対象としている地域博物館にも観光業界は分析を加えているのである。例えばJTB総合研究所の河野まゆ子は、観光業者の立場から以下のように分析している[7]。すなわち「博物館は二極分解の状態にあり、戦後に普及した「珍しいもの、すごいものを見せ

る」場であった博物館機能は今や大都市部の大規模な博物館のほか、特筆すべき個性を持つ一部の館に集約されていくとし、一方で、地域に散在する数多の博物館は「人と人の交流の場」としての機能を強めることになってきた」としている。資料を中心とする博物館学に対し、河野は地域経済での博物館の役割を主張する。その背景には、文化政策研究者の上山信一と稲葉郁子が展開する「地域力論」があり、ミュージアムによる総合的な地方創生を求めている。上山も伊藤とは違う視角で博物館の三世代論を展開しており、2003年はその「第3期」にあたるとする（山田・稲葉 2003）。河野が懸念するのは、上山のいう「地域住民の憩いの場となり、子供たちの地域愛を育み、熟高年層の生涯学習機会や雇用を提供し、さらには観光客誘致にも貢献する誘客力のある博物館が欲しい」という主張を、いくつかの地方自治体がファンタジックな博物館万能説を唱える材料としていることである。ただし、博物館は原則として「博物を展示する教育施設」であり、その機能拡張の段階で、人材育成や地域の課題解決、交流人口の増大など何らかのミッションが新たに付加されてきている、とする。そして、博物館個々の成り立ちと地域特性に照らし、いずれの分野の機能拡張に繋げていくかを厳しく取捨選択することによってはじめて、地域に対して提供できる新たな価値が決まる、としている。博物館を教育施設であることを前提にしながら、その機能伸長の中で地域の課題解決に貢献すべきだというものであろう。

　一方、2018年度旅行業界総販売高第2位の近畿日本ツーリスト㈱の「旅の文化研究所」が注目しているのは「エコミュージアム」である。吉兼秀夫はエコミュージアムは地域全体を展示室として地域の遺産・記憶を記憶しようとするものであるとしている（吉兼 2012）。

　このように、観光業界が捉える地域博物館の姿は、地域を観光地にした場合のものであって、博物館を単体とするよりも観光スポットの一つとして捉える考え方に準拠している。つまり、地域住民のためではなく、地域を訪れる人による経済効果、ひいては地方創生をめざすものと言ってよかろう。

240

おわりに

　日本学術会議の史学委員会に設けられた「博物館・美術館等の組織運営に関する分科会」は、2017（平成29）年7月20日に「21世紀の博物館・美術館のあるべき姿—博物館法の改正に向けて」を発表した（日本学術会議2017）。この中では、博物館登録制度の形骸化と対応手段の確立・学芸員の研究業務の充実と博物館の研究機関指定の2点を改善点としており、イギリスの制度を見習うべきとしている。重要な指摘であるが、相変わらず欧米盲従の思想が背景にあり、経営上の問題については「経営状況の公表」に止まっている。もちろん観光や地方創生の文言はない。これは博物館を単体として分析しているためである。

　博物館は博物館だけで存在することは難しいことは当然である。地域博物館は、それを所轄する自治体の財政のもとにある以上、地方創生が絶対必要な現在では博物館だけの問題として考えるのは無理なのである。言い換えれば博物館だけを見ているのではいけないのであって、地域全体の課題である。地方創生政策の中の、どこに博物館を位置づければ博物館は救われるのかが今後の課題である。現在でも博物館に関心を示さない一部の自治体は、博物館を過去のハコモノとして閉鎖することに余念がない。そこで注目すべきなのが「観光」の視角である。郷土としての文化情報の発信だけではなく、その地域を訪れる動機として地域博物館は存在しなければならないし、他者にとって魅力ある地域作りの中心に地域博物館は存在するべきで、周囲の観光ポイントとタイアップしなければならない。もちろん旅行エージェントとの連携も不可欠で、それらのクーポン・送客証[8]が使え、少なくとも「5パーセント以上」のリベートをもたらすものでなければエージェントは動かないであろう。博物館自身も変わらなければならない。「知識」の動機づけとして「感動」を用い、「体験」による深化を利用者そのものが自覚できるようにしなければならないのではないか。まず入口として「感動」を与え、利用者の満足度を得るために「体験」をさせなければならない。これが、政府が強力に推し進める「観光立国」下の博物館の姿であろう。

　博物館は、50年先、100年先のための地域資料のタイムカプセルであ

ることは間違いない。しかし、地域の総合的な魅力を発信する機能があり、今後はこれが重要な要素となる。そのためには、縦割り行政の弊害を取り除き、文化財担当・博物館・首長部局が情報を共有し、お互いの活動にプラスとなるように努めるべきであることを付言しておく。

註

1) 読売プレミアム「来日客、さらに増加へ首相「思い切った知恵を」」https://premium.yomiuri.co.jp/pc/#!/news_20151109-118-OYT1T5002（2017年8月30日確認）
2) 観光庁公式HP「「観光立国推進基本計画」を閣議決定」http://www.mlit.go.jp/kankocho/news02_000307.html（2017年9月1日確認）
3) 日本政府観光局（JNTO）「訪日外客数（2015年11月推計値）」http://www.jnto.go.jp/jpn/news/data_info_listing/pdf/avrsih000005ivl8-att/151216_monthly.pdf（2017年8月31日確認）
4) じゃらんリサーチセンター「じゃらん宿泊旅行調査2017」https://prtimes.jp/main/html/rd/p/000000578.000011414.html（2017年8月31日確認）
5) 日本政府観光局（JNTO）「訪日外客数（2017年6月推計値）」http://www.jnto.go.jp/jpn/news/press_releases/pdf/170719_monthly.pdf#search（2017年9月1日確認）
6) 早野陽子「これからの中国人旅行者を考える」JTB総合研究所コラム（2016.4.12）https://www.tourism.jp/tourism-database/column/2016/04/inbound-chinese-tls5/（2017年8月23日確認）
7) 河野まゆ子「地域博物館の価値再考～「住民参加」から次のステップへ 地域博物館の変遷を考察する」JTB総合研究所「観光インサイト」コラム（2014.5.14）https://www.tourism.jp/tourism-database/column/2014/05/local-museum/（2017年7月20日確認）
8) 一般的に旅行エージェントが宿泊施設や飲食店などから、送客の際に受け取る手数料の証明書。

〈参考文献〉

青木　豊　1994「ミュージアム施設進展の背景と展望」『ミュージアム（テーマ館・展示館）施設化計画と事業運営資料集』綜合ユニコム
青木　豊　2013『集客力を高める博物館展示論』雄山閣、pp.84-86
浅羽良昌　2001『国際観光論―図表で読み解く日本の現状と課題』昭和堂
上田　篤　1989『博物館からミューズランドへ』学芸出版社、p.30
上山信一・稲葉郁子　2003『ミュージアム都市を再生する―経営と評価の

実践―』日本経済新聞社、pp.77-83

公益財団法人日本博物館協会　2017『平成 25 年度博物館総合調査に関する
　　報告書』p.19

須田　宏　2009『観光―新しい地域つくり―』学芸出版社、pp.131-132

須藤　廣・津島英樹　2005『観光社会学―ツーリズム研究の冒険的試み』
　　明石書店

綜合ユニコム　2009「経営データに見る 2008 年度のレジャーランド・レコ
　　パークの動向」『レジャーランド＆レコパーク総覧 2010』p.14

綜合ユニコム　2017「レジャー施設集客ランキング 2017」『月刊レジャー
　　産業』611、p.38

溝尾良隆　2009『観光学の基礎』観光学全集 1、原書房

辻　秀人編　2012『博物館危機の時代』雄山閣

デービット・アトキンソン　2016『新観光立国論』東洋経済新報社

中村　浩・青木　豊　2016『観光資源としての博物館』芙蓉出版

並木誠二・中川　理　2006『美術館の可能性』学芸出版

日本学術会議　2017「21 世紀の博物館・美術館のあるべき姿―博物館法の
　　改正に向けて」http://www.scj.go.jp/ja/info/kohyo/pdf/kohyo-23-t243
　　（2017 年 8 月 30 日確認）

浜口哲一　2000『放課後博物館へようこそ―地域と市民を結ぶ博物館―』
　　地人書館

古本康之　2014「博物館・美術館」安村克己・堀野正人・安藤英樹・寺岡
　　慎吾『よくわかる観光社会学』ミネルヴァ書房、pp.128-129

三浦直子　「レジャーの新たな潮流と活発化するレジャー施設投資・開発」
　　『月刊レジャー産業』611、pp.28-29

美山良夫ほか編　2010『文化観光「観光」のリマスタリング』Booklet18、
　　慶応義塾大学アート・センター

吉兼秀夫　2012「小さな博物館とエコミュージアム」『まほら』72、近畿
　　日本ツーリスト旅の文化研究所

5　外部資金の導入

安高啓明

はじめに

　博物館を取り巻く状況が厳しい昨今、外部資金の獲得は学芸員の研究環境の向上はもとより、博物館運営の観点からも重要度を増している。指定管理者制度の導入をはじめとする博物館運営費の削減、文化財行政への予算配分の見直しなどが続いているなか、外部資金に頼らざるを得なくなっているのが現状だろう。本来、研究基盤経費は、自館で経常的に確保して然るべきものだが、税収減少を背景に厳しい傾向にある。

　2017（平成29）年には公益財団法人日本博物館協会において、「博物館と外部資金」という特集が組まれた。ここでは、歴史・科学・動物園・博物館学を専門とする学芸員らが実践事例を紹介しているが（公益財団法人日本博物館協会編2017）、こうした特集が組まれるのは、博物館運営にあたって外部資金獲得の重要性が増している証左だろう。大学等の教育機関でも運営費交付金の削減、業績による傾斜配分がなされていることを考えれば、その原理が博物館にももたらされたといえるだろう。

　しかし、博物館学芸員は、研究職としての整備が各館で異なっているのが実態である。それは、科学研究費補助金（以下「科研費」）の代表者としての申請資格がない博物館が多いことが第一に挙げられる。年々、申請資格のある博物館が増えてきているようだが、まだ十分とはいえない状況が続いている。博物館運営費の削減、それを補うための外部資金獲得を学芸員に求めるならば、それ相応の条件整備が博物館には求められよう。かつては奨学金免除機関となることもその条件整備の一貫として受け止められていたが（那須1999）、これがなくなっていることもあって、学芸員の研究職としての立場をどう担保していくのかは課題といえ

245

よう。

　本稿では、博物館や学芸員が申請可能な外部資金の種別を提示するとともに、博物館と科研費の状況を分析し、その傾向を検討していく。また、実際に外部資金を獲得した自身の経験から、申請の動機付けや具体的実践形態を提示して、博物館活動における外部資金の位置付け、研究成果のアウトプットの手段について論じていく。

1　外部資金の種類

　博物館の運営や学芸員の個人研究に関して支援する団体は数多くある。例えば、文化庁では、文化財補助金をはじめ、拠点形成整備に関する事業を行なっている。文化財に対する多言語解説の整備事業など、観光を重視した支援体制が充実しているが、これは政府の文化財行政への指針を反映したものといえる。また、日本学術振興会の科研費は、個人研究を支えるものとして代表的であるが、これには後述する申請資格が必要である。国の支援以外にも、各種団体が一定の目的のもとで個人や組織に研究費や運営費（補助金）を付与し、支援している。ここでは、財団等による博物館・学芸員に関係する助成金について取り上げ、その種別と性格を示し、分類・分析していきたい。

　外部資金は、概ね二系統にわけられる。ひとつは、博物館活動への助成を目的とするもので、換言すれば、博物館組織に付与するものである。それは、博物館が開催する特別展や企画展であったり、講演会やワークショップといった行事にかかる費用を対象としている。これらは博物館教育を支援するもので、博物館を助成主体としている。

　これに対して、学芸員の個人研究を助成するものがある。学芸員は各専門分野の調査研究に日々あたっているが、公的な研究費が安定かつ充足した状態にないのが現状である。近年続いている経費削減の動きのなかで、研究活動の財源確保は喫緊の課題となっているが、これを支援するために設けられている。個人研究の助成に関しては、設立趣旨等に鑑みた財団等が掲げる目的に合致した研究分野を対象としており、分野等を隔てなく一様に公募することは少ない。

以上の全体的傾向を示したうえで、博物館や学芸員に関係する外部資金の公募を行っている主な団体を示すと、表1のようになる。

　これをみれば、①博物館事業に相当する展覧会や講演会などのイベントを助成するもの、②学芸員（研究員）の研究をサポートするもの、③文化財保護、そして修復を支援して後世に残すための補助をするものとにわけられ、前述した分類にあることがわかる。助成主体である財団の趣旨や目的に合致することを前提にするが、博物館活動を幅広くサポートしている。そこには、企業メセナとしての取り組みが反映されていることも特徴である。質の高い展覧会や調査研究をする上で、これらの団体から支援を受けることは、ステークホルダーとしての信頼を得る大義にもなる。

　表1で博物館に関するものを列挙したが、博物館や美術館、科学館などといった幅広い館種が支援の対象となっている。また、日本海事科学振興財団のように、公益事業を行なう機関・団体で社会教育施設を運営する者を対象として、館種を問わないところもある。さらに、「連携事業を行なう者」も示唆していることから、種別を問わない幅広い支援を想定している。

　博物館活動は、学芸員個人の研究成果に寄与している。そのためには、調査研究にかかる費用を公的に負うことが求められるが、そうした状況にない。そこに、サントリー文化財団や日本海事科学振興財団、三菱財団、ポーラ美術振興財団などといった団体が個人をサポートしていることは、学芸員にとっては励みとなろう。採択されれば学芸員の個人研究が外部組織から評価されたことをも意味し、活動の担保とすることができる。そして業務として研究にあたることができるのは、負担の軽減にもつながる。

　全国科学博物館振興財団は、あえて小規模の科学系博物館を対象としている。これは、前述した団体とは一線を画す助成のあり方で、日本各地にある地域博物館のあり様に鑑みた措置となっている。また、住友財団が行っている文化財維持・修復事業助成は、固有のモノ、換言すれば価値ある資料を将来にわたって残していくために支援するものであり、

結章　博物館の再生を目指して

表1　主な助成団体

	助成主体	事業名	主な対象	趣旨・目的
1	公益財団法人サントリー文化財団	学問の未来を拓く／地域文化活動の継承と発展を考える	一研究者ではない様々な分野のメンバー（大学等の所属に限らない）	グループ研究活動を支援して豊かな知の発展に貢献／日本の地域文化活動の継承と発展に寄与する研究の振興
2	公益財団法人カメイ社会教育振興財団	博物館学芸員等の内外研修に対する助成／青少年の社会教育活動に対する助成／文化及び芸術等の振興に対する助成	学芸員等の博物館職員、社会教育団体又は青少年を対象とする団体	調査研究・海外作品の展示公開／博物館職員の国際交流費用／社会教育活動促進費
3	公益財団法人日本海事科学振興財団・船の科学館	海の企画展サポート／海の学び調査・研究サポート／海の学び調査・研究サポート	公益事業を行なう機関／団体で博物館等社会教育施設を運営する者、連携事業を行なう者	人々の営みのあらゆる側面で関わる海洋をテーマとした博物館活動（全分野）
4	公益財団法人三菱財団	自然科学分野／人文科学分野／社会福祉分野／文化財修復分野	代表研究者が日本国内に居住し、かつ国内に継続的な研究拠点を有する者	自然科学の全ての分野にかかる独創的かつ先駆的な研究／開拓人文社会領域での着実な実証的研究／実験的な社会福祉を目的とする民間の事業、科学的調査研究
5	公益財団法人たばこ総合研究センター	研究助成	日本国内の大学・大学・研究機関等に所属する研究者	嗜好品やそれに関連する産業や企業に関する歴史・文化・文化人文社会領域での研究／嗜好品の摂取・利用する人間の心理・行動・価値観・欲求・健康観・幸福感、あるいは社会にもたらす影響の研究
6	公益財団法人笹川科学研究助成	実践研究部門	教員・NPO職員、学芸員・司書等	社会的諸問題の解決に向けて行なう実践的かつ学習施設の活性化に資する調査研究
7	独立行政法人日本芸術文化振興会	地域の文化振興等の活動	美術館、美術展示施設、文化施設の設置者か管理者	地域文化施設公演／展示活動（美術館展示）
8	公益財団法人ポーラ美術振興財団	美術館職員の調査研究助成	美術館職員	美術史・文化史／美術館学／美術館教育・普及活動／美術館のマネージメント／美術館の保存・修復に関する調査研究、技術の習得
9	公益財団法人花王芸術・科学財団	芸術文化部門	日本の美術館・博物館、団体が企画、催す美術・版画・彫刻等の展覧会の出版	美術展覧会／美術に関する出版助成
10	公益財団法人鹿島美術財団	美術振興事業	美術史、芸術学、それに相当する専門領域の大学院博士後期博士以上の学歴を有する、相当する研究歴及び業績を有する者	絵画／美術／美術史（保存・修復・維持等）に関する調査研究
11	公益財団法人住友財団	文化財維持・修復事業助成	修復文化財所有者（管理者）	日本国内に所在する、芸術的・学術的に価値のある、後世に継承すべき美術工芸品（絵画、彫刻、工芸品、書跡、典籍、古文書、歴史資料、考古資料）の維持・修復事業。
12	一般財団法人全国科学博物館振興財団	科学系博物館等の活性化への助成事業	科学系博物館のうち学芸系・研究系職員数0〜3人までの機関	将来の博物館等の活性化に資する事業

これを所有者および管理者のなかから公的資金が得にくい層へ配慮している。外部資金は競争原理のなかで配分されていることを考えると、それとは異なるきめ細やかな支援といえる。

　ここで取り上げた助成団体は一部に過ぎないが、これ以外にも類する助成は数多くある。公的資金が減少していっている昨今、こうした外部資金を獲得していくためには、どう対処していくべきか。個人はもとより博物館が組織的に取り組んでいかなくてはならない。申請を学芸員個人が担う以上、博物館がフォローするという有機的な関係になくてはならない。これも一種の博物館マネージメントとしてとらえるべきであり、外部資金獲得のために、いかなる手当や配慮が必要なのかを館長を筆頭に考えていくことが重要といえよう。

2　科研費の申請資格と採択状況

　科研費は、文部科学省所管の独立行政法人日本学術振興会（平成 15 年10 月 1 日成立）によるものである。日本学術振興会法（2003 年 12 月 13 日法律第 159 号）の第 3 条には、その目的が記されている。

> 独立行政法人日本学術振興会は、学術研究の助成、研究者の養成のための資金の支給、学術に関する国際交流の促進、学術の応用に関する事業を行なうことにより、学術の振興を図ることを目的とする。

　つまり、広く研究を助成する目的で設置されており、科研費に採択されるということは、学術的に高い研究と認定を受けたことになる。基礎から応用に至るまで先駆的かつ独創性のある研究と評価されたものが助成される。しかし、これに応募することができるのは、一定の資格を有するものに限定されている。それは、「科学研究費補助金取扱取扱規程」（昭和 40 年 3 月 30 日文部省告示第 110 号）の第 2 条に規定される研究機関に所属していなければならないと規定される。

　この研究機関とは、①大学及び大学共同利用機関、②文部科学省の施設等機関のうち学術研究を行なうもの、③高等専門学校、④文部科学大臣が指定する機関である。このうち博物館は④に相当し、指定さ

結章　博物館の再生を目指して

れた地方公共団体立の主な博物館は、北海道博物館・東北歴史博物館・ミュージアムパーク茨城県自然博物館・栃木県立美術館・栃木県立博物館・群馬県立自然史博物館・千葉県立中央博物館・横須賀市自然人文博物館・神奈川県立歴史博物館・神奈川県立生命の星地球博物館・神奈川県立近代美術館・神奈川県立金沢文庫・新潟県立歴史博物館・富山市科学博物館・山梨県立博物館・滋賀県立琵琶湖博物館・京都市動物園・大阪市立自然史博物館・兵庫県立人と自然の博物館・奈良県立橿原考古学研究所・橿原市昆虫館・和歌山県立博物館・徳島県立博物館・北九州市立自然史歴史博物館・九州歴史資料館・福岡市美術館・大分県立歴史博物館などがある。日本の博物館総数と比べると、応募資格を有する博物館は少なく、いわゆる大規模博物館にあたるものが列挙される。

　博物館が科研費の申請機関になるためには、文部科学大臣による指定基準が存在する。①研究を目的とする機関であること、②研究者が自発的に研究計画を立案して実施できると、申請する学術機関において決定された文書に明記されていること、③研究成果を自らの判断で公表でき、職務として自発的に学会に参加できると文書に明記されていること、④研究活動に実際に従事している者を構成員（常勤）とする研究組織が確立されていること、⑤研究者の 1/5 以上が原著論文を過去 1 年間に学会誌（紀要を除く）に掲載していること、⑥申請機関の一人当たりの研究費が年間 36 万円以上であること、⑦科研費の管理・監査体制が整備され、公正に推進する体制が整備されていることと規定される（美術史学会・美術館博物館委員会 2003）。

　従来は学芸員が研究職に区分されていることも条件とされていたが、上記の指定条件を満たせば良くなり、門戸は開かれてきている。上述のように科研費の申請資格を有する学芸員は、決して多いとはいえない。有資格者であっても、外部資金獲得を強く求められる大学や研究機関と競争になるため、相応の努力が必要である。

　博物館学芸員や大学で博物館学を教える研究者にとって、博物館学の区分が科研費に設けられた意義は大きい。これは 2007（平成 19）年度から採択があり、その後、2019 年度時点で、大区分 A・中区分 03：「歴史

250

学、考古学、博物館学および関連分野」・小区分 03070：「博物館学関連」として継続している。その内容は、博物館展示学、博物館教育学、博物館情報学、博物館経営学、博物館行財政学、博物館資料論、博物館学史などと記され、博物館学の各論は研究分野として認定された。

この中区分領域において採用されているひとつは「研究活動スタート支援」で、研究機関に採用されて間もない研究者や育児休業等から復帰した研究者をサポートする枠である。かつての若手研究（スタートアップ）で、とりわけ若手研究者を想定しており、採択者も助教や講師、研究員が多い。ここには大学教員による採択がみられ、博物館に所属するものは、過去 2 年間ではみられない。

小区分領域の「博物館学関連」での採択になると、「若手研究」や「基盤研究（C）」「基盤研究（B）」での採択があり、博物館所属の研究者も散見される。若手研究は、博士学位修得後 8 年未満の研究者が一人で行なう研究で、1 課題 500 万円以下である。基盤研究（C）と（B）は研究者が 1 人または複数の研究者が共同して行う独創的、先駆的な研究で、（C）は 500 万円以下、（B）は 500 万円以上 2,000 万円以下である。若手研究・基盤研究（C）ほど公立博物館に所属する研究者が多く、基盤研究（B）は大学や国立博物館で採択されている傾向にある。

過去の採択率をみてみると、例えば、2011 年度新規採択において博物館学（分科）の採択率は、27.9％である、全体 86 件の応募件数があり、24 件が採択されている（直接経費 56,900,000 円）。近年、若手研究が30％、基盤研究（C）が 27％、基盤研究（B）が 25％の採択率であることを考えれば、決して低い数値にないことがわかる。こうした状況から、博物館が科研費申請機関となることは、外部資金を獲得するための選択肢を増やすことになり、博物館の運営を支えることにつながるのである。

3　外部資金の活用の事例

上述した外部資金を活用した博物館活動は近年積極的に行なわれている。例えば、千葉県立中央博物館では、「海と日本 PROJECT」（日本財団）からの補助金（事業代表：北海道大学）を受けて、「房総の海の物語」

（2016年度）・「エビ・カニをもっと知ろう！」（2017年度）・「いのちを育む"海"～海の生物多様性を学ぼう！」（2018年度）をテーマに観察会や講座等を行っている。また、「海の学びミュージアムサポート事業」（日本海事振興財団）の助成により、「博物館のお仕事　幻のクジラ　ツノシマクジラのイベント・展示を作る」を実施し、さらに千葉市科学館やNPO、市民団体等がコラボして「海辺のミュージアム　ちばの海のいきもの」を実施するなど（新2019）、広がりをみせている。いわば、大学と共同して外部資金を獲得し、博物館教育の質を高めていくという。大・博連携の協働体制のもとに事業展開されている。

　近年のこうした博物館運営のあり方を示したうで、自身の博物館勤務の経験から実例を紹介したい。筆者も前掲した表1の日本海事科学振興財団から助成を受けて展覧会を開催していたことがある。質の高い展覧会の開催を企画すると借用先も増え、輸送費を含む全体的な事業費が膨らんでくる。こうした場合に、外部資金を獲得し事業費を補填し、より企画趣旨の理想に近付けた展覧会を実施することができた。

　そして、私自身が博物館活動の骨子に考えていたのは、"協働"である。それは単館で行なうよりも充実した事業を実施することが可能なためである。連携事業の推進のメリットとデメリットはあるものの（安高2014）、これを実施するためには外部資金の獲得は不可避だった。その具体的な連携内容は、所属が大学博物館であったため、他大学の大学博物館との協働を推進した。当時は、今ほど大学博物館の知名度も高くなかったこともあり、2大学および3大学と連携した事業は、各大学の魅力を引き出すという相乗効果があった。また、大学博物館のミッションである"社会に開かれた窓口"として、質の高い事業を実施することが地域還元することにつながった。

　また、九州の地域博物館や自治体との連携も行なった。特に大学がプロテスタント系だったため、キリスト教をテーマにした企画展を展開した。そこには、大学の社会貢献としての要素も含ませ、関連団体との連携を推進した。大学にとっては、地域社会への研究成果の還元、自治体としても研究教育機関との事業提携は、住民サービスの向上につなが

り、双方に有意義なものとなった。

現在は、学部（部局）に所属しているため博物館職員として、こうした外部資金に申請することはなくなった。個人の専門領域において科研費は取得しているが、本論に関係する博物館に関するものとして、次世代の学芸員を養成するという目的で外部資金を得ている。前掲した日本海事科学振興財団からは、将来的には展覧会を開催することを視野にいれた調査研究費の支援を受けている。2017年に「長崎・熊本両県における自然災害（地震・噴火・津波）に関する総合調査—寛政4年「島原大変肥後迷惑」の文献・慰霊碑を中心に—」をテーマとした研究が採択され（2年間）、文献資料や絵画資料といった史資料のほかに、各地に現存する供養塔の調査を行っている。この事業には、学芸員への就業を希望する大学院生・学生を参加させるとともに、関連地域の学芸員の指導を受けながら、基礎研究の手法と博物館活動のノウハウを身につける機会となっている。

資金難や人的不足などもあって、研究の進展のなかった課題が、外部資金の活用によって停滞した活動を再開させる効果がある。上記の"島原大変肥後迷惑"の研究もこれにあたり、あらためて現況調査を行なうことで、情報を更新することができた。本事業では、現職学芸員を巻き込んだプロジェクト型の研究としたことで、結果的に地域史研究を下支えとすることになった。地域へのアウトプットや次世代の学芸員養成という多面的な事業展開を可能としたのである。

さらに、カメイ社会教育振興財団からは「熊本地震被災資料と大学学術標本を活用した展示事業」の採択を受けた。これは、2016（平成28）年4月に発生した熊本地震で被災した資料をレスキューするとともに、未指定文化財である石碑や墓碑などの状況を調査した。この成果は展示活動によって公開した。この事業にも学生を参加させ、博物館資料とは異なる個人所有の資料の取り扱いを教えるとともに、整理作業を実施し目録を作成、これを展示するという一連の博物館活動を経験する実践教育の機会を提供した。

これらの事業を実施するために、社会貢献・実践教育の展開という趣

旨に賛同いただいた天草市立天草キリシタン館と熊本大学附属図書館に展示場を開放してもらっている。また、展示業者などの博物館産業からも協力を得て展開しており、産官学の事業形態となっている。私自身、博物館から離れたからこそ、地域博物館や図書館、博物館産業との連携を能動的に実施することができたと考えている。なお、本事業に参加した院生のなかには学芸員に就業したものもおり、確実な実績を挙げている。

　ひとえに外部資金を得たからこそ、こうした事業を展開することができた。博物館の現場とは異なる立場からの外部資金獲得は、将来的には博物館界を支えることにつながると期待している。博物館をフォローする形で大学が外部資金を獲得していくことも地域博物館、そして地域を活性化する手段のひとつといえよう。

おわりに

　外部資金獲得は、博物館運営や学芸員活動に直結するようになってきている。近年こうした傾向が顕著であり、科研費の申請可能な博物館が増えてきていること、多様な助成団体があることはこれを裏付ける。とすれば、組織的に外部資金を申請できる制度設計、環境整備をすることが必要で、いわゆるミュージアムマネージメントの一貫としてとらえなければならない。

　学芸員が科研費の代表申請者となる権利がないことは問題である。博物館法に明記される研究職である以上、認められるべき当然の権利である。まずは、申請資格を有する土台に学芸員をのせることが、研究者としての実を伴うことになる。そのうえで、博物館運営を考えていかなければ、指定管理者制度に鑑みられるように、予算削減という短期的な経営指針のなかに学芸員を埋めることになってしまう。博物館経営論が学芸員課程のカリキュラムである以上、こうした問題を解決していく不断の努力をしなくてはならない。

　その一方で、科研費の代表申請者として足る資格・能力を等しく学芸員は有するように研鑽を積んでいかなければならない。応募資格のある大学教員同等の研究能力を有した学芸員を、博物館は採用することにな

ろうが、こうした人材を行政側が望んでいるのかをあわせて検討しなければ矛盾が生じる、いわば机上の空論となろう。あわせて学芸員の質的向上の一方で、外部資金獲得に伴う研究不正が起こることがないような体制づくりも急務である。例えば、2016年に陸上昆虫学の研究分野で博物館学芸員の研究不正（盗用）が認定されている。個人の質に依存するのではなく、組織的にフォローしあえるようにしなければならない。

外部資金は、博物館活動、ひいては調査研究を推進させるための補助的なものである。何より、基盤となる研究資金は自館で担保されるべきであり、博物館の運営主体は、そのことを認識したうえで、外部資金獲得を目指さなければならない。外部資金獲得が至上命題となることには危惧するところが大きく、まずは学芸員の処遇、環境整備を全国統一的に進めることが先決である。そして、学芸員自身、各種団体の助成事業に柔軟に反応し、申請する能力を養っていくことも重要となろう。

〈参考文献〉
公益財団法人日本博物館協会編　2017『博物館研究』52
那須孝悌　1999「学芸員の地位向上と処遇改善」『博物館研究』34
美術史学会・美術館博物館委員会　2003『科学研究費補助金の代表申請資格を得るために』美術史学会、pp.13-16
新　和宏　2019「外部の助成金を活用した博物館の新たな試み」『開館30周年記念誌』千葉県立中央博物館、pp.7-8
安高啓明　2014『歴史のなかのミュージアム—驚異の部屋から大学博物館まで』昭和堂、pp.216-220

6　地方創生と博物館の形態

落合知子

はじめに

　「地方創生」は 2014（平成 26）年に第 2 次安倍政権が掲げた政策の一つで、地域再生や地域活性化などがその一連の事業として推進されてきたのは周知の通りである。また、新しい地域づくりの概念として、「地域創生」という言葉が使われ始めたのは 2000 年頃からで、これは従来の地域再生や地域活性化として、地域を元の姿に戻す、あるいは地域を盛り上げるのとは異なり、地域を一からつくり変える、あらためてつくり直すという意味合いが強く、「中央―地方関係」の大きな転換期を背景とした「地域」への関心の高まりの中で生まれてきた言葉である。地方大学に地域創生学部や学科が設置され、2017 年には「日本地域創生学会」が設立されるなど、「地域創生」は学術的に議論されるようになった（西田心 2018）。このような「地域創造」「地域創生」「地方創生」など用語の使用については別稿に委ね、本稿は広義での「地方」あるいは「地域」を使用しながら、地方創生と博物館の形態を論じることとする。

　日本における観光まちづくりの取組みは 1990 年代後半頃から顕著になるが、それは 1970 年頃から当該地域独自の構想をもって着実に地域振興を図ってきたことが要因と言える。その地域振興に博物館が果たしてきた役割とは何か、これからの地域振興に求められる博物館の役割とは何かを、我が国の野外博物館の嚆矢である宮崎自然博物館の取組みを再考し、2021 年に開館予定の波佐見町歴史文化交流館（仮称）の建設構想、そして地域創生に直結した道の駅博物館を事例として、地方創生と博物館の形態を試案するものである。

257

1　観光振興と地方創生

　国による観光政策の推進は、2002（平成14）年の「観光政策審議会答申」と2003年の「観光立国政策懇談会報告書」を出発点として始まった。「観光振興の魅力を活かす環境整備」の施策では、観光まちづくりは地域の魅力を高め、観光振興にも地域振興にも効果的となることが記されている。しかし、観光まちづくりに着手しても観光客が一時的に訪れるだけでは、観光振興や本来の意味での地域振興にはならない。重要なことは、観光資源の市場性を様々な面から検討すること、市場性つまり誘客力を有しているかという点が重要なのである（西田安2018）。

　2003年に小泉内閣が観光立国日本を標榜し、2007年には観光基本法を全面改正した観光立国推進基本法が施行された。翌2008年には観光庁が設置されて、2012年に観光立国推進基本計画が閣議決定されたのである。2016年には、安倍総理が議長を務めた「明日の日本を支える観光ビジョン構想会議」がまとまり、観光政策の基本構想が策定された。安倍内閣主導の観光戦略は、観光庁をはじめとする関連省庁と共にその施策が広く展開されたのである。

　我が国の観光政策は、日本国民のための観光施策から増加する海外からの観光客に対応すべく、その転換が図られてきた。このような観光政策の転換が文化財にも影響を及ぼすことになったのは周知の通りである。これまでのように、文化財は保存が優先という概念だけではなく、文化財の活用が提唱され、地域活性化を推進するために文化財を積極的に活用する機運が高まったのである。

　言うまでもなく、我が国に限らず地域文化資源を観光に活用してきた歴史は古く、地域文化資源なくして観光は成り立たないであろう。しかし、観光振興における文化財の活用方法は、文化財保存の理念を大前提としたものでなければならない。これはあくまでも学芸員の立場からである。観光立国日本を標榜し、それを推進するには外国人観光客に対しての積極的な文化財の活用は不可欠であり、それには学芸員の知識と技量が求められる。地域文化資源を活用した地域活性化を推進するには、地域連携に長け、積極的に諸活動を実践する学芸員が必須であろう。

これからの地域博物館は地域文化資源の保護と活用、そして地方創生とリンクさせることが求められるのである。

政府によるインバウンドを中心とした観光立国政策が活発化する中で、文化庁でも地方創生とリンクした事業の展開が推進されてきた。2016年に文化庁が発表した「文化芸術資源を活用した経済活性化（文化GDPの拡大）」（文化庁2016）に「インバウンドの増加と地域の活力の創出」「文化芸術における潜在的顧客・担い手の開拓」「「文化財で稼ぐ」力の土台の形成」といった方向性が示され、ここに文化財で稼ぐことが明確に謳われたのである。地域の文化資源を掘り起こして地域経済への波及を創出すること、そして、地方創生を見据えて障がい者や子ども、外国人の支援を展開すること、さらには文化活動を拡大して担い手を開拓することが提唱されたのである。ここには文化財を活用してあらゆる人々が活躍する場を創出するとしながらも、文化財を利用して稼ぐことが暗に示されている。そして、地域文化財の戦略的活用に至っては、海外からの観光客に対応するために文化財の修理や建造物の美装化が推進されており、文化財の修理・修復を推進する目的は、観光客を呼び込み、そして稼ぐことが容易に理解できるのである。

そのなかで数値目標として、日本遺産など文化財を中核とする観光拠点を全国200拠点程度整備し、地域文化資源の戦略的活用の推進が明確に示された。長崎県出島阿蘭陀商館跡の復元整備による観光効果は、1996年度からの復元整備事業で入館者数が段階的に増加し、ピークの2006年度以降落ち込むものの長崎市の取組みで再度増加を見せている。このような修理・修復・整備事業は観光効果を高め、経済効果を上げることに繋がってはいるが、観光立国日本を推進するための文化財の公開優先施策は、これまでの文化財保護の理念を大きく崩す可能性があることは否めない。

また、2015年のUNESCOによる「ミュージアムとコレクションの保存活用、その多様性と社会における役割に関する勧告」（UNESCO 2015）には、ミュージアムは経済発展、とりわけ文化産業や創造産業、また観光を通じた発展をも支援し、創造産業や観光経済を通して、ミュージア

ムとコレクションが持続可能な発展のパートナーとして、ミュージアムが社会において経済的な役割を演じ得ることや、収入を生む活動に貢献し得ることを認識すべきであると明記され、ミュージアムを観光経済に利用する施設として捉えていることに注目したい。

　さらに、地方への新しいひとの流れをつくる施策のひとつに政府関係機関の地方移転がある。文化庁は 2017 年 4 月に京都に設置した「地域文化創生本部」で、地域文化資源を活用した観光振興等を地元の知見を活かしながら実施している。また、2017 年 6 月に改正された文化芸術基本法（平成 13 年法律第 148 号）の文化芸術の振興にとどまらず、観光、まちづくり、国際交流など関連分野の施策を総合的に推進する趣旨をうけて、文化庁の機能強化及び抜本的な組織改編を検討して文部科学省設置法の改正法が通常国会で成立したのである。

　そして地域人材育成プランとしては、地域産業の振興を担う専門的職業人材の育成を行う大学の取組みを推進し、特にリカレント教育や職業教育が極めて重要であり、関係府省庁は総合的な推進を図る必要性が示された。地域においても、地域に根ざしながらグローバルに活躍する人材育成は重要であり、大学における地域に根差したグローバル・リーダーの育成や留学生の受入れを推進すべく、官民が協力して海外留学支援制度を推し量り、地域における留学生交流を推進している（まち・ひと・しごと創生本部 2018）。このようなリカレント教育は大学のみならず、社会教育機関である博物館との連携が有効であることは言うまでもない。

　以上、国が推進する地方創生の一部を文化財の視点から示したが、地域文化資源を観光に活用できる博物館の形態の一つとして野外博物館を提案したい。所謂地域まるごと博物館や空間博物館、フィールドミュージアムと呼称される野外博物館は、地域文化資源を構成要因とし、地域おこしや地域活性化を目的として構想されることが多い。

　1989 年に政府の「ふるさと創生」が提唱されてから、山形県朝日町では「町全体が博物館」、「町民すべてが学芸員」のキャッチフレーズのもとに地域創生が展開され、全国的にも地域おこしが活発化していっ

た。朝日町のような地域住民参加型エコミュージアムは、地域創生の格好のモデルになり、地域に存在する文化的資源の魅力を地域住民の手によって発信し、伝承していくことが重要であるとして、教育の実践や観光振興、地域創生のキーワードと成り得たのである（黒沼2017）。

2 地域文化資源の保護・活用と地方創生

(1) 地域文化資源の観光活用
―我が国最古の登録野外博物館の試み―（落合2014）

　地方創生における地域博物館の役割は、地域文化資源を活用し、観光経済を活性化させることにある。そのような取組みは国が観光立国を推進してきた過程で生まれたことではなく、世界的に見ると野外博物館がスウェーデンに初めて設立された1891年に遡ることができる。世界初のスカンセン野外博物館の設立目的は、愛国心と郷土の保存であった。失われていく地方の文化を保存し公開した結果、開館当初から多くの来館者で賑わい、現在も観光資源として年間来館者数137万人（2016年）を誇るまでになっている。まさに観光とリンクした博物館と言える。

　我が国ではスカンセンのような移築・収集型野外博物館の設立は、1959（昭和34）年開館の大阪府服部緑地公園に所在する日本民家集落博物館がその嚆矢である。しかし、これより先行して発生的思想を異にする富山県鹿島神社とその社叢を形成する天然記念物鹿島樹叢を核とした宮崎自然博物館が存在し、その活動は1935年頃から始まり、その構想は1949年には実践され、1952年4月宮崎自然博物館は博物館施設に指定され、8月には博物館法による登録博物館として位置付けられた。我が国最古の野外博物館が民間主導の官民一体の中から出現したことは周知されていないのが現状である。

　宮崎自然博物館は宮崎村の教職員と鹿島神社宮司が中心となって手掛けた博物館設立運動によって、それまで我が国には存在しなかった独特な理念に基づいた野外博物館であった。その理念は民家の移設収集型野外博物館ではなく、古くは棚橋源太郎が我が国に紹介した、アメリカの国立公園の路傍博物館に近似したものである。しかし、アメリカの路傍

博物館のような、自然保護と理科教育を主たる目的とするのではなく、郷土愛思想から生まれた我が国独自の路傍博物館であった。

　当時、近隣の黒部渓谷が観光地として成功したことも相俟って、鶴田総一郎も論じたように「さして珍しくもすばらしくもなく、どこの地方にもあるような村」を観光地として成功させるために、宮崎村は地域の史跡・遺跡・自然等といった地域文化資源を野外博物館にする構想を企てたのである。宮崎自然博物館は自然環境、歴史、民俗、芸能といった総合的な分野に基づいて設立され、地域そのものや地域文化資源の保存と活用を基本理念とした自然・人文両分野の資料群で構成された野外博物館であった。鶴田が「総合博物館でもあり、さらに身近な文化財の総てを活用している郷土博物館ともいえる」とその特徴を端的に評したように、宮崎自然博物館は郷土博物館機能を有した野外博物館であり、突き詰めれば、そこには郷土保存思想が大きく関与しており、野外博物館の発生は郷土保存から始まったと言えるのである。

　宮崎自然博物館の設立は子どもたちの教育に役立てることも主たる目的であったが、我が国にはこのような野外博物館がなかったこともあり、県外からも多くの学識者が訪れ、新井重三をはじめとする博物館関係者の調査の対象となった。前述のごとく、1951 年の博物館法制定とともに、第 1 次で指定され法の適用を受けるに至った。法による指定以前の地道な活動についても木場一夫が高く評価したように、指定後に至ってもその活動はめざましいものであった。現在は名ばかりの登録博物館となった宮崎自然博物館の活動は、終焉を迎えている。しかし、地域文化資源の保存と活用を学芸員が実践した、我が国最初の登録野外博物館の意義は大きい。観光振興を目指して地域文化資源を活用した点において、地方創生の先駆けであったと言えるのである。

(2) 波佐見町フィールドミュージアム構想 （落合 2017）

　波佐見町は長崎県中央北部に位置し、佐賀県有田町と隣接する県境の町である。波佐見町には、陶芸の館と農民具資料館の 2 つの展示施設があるが、2021 年の開館を目指して既存の建築物を利用した博物館建設

構想が推進されている。1973年に建築された旧橋本邸を波佐見町の歴史を幅広く展示する総合博物館として改修しており、このような歴史的建築物利用の博物館施設は日本各地に所在するが、歴史的建造物の保存と活用の両面において非常に有意義な方策と言える。新たな箱モノを造るよりも、当該地域で守られてきた文化資源を活用した博物館は、地域住民のふるさとの確認の場と成り得るであろう。地域住民のふれあいの場として、波佐見町の歴史を展示し、波佐見焼コレクションを公開する施設として地域住民からの期待も大きい。波佐見町には窯業を中心とした地域文化資源が多く点在しており、これらをサテライトとしたフィールドミュージアム構想の実践において、旧橋本邸を改修した博物館がコアになることは言うまでもない。

現在、波佐見町は波佐見焼ブランドの全国的な定着により、観光交流人口が増加している。中尾地区は町並み全体が長崎県のまちづくり景観資産に登録され、約360年に亘る窯業の歴史を伝える地域文化資源が残り保護されている。西ノ原地区では工場跡を活用した施設が若い層に賑わいの空間を形成している。これらの観光交流人口を部分的ではなく、波佐見町全体にいざなうことが重要であり、来訪者の滞留時間を長くすることが求められる。それにはかつて宮崎自然博物館が実践したように、地域文化資源を周るフィールドコースを作り、波佐見町全域の歴史や自然を学べる空間形成が必要であり、それを可能にする博物館の形態は野外博物館であり、野外博物館しか成し得ないのである。

また、地方創生の戦略のひとつに地域のプレミアム化があるが、地域の自然、歴史、文化、街並みなどを活用した、地域独自のプレミアム価値の発見と創造が求められている。さらに、地域内の大学との共同研究はもとより、グローバルな研究ネットワークの構築も必要である（山﨑2018）。

野外博物館は子どもたちの学びの場、地域住民にとってのふるさとの確認の場、ビジターにとっては当該地域の文化・歴史・自然の情報を得る場となろう。観光ツアーからも理解できるように、一般的に観光客が観光先の博物館に訪れる割合は高く、博物館はビジターにとっての最大

の情報伝達の場となる。特に野外博物館は、スカンセンも目指した郷土の保存の実践であり、郷土博物館そのものである。野外は無限の展示空間を有し、そこでは当該地域の年中行事をはじめとする、野外でしかできない野外だからこそ可能な教育諸活動の実践が展開できるのである。

　長崎国際大学が毎年主催する上海大学博物館学研修生の受け入れに波佐見町も積極的に協力してきた。その取り組みがICOM（国際博物館会議）のUMAC（大学博物館・コレクション国際委員会）よりUMAC AWARD 2019のトップスリーにノミネートされ、その活動は世界的な評価を受けて、波佐見町の学芸員による教育活動が世界に発信された。地方においてもグローバルな教育活動は可能であり、地方創生に直結した試みを実践したのは地域の学芸員であることを明記したい。

　波佐見町フィールドミュージアムを成功させるのは、言うまでもなく波佐見町の学芸員であり、職員である。それには地域住民を取り込むことも重要であろう。1951年の博物館法制定以来の我が国博物館の失敗は、市民参加が無かったからと言っても過言ではない。友の会や波佐見史談会も博物館にとっての主戦力となることは間違いない。子どもたちをはじめとする地域住民が常に集う憩いの場となれば、自ずと観光客も訪れる博物館となるはずである。波佐見町は博物館を核としてより一層の地域活性化が図れるものとなろう。前述のごとく、地域に存在する文化的資源の魅力を地域住民の手によって発信し、伝承していくことが重要であり、それを実践する熱心な学芸員が必須なのである。

　さらに、地域の文化財を核とした地域住民による案内・ボランティア活動は、地域振興を実現していくうえで極めて重要である。住民参加型の野外博物館には持続的な地域振興という相乗効果が期待できるのである（黒沼2017）。日本の地域博物館の多くが疲弊しきっており、そして日本には博物館という多くの負の遺産が存在する。箱モノは造ったものの、その後は多くが先細りの結果となっているのである。同じ轍を踏まないためにも、これから建設される博物館においては、軽佻浮薄な箱モノを造ってはならない。

（3）地方創生に直結する博物館—道の駅博物館— （落合 2016）

　最後に地方創生に直結する道の駅博物館について示したい。路線に駅があるのと同様に、一般道路にも駅をという発想からうまれた道の駅は、人と街とを繋ぐ交流ステーションであり、休憩のための単なる駐車場ではない。地域の文化や歴史、名所や特産物を紹介する情報交換の場としての個性豊かな道の駅が展開されている。

　道の駅の基本コンセプトは休憩機能、情報発信機能、地域連携機能で、そのうちの地域連携機能は文化教養施設、観光レクリエーション施設などの地域振興施設とされており、道の駅博物館は情報発信機能と地域連携機能の両者を兼ね備えた施設である。道の駅の目的にも「地域の振興に寄与」するとあり、文化的施設が地域振興に果たすべき役割は大きいと言える。道の駅はその地域文化の情報発信としての役割を有しており、その地域の特色ある博物館施設が設置されていることが多く、郷土博物館としての役割を担い、地方創生に寄与できる施設である。

　道の駅は 1993（平成 5）年の制度創設以来、全国の 1,154 箇所（2019 年3 月現在）で展開され、博物館施設を伴う道の駅は 265（2015 年 10 月現在）が確認されている。道の駅は地元の地域観光資源を活かして、地域の雇用創出や経済の活性化、住民サービスの向上に貢献している。また、経済の好循環を地方に行き渡らせる成長戦略の強力なツールと位置付け、関係機関と連携して重点的に応援する取組みを実施すべく、「全国モデル道の駅」「重点道の駅」「重点道の駅候補」を選定している。

　「全国モデル道の駅」は、地域活性化の拠点として特に優れた機能を継続的に発揮している既存の道の駅を対象に、国土交通省が選定したものである。観光・産業・福祉・防災・地域資源の活用や地域の課題解決を図るために地域のゲートウェイや地域センターとして機能し、道の駅を設置してから 10 年以上継続的に地域に貢献していることが選定条件である。

　「重点道の駅」は、地域活性化の拠点となる優れた企画性と今後の重点支援で効果的な取組みが期待できる道の駅である。国土交通省は地方創生に発揮する道の駅を「ゲートウェイ型道の駅」と「地域センター型

道の駅」に2大別している。ゲートウェイ型道の駅は地域の顔として機能し、2014年6月に決議決定した日本再興戦略においては、世界に通用する魅力ある観光地域づくりと外国人旅行者の受け入れ環境整備のため、道の駅の観光情報提供を推進し、周遊観光を推進する制度を検討している。観光の形態としては有名観光地を巡る「発地型観光」と、地域の食文化を訪ね地域との交流や体験を楽しむ「着地型観光」があり、現状としては後者が注目されている。またゲートウェイ型道の駅のほとんどが防災機能を有している点、地域センター型道の駅は地域福祉を主たる機能とし、高齢者に対するサービスを充実させている点が特徴である。このように現代社会において道の駅に求められる機能は、防災や福祉に特化する傾向にあり、地域を支える拠点の形成が期待できるものの、このタイプには道の駅博物館の設置率は低い。

「重点道の駅候補」は地域活性化の拠点となる企画の具体化に向け、地域での意欲的な取組みが期待できる道の駅である。制度が始まった2014年は49箇所が選定され、そのうち博物館施設はエコミュージアム、白山、阿蘇などのジオパーク、マングローブ原生林など7箇所で、野外博物館が多いのが特徴である。

これからの道の駅の役割は防災機能が求められており、防災拠点としての道の駅は今後も増加することが予想される。国土交通省は進化する道の駅の機能強化を図り、地方創生の拠点とする先駆的な取組みをモデル箇所として選定し、総合的に支援している。防災の重要性を後世に伝える道の駅「みずなし本陣」は、1992年の雲仙普賢岳噴火の影響で発

図1　覆い屋保存された被災家屋

図2　土砂流被災家屋保存公園

生した、土石流により被災した家屋を保存する「土石流被災家屋保存公園」に隣接して建てられた道の駅である。土石流被災家屋保存公園は、災害復興計画の重点プロジェクトの一環として整備され、道の駅は地域震災復興の拠点として1999年4月に開設された。この道の駅は自然の脅威を学ぶ場、災害の爪痕を後世に語り継ぐ役割を担っており、震災遺構保存のモデルとなる道の駅である。土石流被災家屋保存公園は、平成新山自然観察センター、島原まゆやまロード、雲仙岳災害記念館、旧大野木場小学校跡（火砕流被災遺構）を含めた地域一体を火山体験フィールドミュージアムとして展開している。このような点の保存から面の保存の実践は、地域一体の資源活用に繋がる試みであり、集客力の高揚も期待できる。

　道の駅は地域連携機能を基本コンセプトとしており、それに附帯する道の駅博物館は当該地域の歴史・文化・風土・自然等の情報伝達の場として、当該地域の特有な諸活動を行う郷土博物館としての役割を担うべき施設である。道の駅はこれまでは旅行で立ち寄る休憩所という概念が強かったが、当該地域住民の為の道の駅の設立が増加している現状から、道の駅に対する地域住民の期待も大きくなっている。発足以来地域に根差して進化を遂げてきた道の駅が、地域活性化や経済効果を上げるために、道の駅博物館が地域創生の要となることを期待するものである。

おわりに

　時間の経過に従い、あらゆる種類の文化財が増加の一途をたどり、今後も増え続けることは言うまでもない。登録文化財、近代化遺産、景観地等といった新規の文化財を保存し、活用するには野外博物館としての機能を持たせることが得策である。野外博物館はそれら地域文化資源の保存と活用の場として、地方創生にも繋がっていくであろうし、地域（郷土）博物館の新しい形態としての位置付けがなされるであろう。

　地域文化資源という特性から、教育の場、観光資源としての活用が期待できるのである。過疎化が進む地域であれば、地域おこしの一助にな

るであろうし、すでに観光地であっても、博物館を設置することにより知的レベルの向上が図れるのである。まさに保存と活用の両立が可能なのが野外博物館であり、地方創生に直結した博物館なのである。

　また、道の駅はその地域文化の情報発信としての役割を有し、その地域の特色ある博物館が設置されていることが多い。それら道の駅博物館は地域文化の伝承、情報発信の場として地方創生に直結した博物館と言える。地域情報発信を主体とした道の駅博物館は、地域振興や交流連携機能の見地からも、道の駅の原点であり、地方創生における博物館の形態の一つとして、今後一層の充実を図ることが望まれるのである。

〈参考文献〉
　落合知子　2014『改定増補版野外博物館の研究』雄山閣、p.100
　落合知子　2016「地域の拠点機能に求められる道の駅のあり方」『長崎国際大学論叢』16、p.42
　落合知子　2017「郷土博物館をつくる―波佐見町フィールドミュージアム構想―」『考古学・博物館学の風景』芙蓉書房出版、p.467
　黒沼善博　2017「地域創生に向けた野外博物館の複合（1）―大仏鉄道・京街道・佐保路を事例とした提唱―」『地域総合研究』44‐2、p.40
　黒沼善博　2017「地域創生に向けた野外博物館の複合（2）―大仏鉄道・京街道・佐保路を事例とした提唱―」『地域総合研究』45‐1、p.40
　西田心平　2018「「地域学」としての北九州学序説―地域創生の位置づけをめぐって―」『地域創生学研究』1、北九州市立大学、p.73
　西田安慶　2018「観光まちづくりによる地域創生」『経済通信』2018.04、pp.121-124
　文化庁　2016「文化芸術資源を活用した経済活性化（文化GDPの拡大）」
　まち・ひと・しごと創生本部　2108「まち・ひと・しごと創生総合戦略」（2018改訂版）
　UNESCO　2015「Recommendation Concerning the Protection and Promotion of Museums and Collections, their Diversity and their Role in Society」（日本語訳：「ミュージアムとコレクションの保存活用、その多様性と社会における役割に関する勧告」）
　山﨑　朗　2018「地域創生の視点」『地域創生学研究』1、p.25

おわりに

　「博物館冬の時代」と言われてから長い年月がたっている。しかもこの「冬」は、結局春を迎えないまま現在に至っている。その間、博物館の危機を訴える書籍・論文は数多く出されてきた。そして今回刊行したのが『博物館が壊される』である。もはや後のない博物館の極限の姿が表されている。しかし副題を見ていただきたい。『博物館再生への道』とある。もうネガティブな話はやめよう。しっかりとした理論と時代のニーズに応じたフレキシブルな対応がこれからの博物館には必要であるし、その上でポジティブな話をしていこうというのが本書の目的の一つであった。

　まず序章で「博物館が危ない」として日本の博物館が抱える根本的な問題を示し、第Ⅰ章に博物館が直面する諸問題を例出した。第Ⅱ章に「雑芸員」から脱せず疲弊している学芸員、第Ⅲ章にこうした事態を招いた行政的な不備と不適切や基準等の改正について分析した。第Ⅳ章で博物館の使命を再確認して、最後にこうした状況を脱し博物館が再生する的確な方法を考察した。

　地方財政論的に見れば、確かに博物館はハコモノであるし、行政改革の対象とならざるを得ない。近年、国の観光を重視する政策が博物館にも大きな影響を与えている。しかしそこには資料が存在する。特に地域博物館にはその地域の歴史を語る貴重な資料が保管されており、これを後世に伝えていくことは博物館の義務であるはずである。

　さらに問題は、博物館の現場と博物館学研究との乖離であると考える。これが博物館と博物館学芸員養成課程の両方を危険な状況に追い込んだ要因の一つではなかろうか。

　一つの自治体の例を挙げてみよう。その自治体では博物館の全面リニューアルを計画しており、私がその検討の委員長となったのであるが、基本構想案の説明をいきなり展示会社が始めたのである。私は驚いてそれをさえぎり、博物館による説明を求めた。しかし、博物館側は「できない」という。基本構想案の段階から全て展示会社に任せるこ

おわりに

とになっていると平然と回答した。これはあり得ない。コンサルタントとして基本設計の段階で展示会社が手伝うことはあっても、せめて最初の基本構想の説明くらい学芸員が行うべきであるとしたが、「できない」の一点張りであった。どんな博物館にするかの構想の一文についてすら、博物館および教育委員会は「できない」しか言わないのである。他の自治体に聞いてみるとそれは普通で、私の方が無理難題を押しつけていると非難されてしまった。このような事では博物館に未来はない。こうした「自滅」の背景にあるのが、博物館とはどのようなものかという理論の不在にあるといっても過言ではない。

一方で、博物館法改正への提言を行っている日本学術会議の構成員は、国や大きな自治体が設置した美術館の事しか頭になく、地域博物館・美術館の最前線で苦労した経験もないまま机上の空論で研究に特化した美術館・博物館を目指し、そのために現在の学芸員課程を解体しようと考えている。つまり、現場の不在が空想的な提言を形成したのである。

博物館の現場と博物館学がもっと交流し助け合うことが再生への第一歩であろう。

本書を編むにあたり、御多忙のなか玉論を御寄せいただいた執筆者の方々に厚く御礼申し上げます。また、本書の刊行は、株式会社雄山閣の格別の御理解・御尽力によるものであることを茲に銘記し感謝申し上げます。

2019 年 5 月

菅根 幸裕

■執筆者一覧（執筆順）

大貫 英明（おおぬき ひであき）　　東京農業大学 非常勤講師

安高 啓明（やすたか ひろあき）　　熊本大学大学院人文社会科学研究部 准教授

中島 金太郎（なかじま きんたろう）　長崎国際大学人間社会学部 助教

落合 広倫（おちあい ひろみち）　　京都国立博物館

鈴木 章生（すずき しょうせい）　　目白大学社会学部 教授・品川区立品川歴史館 館長

栗原 祐司（くりはら ゆうじ）　　　京都国立博物館 副館長

二葉 俊弥（ふたば としや）　　　　國學院大學文学部 助手

落合 知子（おちあい ともこ）　　　長崎国際大学人間社会学部 教授

■編著者紹介

青木　豊 （あおき　ゆたか）

1951 年　和歌山県橋本市生まれ
國學院大學文学部史学科考古学専攻卒業　博士（歴史学）
現　　在　國學院大學文学部 教授・鎌倉歴史文化交流館 館長

《主要著書・論文》
『博物館技術学』『博物館映像展示論』『博物館展示の研究』『集客力を高める 博物館展示論』（以上単著）、『史跡整備と博物館』『明治期 博物館学基本文献集成』『人文系博物館資料論』『人文系博物館資料保存論』『人文系博物館展示論』『神社博物館事典』『棚橋源太郎 博物館学基本文献集成　上・下』（以上編著）、『博物館学人物史　上・下』『大正・昭和前期 博物館学基本文献集成　上・下』『博物館学史研究事典』『博物館と観光―社会資源としての博物館論―』『中国博物館学 序論』『近代建築利用博物館事典』『ユネスコと博物館』（以上共編著）、博物館ハンドブック』『新版博物館学講座 1　博物館学概論』『新版博物館学講座 5　博物館資料論』『新版博物館学講座 9　博物館展示論』『新版博物館学講座 12　博物館経営論』『日本基層文化論叢』『博物館危機の時代』、以上雄山閣、『和鏡の文化史』（単著、刀水書房）、『柄鏡大鑑』（共編著、ジャパン通信社）、『博物館学 I』（共著、学文社）、『新編博物館概論』（共著、同成社）、『地域を活かす遺跡と博物館―遺跡博物館のいま―』（共編、同成社）、『観光資源としての博物館』（共編、芙蓉書房出版）
ほか論文多数

辻　秀人 （つじ　ひでと）

1950 年　北海道生まれ
東北大学大学院文学研究科博士課程後期単位取得満期退学　文学修士
現　　在　東北学院大学文学部 教授

《主要著書・論文》
『東北古墳研究の原点―会津大塚山古墳：シリーズ「遺跡を学ぶ」』（単著、新泉社）、『百済と倭国』（編著、高志書院）、『博物館危機の時代』（編著、雄山閣）、『古代倭国北縁の軋轢と交流―入の沢遺跡で何が起きたか―』（編著、雄山閣）、『古代東北、北海道におけるモノ、ヒト文化交流の研究』科学研究費研究成果報告書（編著）、「大塚森古墳の研究」（『東北学院大学論集歴史と文化』第 43 号、単著）、「栄山江流域の前方後円墳と倭国周縁域の前方後円墳」（『百済研究』第 44 輯、単著）、「東北地方土師器成形技術考―丸底の作り方、段の作り方―」（『考古学論叢』小笠原好彦先生退任記念論集、単著）、「続縄文文化と弥生・古墳文化の関係を考える」（『北海道考古学』6、単著）、「博物館資料の総合的研究」（『人文系博物館資料論』雄山閣、単著）、「東北における古墳出現期の社会変動と南北境界」（『第三巻　境界と自他の認識』講座東北の歴史清文堂、単著）、「福島県喜多方市灰塚山古墳発掘調査成果―古墳時代中期の埋葬施設と出土人骨―」（『日本考古学』第 46 号、共著）　ほか

菅根 幸裕（すがね　ゆきひろ）

1958 年　東京都生まれ
筑波大学第 1 学群人文学類日本民俗学専攻　卒業
（明治大学大学院文学研究科前期課程退学）
現　　在　千葉経済大学経済学部 教授・千葉経済大学地域経済博物館 館長

《主要著書・論文》
『河川を巡る歴史像～境界と交流～』（共著、雄山閣）、『民衆宗教の構造と系譜』（共著、雄山閣）、
『民俗世界と博物館』（共著、雄山閣）、『近代日本と仏教 I ～生死観と仏教～』（共著、平凡社）
『三昧聖の研究』（共著、硯文社）、『日本人の宗教と庶民信仰』（共著、吉川弘文館）、『近世の環境と開発』（共
著、思文閣出版）、「歴史博物館に関する一考察～総合歴史資料館への試論～」（『日本史学集録』10 号）、
「小湊誕生寺の歴史資料について～地域史と寺院史料～」（『地方史研究』252 号）、「地域タイムカプセ
ルの再建」（『Museologist』11 号）、「学芸員の専門性についての一考察」（『MUSEUM ちば』29 号）、
「転換期の博物館と学芸員課程」（『千葉経済大学学芸員課程紀要』13 号）、「博物館学芸員課程の今後
を考える」（『千葉経済大学学芸員課程紀要』14 号）、「観光と博物館」（『國學院雑誌』第 18 巻 11 号）、
「地方創生と博物館」（『千葉経済大学研究論叢』58 号）
ほか論文多数

2019年 9 月 25 日　初版発行　　　　　　　　　　　　　　　　《検印省略》

博物館が壊される！ ―博物館再生への道―

編著者　青木　豊・辻　秀人・菅根幸裕
発行者　宮田哲男
発行所　株式会社 雄山閣
　　　　〒 102-0071　東京都千代田区富士見 2-6-9
　　　　ＴＥＬ　03-3262-3231 ／ＦＡＸ　03-3262-6938
　　　　ＵＲＬ　http://www.yuzankaku.co.jp
　　　　e-mail　info@yuzankaku.co.jp
　　　　振　替：00130-5-1685
　　印刷・製本　株式会社ティーケー出版印刷

©Yutaka Aoki, Hideto Tsuji & Yukihiro Sugane 2019　　ISBN978-4-639-02671-6 C0030
Printed in Japan　　　　　　　　　　　　　　　　N.D.C.069　280p　21cm